U0918420

·物流与供应链创新与发展丛书

我国综合运输体系优化

CHINA'S COMPREHENSIVE TRANSPORTATION SYSTEM OPTIMIZATION

曹 晔◎著

图书在版编目（CIP）数据

我国综合运输体系优化／曹晔著. —北京：经济管理出版社，2017.9
ISBN 978-7-5096-5358-6

Ⅰ. ①我… Ⅱ. ①曹… Ⅲ. ①综合运输—交通运输系统—研究—中国 Ⅳ. ①F512.4

中国版本图书馆 CIP 数据核字（2017）第 231401 号

组稿编辑：王光艳
责任编辑：任爱清
责任印制：黄章平
责任校对：董杉珊

出版发行：经济管理出版社
（北京市海淀区北蜂窝 8 号中雅大厦 A 座 11 层　100038）
网　　址：www. E-mp. com. cn
电　　话：（010）51915602
印　　刷：北京玺诚印务有限公司
经　　销：新华书店
开　　本：720mm×1000mm/16
印　　张：17.5
字　　数：260 千字
版　　次：2018 年 1 月第 1 版　　2018 年 1 月第 1 次印刷
书　　号：ISBN 978-7-5096-5358-6
定　　价：68.00 元

前言

交通运输是国民经济发展的基础，是社会生产、流通、分配、消费各环节正常运转和协调发展的先决条件，对保障国民经济持续健康的快速发展、人民生活的改善和促进国防现代化建设具有十分重要的作用。交通运输是现代经济社会赖以运行和发展的基础，交通运输的发达程度直接体现对经济发展的支持力度、人们的生活质量以及产品国际竞争力的高低等。交通运输是支撑、促进我国经济社会发展的重要基础设施和前提条件。随着经济社会的快速发展，我国运输需求尤其是长距离运输需求日益增加，同时面临着运输基础设施拥挤日益加剧及生态环境的严重制约，如何建立高效、环保、节能的运输系统成为一个日益重要和亟待解决的问题。

现代运输业是由铁路、公路、水运、航空和管道五种运输方式组成的，每种运输方式都有各自特定的技术经济特征、经济性能和合理有效的使用范围。运输体系是国民经济体系的一个重要组成部分，其任务是满足社会生产、商品流通和人们出行的运输需要。运输体系包括铁路运输、公路运输、水路运输、航空运输和管道运输等多种运输方式。每种运输方式都有不同的技术经济特点，适应着不同的自然地理条件，满足各种运输需要。交通运输业是由具有各自的技术经济特征和优势的铁路、公路、水路、航空和管道等运输方式组成的。

在交通运输发展的初始阶段，各种运输方式基本上都是各自独立地发展起来的，即每一种运输方式都有其特定的交通线路和运输工具，按照各自的运输管理方式进行运输生产活动，从而形成各自独立的单一运输体系。从理论上说，任何一种运输方式都可以独立实现位移服务，但针对不同的运输需求，在不同的运输条件下，不同的运输方式有各自的成本优势。我国传统的工业和交通运输管理基本上是以线条式的，各种运输方式的横向联系欠缺。当单一运输方式发展到自成系统并相对完善后，客观上需要整合运输链条上的各种运输资源，形成组合优势，提高运输效率，由此产生对建设综合运输体系的要求。而土地、能源、环境等外部资源的制约又加剧了建设综合运输体系的迫切性。

综合运输是涉及国民经济各部门和各种运输方式，涉及技术经济和组织管理问题的应用科学。综合运输的实质，就是通过组合不同运输方式的优势以达到有效降低社会成本的目的，而且运输距离越长降低成本的效果就越明显。综合运输体系是相对各种单一运输方式的运输体系而言，包含多种现代运输方式，在统筹规划下，充分发挥各自的技术经济和资源利用优势，形成网络设施配套衔接、技术装备先进适用、运输服务安全高效的现代化交通运输综合体。综合运输体系使这五种运输方式在质量、效率和效益的基础上有机结合；在运输建设上统一规划，合理布局；在运输设备上相互衔接，成龙配套；在组织管理上协调配合、利用。在综合运输体系的指导下，既要使每种运输方式都能用在最合适的领域，又要使整个运输体系发挥其整体功能，满足国民经济和人们生活在规模上、时间上和空间上经常变化的运输需求。

为经济社会发展和人民群众提供更高水平、更优品质的综合运输服务，是交通运输工作的永恒主题，也是交通运输部门的核心价值追求。发展综合运输体系是当代运输发展的新趋势、新方向。经过30多年的发展，我国各种交通运输方式已经具有相当的基础建设规模，随着交通运输重要地位的日益凸显，国家和社会经济的发展对交通运输提出了更高、更多的需求，交通运输已经面临需要合理配置、优化的阶段，构建一个综合交通运输体系是我国大力发展经济、全面建设小康社会的迫切需要。

在全球化不断增强的发展趋势和国际环境下，交通运输的发展已超越了其传统的产业概念和意义，成为经济发展和国家竞争力的关键领域，成为社会经济发展与繁荣、政治稳定、区域协调、社会公平、资源以及生态环境平衡、国际参与能力与竞争力的战略性要素。与发达国家及部分发展中国家相比，我国交通基础设施发展还存在显著差距，无论是铁路还是公路，无论是按照单位国土面积还是按照人均拥有量，路网密度指标均远低于日本、美国、印度。此外，我国交通基础设施等级标准及水平与发达国家也存在着一定差距。与发达国家不同的是，我国综合运输体系建设是在交通大发展的过程中进行的，可以有效发挥政府在资源配置、交通网络规划、基础设施衔接等方面的作用。发达国家的综合运输研究是在交通基础设施规模基本稳定、整体交通运输达到相对较高的发展水平、各种运输方式形成较强竞争的环境下提出或形成的。因此对综合运输的研究应主要侧重于运输过程中运输方式的合理利用和运输环节的有效衔接。借鉴国外经验，结合中国实际，我国既要拥有世界平等的交通发展权，又要根据国情建立符合我国特点的可持续发展的综合运输体系。

中央经济工作会议作出了我国经济发展进入新常态的重大判断。经济发展进入新常态，是我国经济发展阶段性特征的必然反映，是经济规律、社会规律、自然规律作用的客观体现，意味着经济增速从高速增长转向中高速增长，经济发展方式从规模速度型粗放增长转向质量效率型集约增长，经济结构从增量扩能为主转向调整存量、做优增量并举的深度调整，经济发展动力正从传统增长点转向新的增长点。作为经济社会发展的基础性先导性服务性行业，我国交通运输发展既有新常态下经济发展步入中高速增长的一般特征，也有其自身的发展规律和不同特点。还要看到，新常态蕴含着新机遇，也伴随着新矛盾、新问题。认识新常态、适应新常态、引领新常态，是当前和今后一个时期我国经济发展的大逻辑，也是交通运输判断发展大势、进行战略布局、安排当前和今后一个时期工作的基本前提。

国家“十二五”规划纲要提出“基本建成综合交通运输体系”目标，进一步明确了综合运输作为我国交通运输行业的发展方向。“十二五”期间，我国综合运输服务保障能力整体大幅提升，城乡客运基本公共服务均等化水平稳步提升，公交优先战略扎实推进，物流转型升级步伐加快。但是，运输服务逐渐迈向中高端、消费结构升级等产生了新需求，轻质化、高附加值、一体化的货运供给不足，快捷化、个性化的客运服务缺口较大，一系列问题亟待解决。我国经济发展进入新常态，交通需求日益多样化、个性化，要求更高品质、更高效率的运输服务。“十三五”时期要加快提高运输服务水平，让客运更便捷、物流更高效、城市更通畅、运输保障更有力。系统分析新常态下交通运输需求的深刻变化，深入研究推进交通供给侧结构性改革，更好适应新的生产方式、新的业态模式和新的市场需求，进一步推动交通与经济联动融合，全面提升交通运输供给服务能力和水平，更好支撑引领经济社会发展。加强统筹协调，增强服务意识，采取有效措施，主动响应发展新需求，切实转变交通发展方式，加快完善综合交通运输体系，增强对经济发展的支撑和引领作用。

基于我国经济发展进入新常态后交通运输需求的深刻变化以及加快完善综合交通运输体系的现实需要，本书首先对综合运输的概念及综合运输在我国的发展阶段进行了梳理，并对综合运输体系及铁路运输、公路运输、水路运输、航空运输和管道运输等多种运输方式的现状及发展趋势进行了分析，同时对于综合运输体系理论的研究现状及在我国的实践进行了回顾和总结，阐述了我国综合运输体系发展所面临的阶段性特征，最终提出了在新常态下推进适合中国国情的综合运输体系发展及交通运输科学发展的建议。

目　录

第一章

综合运输是交通运输业的发展理念

交通运输是国民经济和社会发展的重要基础，是社会生产、流通、分配、消费各环节正常运转和协调发展的先决条件，对保障国民经济持续健康快速的发展、人民生活的改善和促进国防现代化建设具有十分重要的作用。交通运输业在我国社会经济中是基础性的产业，它的发展状况直接关系到社会经济的发展状况。我国自改革开放以来，轻重工业都有了快速的发展，国民经济实力也不断增强。伴随我国科学技术的快速发展，现代化建设不断加深，国家运输产业得到了快速发展。社会经济的飞跃发展推动着城市化改造进程的加快，使各大城市之间和城乡之间的交流不断紧密，于是对交通运输体系提出了更高的要求。

大力发展交通运输产业对于国家发展进步、人民生活水平提高、城市现代化建设具有重要作用。不仅有利于有效降低货物运输成本、提高运输效率和安全性，为乘客提供更为优质、便捷、舒适的出行环境，同时交通运输业也是衡量一个国家综合国力的有力指标，对于国家的国防事业以及国家核心产业都具有重要作用。发展综合运输的目标是建立完善的交通体系，更好地服务于经济和社会发展。综合运输作为交通运输业的发展理念，应贯穿于交通运输系统建设与完善的全过程，即经济社会发展的全过程。

综合运输体系是现代交通运输业的重要标志。构建综合交通运输体系是经济社会发展到一定阶段的必然要求。从发展规律来看，综合交通运输是交通运输发展到高级阶段的表现形态。在发展初期，各种运输方式都有独立发展的巨大空间，随着充分竞相发展，必然从独立、竞争发展走向融合、协同发展。随着我国工业化、城市化水平不断提升，对交通运输的质量、效率、成本等方面要求越来越高，迫切需要发展综合交通运输来提升运输体系的整体效能。

第一节
综合运输的相关概念

综合运输这个概念是如何产生的？它和“交通运输”“综合交通”“交通运输体系”“综合运输体系”等概念有何联系？

一、交通与运输

“交通”和“运输”都有广义概念和狭义概念之分，且在一定程度上可以相互替代使用。但二者还是有区别的，如“交通警察”不叫“运输警察”，而“交通量”与“运输量”以及“交通管理”与“运输管理”也有区别，并且针对的客体也不同。具体而言，“交通”与“运输”是从两个不同的角度来看问题，侧重点不一样。“交通”侧重于通行、往来，关注的对象是运输工具或交通工具（严格叫法都应叫运输工具）的运行过程和状态；“运输”侧重于运送、搬运，关注的对象是人、货物的位移，是运输工具完成运行过程后的结果，也是运输工具运行的目的。“交通”与“运输”二者的差别主要在于侧重的对象不同、包含的内容范围不完全一致。“运输”是一种全过程的服务和责任，从旅客购票/货物受理开始直至旅客出站/货物到达指定目的地，包括了在途运送过程和两端的服务过程，以及中间与其他运输方式的换乘/换装和货物的验收交接等；“交通”主要是指从旅客购票上车至下车的运输工具在途运送的过程，其仅是运输全过程的中间部分，也是核心部分。此外，与私人交通不同的是，“运输”是一种社会化的公共运送服务，它有相对固定的运营线路网络，要有相应的运输组织与服务系统，除了用于“交通”的载运工具以外，还需要配备运输站场和相关设施、装卸设备、仓库等以及建立售票系统、车辆调度指挥系统、结算系统、理赔系统等。

社会化运输过程包括客户服务、运输组织、运输工具、运行过程；私人小汽车出行，小汽车的运行目的和结果也是人的位移，只是其没有客户服务和运输组织这些环节。随着小汽车的逐步普及以及城市交通出行在人们生活中的影响越来越大，人们出行的交通结构发生了重大变化，“私人交通”“交通拥挤”“城市交通拥堵”等成为了人们常用的口语词汇，“交通”一词使用得比“运输”更经常、更顺口，更贴近表述在路上的交通状态，尤其是拥堵方面的表述；而且，在城市出行中使用的是“城市交通”“公共交通”“轨道交通”（实际上城市公交、轨道交通也是与公路、铁路客运一样的公共运输，只不过运输组织方式不同以及乘客可以自主方便地选择乘坐），受其影响，人们也很自然地逐渐用“公路交通”“水路交通”“铁路交通”来表述“公路运输”“水路运输”“铁路运输”。

二、综合运输和交通运输

综合运输和交通运输是什么关系？是不是综合运输就是交通运输？交通运输是国民经济的产业构成之一，目的是实现人和物的流动或者是流通，这是交通的基本功能。它的基本要求就是实现安全、快捷、方便、舒适、无缝连接，零换乘和联运等。“交通运输”既包含了交通流与交通基础设施网络的平衡，也包含了运输生产层面的内容。

一方面，综合运输是一种科学的理念，属于经济学的范畴，基本概念就是运输经济性，也就是以系统论来实现运输的社会经济性或者是效率化目标与基本功能。它的基本要求就是建设运输系统，以最少的社会资源满足运输需求，或者以最低的运输成本完成运输活动。如果说交通运输是一个行业，是一项活动，那么综合运输更多的是从经济的系统来完成交通运输。概括来说，综合运输就是引入了经济学的概念，从国民经济和社会的总体经济性来说明交通运输问题。

另一方面，就是供求关系和主、被动关系发生了转变，影响和改变着人们的用词，以往运输供给紧张、方式选择比较单一，运输经营者占主动地位，旅客只能被动地去适应运输经营提供的服务，因此，更容易倾向于用占主导地位的运输经营者的运输生产和服务形态的用词来表述这一方式，如“公路运输”“铁路运输”“航空运输”等。随着供求关系的反转以及同种运输方式、不同种运输方式经营者之间的竞争，旅客占有主动地位，运输经营者的服务要适应旅客的需求，旅客要求的是安全、快速、舒适，而且有多种选择以及私人交通作映衬，因此，人们越来越多地倾向以表示旅客为主动选择的“公路交通”“铁路交通”“水路交通”的表述方式。

此外，地方政府的一些不严谨、非规范的用词以及用词的变化，如“综合交通”“综合交通体系”，客运站、货运站改称为客运枢纽、货运枢纽以及交通枢纽、综合交通枢纽等，都引导和促使着人们用“交通”的口语化表述来代替专业性词汇“运输”。然而，在货物运输中，仍然保持原有的叫法和含义，还是用“公路运输”“铁路运输”“水路运输”“航空运输”，即使是自货自运也叫公路运输，而不叫“公路交通”“铁路交通”等。

三、综合运输和综合交通

与“综合交通”相关的概念有“综合交通枢纽”“综合交通体系”“综合交通运输”“综合交通运输体系”。

交通枢纽是一种或多种运输方式的交叉与衔接之处，共同办理客货的中转、发送、到达所需的多种运输设施的综合体。由同种运输方式两条以上干线组成的枢纽为单一枢纽，如铁路枢纽、公路枢纽等；由两种以上运输方式干线组成的枢纽为综合交通枢纽。

交通枢纽定义：一般指处在一定地区范围内交通运输网络的中心或节点，是指由若干种运输方式（其中包括不少于两种干线运输）所连接的固定设备（构筑物）和活动设备（载运工具、装卸机械等）组成的，具有运输组织管理、中转换乘（装）、装卸储运、多式联运、通信信息和生产生活辅助服务等基本功能的系统。

综合交通枢纽为整合铁路、公路、航空、内河航运、海港和运输管道为一体的海陆空协同枢纽体系。综合交通枢纽是综合交通运输体系的重要组成部分，是衔接多种运输方式、辐射一定区域的客、货转运中心。

一般而言，“交通枢纽”与“运输枢纽”是有区别的，关注的基点、侧重点不同。“交通枢纽”是指交通网络和通道上的主要节点，关注的重点是这一节点的对外连通和在通道网络中的地位，既包括公共运输运营线路，也包括私人交通。也就是说，主要是从交通基础设施网络或交通线路的角度来看的节点。“运输枢纽”是指依托交通基础设施线路网络建立的运输网络的重要节点和在节点提供运输组织与服务的主要站场和设施，关注的重点是节点的设施场所和能力及服务水平。对于旅客和货主来说，只有通过这些具体的设施场所才能乘坐、将货物装运上开往某些方向和目的地的公共运输工具（汽车、火车、飞机、轮船）。也就是说，主要是从提供公共运输服务的运营线路角度来看的节点和设施。即使是上海虹桥这样的大型枢纽也是运输枢纽，由各种运输方式的站场联合组成，提供航空、铁路、公路多种对外公共运输服务，私人对外交通没有必要，也不会到这样的站场来。

综合交通体系指由水路、公路、铁路、民航和管道五种交通运输方式网络及其设施和运载工具组成的综合交通运输基础平台。但大多数时候，在习惯性表述中，“综合交通”“综合交通运输”也是“综合运输”的一种替代性语义表达。

综合交通运输可使不同地区间生产活动相联系，有利于地区根据自身禀赋发挥比较优势，形成规模经济。便利的交通运输更有利于发挥市场经济的作用，使得资源得到优化配置，缓解空间结构不平衡，有利于产业梯度转移。

综合交通运输体系，是指适应于一个国家或地区的经济地理要求的各种运输方式协调发展、分工协作、优势互补，并采用现代先进技术在物理上和逻辑上实现一体化的交通运输系统的总称。

我国界定的综合交通运输体系为公路运输、铁路运输、航空运输、水路运输及管道运输五种运输方式的综合。综合运输体系不仅是简单的组合，更体现在各种交通方式的相互联系、相互协调，使客货运更简捷、方便。

四、综合运输与物流

综合运输与物流的发展都是建立在系统思想指导之上的。综合运输强调各种运输方式的优势互补、分工合作，共同发展成一个优化的运输系统。而物流则是由各种功能、各种资源组成的一个复杂系统。因此，综合运输与物流具有共同的理念，综合运输与物流的发展都为对方创造了条件。运输是物流最基本、最重要的功能之一，一方面，现代物流是建立在现代发达的综合运输基础之上的。因而，综合运输的发展必将促进物流的发展。另一方面，物流的发展也可以使综合运输从中发现新的机会，找到新的利润增长点和发展切入点。

1. 综合运输与物流的主要区别

（1）各自的内涵不同。运输在本质上强调的是面向“任务”，即运输任务；面向“单一客户”，它追求的是准时、完好、经济地完成客户每一次交给它的运输任务。而物流更多的是面向“流程”，即企业业务流程，它要求的是物品持续无间断、快速流动并保持与采购、生产、销售节拍的高度同步性。

（2）二者发展的主要动力不同。由于交通运输是国家和社会经济的基础设施，基于使运输推动社会经济发展的迫切要求和运输资源的优化配置考虑，各级政府就成为综合运输发展的主要推动者。而物流发展的主要动力则是企业基于提升自身竞争力的愿望。通俗地讲，前者发展的主要动力来自“官方”，后者则来自“民间”。

（3）二者发展的目标不同。综合运输是为了适应社会经济发展对交通领域提出的新要求而出现的，以提供安全、快捷和高质量的交通服务为目标。物流的发展目标是更好地融入供应链，促进物品持续无间断、快速流动并保持与采购、生产、销售节拍的高度同步。

2. 目标不同，发展的思路和方法就不同

综合运输发展追求的是现代五种基本运输方式之间高度的一体化，使运输对象（货物或旅客）实现“无缝式”的空间位移。而物流的发展追求的则是供应链上所有主体间（包括企业、其他组织和个人），供应、生产、销售各环节内部以及它们之间的高度一体化和柔性化。

第二节
综合运输的基本内涵

综合运输是一门科学，是先进的科学的理念，是从国民经济与社会发展对交通运输业的要求出发，既提高效率、增加效益和降低成本，融保护环境和满足需求为一体，又实现交通运输可持续发展，创造国民经济和社会整体的经济性。

一、综合运输概念的发展

综合运输的产生有其深远的历史背景。“综合运输”这个词的概念是怎么来的？关于它的思想可以追溯到19世纪，例如在1887年，美国的有关法律中规定，要充分认识并保护每种运输方式的内在优势。

由于综合交通运输体系在国家建设和国民发展中的重要性，一些发达国家从20世纪40~50年代就开始了相关的研究。美国在20世纪40年代提出了“运输系统”这一名称。美国《1940年运输条例》中明确提出，国家运输政策的目的，应该是保持水陆、公路和铁路及其他运输方式协调、健康发展，并最终形成统一的国家运输体系。美国国家综合运输中心提出，综合运输是一种对运输系统进行规划、建设和运营的方法，强调运输资源的有效利用和方式之间的衔接。

20 世纪 50 年代，苏联希望通过计划手段把各种运输方式的优势发挥出来，从而提出了综合运输的概念。日本在 1955 年制定经济发展计划时就采用了“综合交通体系”这一概念，并于 1971 年在综合计划厅综合计划局内设立了“综合运输问题研究会”，1981 年日本运输政策审议会特别强调了实施综合交通政策对保持经济长期稳定增长的必要性。

我国综合运输的起步是从 20 世纪 50 年代中期开始的，当时部分科学家，以及交通运输领域的工作者，从苏联引入了综合运输的概念。国家在编制国家科学技术发展十二年规划，即 1956~1967 年时，将综合运输作为交通领域的第一项任务，编号为 351。当时由中国科学院会同国务院第六办公室提出，经时任国务院副总理聂荣臻批示同意成立了综合运输研究所，标志着综合运输为国家所接受，也是综合运输在我国的开始。苏联在《各种运输方式的协作与运输发展》中也提出，根据运输方式合理运距来确定方式间合理分工、方式间的分流运输及运输过程的相互衔接与配合等。因此，综合运输这个概念主要来自苏联，是计划经济体系的产物，但其思想适合于全球的经济制度。

我国于 1959 年成立了综合运输研究所，而比较系统的综合运输体系的理论思想则是从 20 世纪 80 年代逐步发展起来的，从方式间分流运量和方式协作的理论及措施研究走向全面系统研究综合运输系统建设规划的制定和实施阶段。其中“九五”计划有关交通运输的发展政策指出，“要加快综合运输体系的建设，形成若干条通过能力强的东西向、南北向大通道”。这明确将发展综合运输体系作为指导我国交通运输建设的战略方针，将综合运输通道及其主枢纽站场和联运系统等作为我国综合运输发展的重点。

我国过去对“综合运输”的认识基本是借鉴 20 世纪 50 年代苏联时形成的“综合运输”概念，当时的基本出发点是在既有铁路、公路、水运、航空和管道分方式的管理体制中，能有一个机构研究涉及多种运输方式的运输问题，特别是通过政府计划等干预手段实现运输通道或网络上的按比例协调发展。

“综合运输”概念已经被研究文献和行政文件所推进并泛化，除了要解决不同运输方式之间的合理分工问题，还包括加快运输基础设施建设、促进地区发展、技术进步、市场化、可持续发展、社会公平、统一管理、政企分开等，几乎所有希望运输业承担的重要社会责任都被赋予“综合运输”这个概念。

综合运输是以国家综合交通体系所提供的公共交通网络及设施和运载工具为依托，以现代联合运输工程管理技术与信息技术为基础，以便捷、安全、高效和经济为目标，通过多种交通运输方式的协调配合，组织实现客货运输过程的经济活动和社会活动。发展综合运输的目标是建立完善的交通体系，更好地服务于经济和社会发展。

“综合运输”或“综合运输体系”这一术语在英语中有多种表达方式，例如 Intermodalism、Balanced Transportati、Integrated Transportation 和 Comprehensive Transportation，广义上 Multimodal Transportation 也被称作综合运输。国内在翻译时，Comprehensive Transportation 相对来说用得比较多。综合运输（Comprehensive Transportation）主要研究综合发展和利用铁路、公路、水路、航空和管道等各种运输方式，以逐步形成和不断完善一个技术先进、网络布局和运输结构合理的交通运输体系。

二、综合运输的发展理念

“综合运输”理念非常正确、十分超前，但在社会主义计划经济条件下的实现途径存在困难。这也是多年来综合运输尚未被接受的一个原因。

1. 国外对综合运输发展的观点

国外对综合运输的发展主要强调以下四个方面：

其一，各组成运输方式的多重性、平等性和包容性。

其二，各组成运输方式在充分发挥各自比较优势基础上的合理利用、协调和可持续发展。

其三，各组成运输方式的基础设施、运输装备等硬件设施和管理软件在物理和逻辑上相互连接和配合的紧密性、融合性和一体性。

其四，各组成运输方式的结构比例随需求结构的变化而变化并逐步趋于一致；其结构的技术水平随技术进步而不断升级；运输过程的连续性、无缝性和全程性。

2. 综合运输的主要研究范围

综合运输主要研究内容如下：综合运输网规划图和客货运量流向分布图；合理化运输，提高运输速度，运输枢纽，联运业务，运输业技术改造等；综合运输研究各种形式运输（铁道、海运、河运、公路、民用航空、管道运输等）的综合性问题和技术经济问题，以及有关统一运输体系的问题。

3. 综合运输的主要研究任务

综合运输的主要研究任务是研究统一运输网的建设问题，实现各种运输方式综合发展与利用。其基本目标是发挥运输系统效率（发扬优势及互为衔接），降低运输成本，节约运输消耗。

4. 综合运输的研究职能

综合运输的研究职能包括五个方面：①我国运量流向及综合运输网的配置问题的研究。②国内外综合运输发展规律的研究。③合理运用多种运输工具方案的研究。④各种运输业技术改造原则及方向的研究。⑤目前有关运输存在的有关问题，如枢纽问题、联运问题、动力问题等的研究。

概括而言，综合运输研究表现为一个“核心”、两个“综合”、三个“关系”。一个“核心”，就是按照社会主义经济规律，探索交通运输业发展及利用问题；两个“综合”，是指综合发展和综合利用，综合发展主要是指规划和建设，综合利用主要是指运行统筹与衔接；三个“关系”，就是交通运输业与国民经济、各种运输方式之间、各种运输方式内部的比例关系。

综合运输是涉及国民经济各部门和各种运输方式，涉及技术经济和组织管理问题的应用科学。其研究对象为：运输业与国民经济的关系，各种运输方式的技术经济特点及其组织运用，多种运输方式的联运以及运输技术发展方向等问题。

我国发展综合运输应贯彻以人为本和促进经济社会发展，有效满足运输需求，优势组合和系统整体高效的可持续发展理念；应构建发达、完善的交通网络系统，以促进经济社会发展和人们生活质量提高；应选择符合国情的主导型交通运输模式，引导发展和需求选择；促进综合运输系统一体化，实现整体高效和服务水平提高。

为此，发展综合运输，①必须确立符合国情和交通运输发展规律的交通运输发展的价值观；②明确交通运输发展战略，特别是在我国资源环境约束条件下的发展战略；③明确高技术等级网络功能定位、覆盖面、建设进程；④加快推进一体化综合运输服务系统的构建，涉及运输枢纽站场、市场架构、运营组织模式、制度保障体系、促进政策等；⑤建立有效的管理体制和协调机制。

交通运输是现代经济社会赖以运行和发展的基础，交通运输的发达程度直接体现对经济发展的支持力度、人们的生活质量以及产品国际竞争力的高低等。截至目前，中国交通运输还没有完成大发展过程，总量规模和质量与中国经济地理发展的需求都还存在着较大的差距，还不能有效地满足中国工业化和城市化发展的需要，不能对经济社会发展提供足够有力的基础支持。

同时，交通运输又是占用资源和消耗能源较多的产业，在给人类社会带来便利、克服空间距离阻碍的同时，占用了大量的土地资源，带来了环境质量等负面问题；而且，中国人口总量多，人均资源容量和环境容量都大大低于发达国家水平，甚至低于世界平均水平，交通运输的发展受资源的约束性强。

因此，中国综合运输的发展，将面临如何更快地发展和更有效地利用有限资源的问题，既不能因为强调发展而造成较为严重的环境破坏和损害后代人的需求，也不能因资源和环境保护，片面地理解可持续发展的内涵而制约交通运输的发展，阻碍经济的发展和人们生活质量的提高，要将提高人类的生存能力和生存质量作为社会可持续发展的重要内容。

因此，未来中国交通运输发展的基本思想应是：在可承担得起的资源和成本消耗的情况下，建立能够较有效地满足人们出行和货物运输的需要，并创造更好生活和工作环境的交通运输系统。

三、综合运输的研究内容

当前的研究内容大致可分为三个方面：运输体系的综合发展；各种运输方式的综合利用；运输技术发展方向和先进技术的应用。

1. 运输体系的综合发展

运输体系是国民经济体系的组成部分，其任务是满足社会生产、商品流通和人们出行的运输需要。运输体系内有铁路运输、公路运输、水路运输、航空运输和管道运输等多种运输方式。每种运输方式有不同的技术经济特点，适应着不同的自然地理条件和运输需要。在国民经济发展过程中，为了建设一个满足社会运输需要、效率高、劳动消耗少的较佳的运输体系，需要研究下列四个问题：

其一，运输业在国民经济中的地位、作用及其比例关系。其中包括工农业生产发展和人民生活水平提高而产生的客流和货流的流量、流向等；根据运输需要，从社会经济效益出发研究在一定时期内社会投资在运输业与国民经济其他部门间较优的比例关系等。

其二，运输网发展规划。包括运输体系的建设规模、速度、技术设备、投资和实施步骤等。

其三，合理运输及改善工农业生产布局。

其四，各种运输方式的合理使用范围及其协调发展。

2. 各种运输方式的综合利用

在运输生产中，必须根据每种运输方式的技术装备，科学地组织管理，才能提高劳动生产率。旅客和货物由起运地至到达地，往往需要多种运输方式共同完成。各种运输方式在运输旅客和不同货种时，其采用的运输设备、装卸工艺、经济效益都有差异。因此，综合利用各种运输方式，充分发挥每种运输方式的优点，可用较少的劳动消耗完成运输任务。其中涉及运输设备能力、运输组织工作、管理体制、运输质量、运价和规章制度等问题。其主要研究内容有三个方面：

其一，组织各种运输方式的联运，以及水陆联运枢纽和联运中转站换装设备综合配套问题。

其二，粮食、水泥和化肥等大宗货物由包装运输改为散装运输和件杂货物的集装箱运输。

其三，采用运输工具的类型和装卸技术设备配套及运输组织工作等问题。

3. 运输技术发展方向和先进技术的应用

随着社会生产力的发展和科学技术的进步，现有运输方式将不断采用新技术，并出现新的运输方式。而每种运输方式，在特定的条件下，有其优越性。尚须在发展过程中，继续对其技术经济效益和适应性等方面进行研究。现有运输方式的技术发展方向，例如中国铁路牵引动力改革的发展方向、高速列车和重载列车的采用、发展海运大吨位船舶、建设深水码头、修建高速公路和增加大吨位汽车等，都涉及技术经济效益及其适应的地理条件等问题。展望未来，运输业将加快采用新技术的步伐，协调各种运输方式之间的关系，进一步提高运输能力、运输速度和经济效益。如铁路牵引动力的电气化和内燃化、重载列车的发展、深水泊位的增加、高速公路、汽车运输的比重将大为提高，将建成相当数量的成品油管道，民航机场和航线将有较大发展，运输能力将大大提高，在促进国民经济发展和满足人民生活需要方面，将发挥更大的作用。

四、综合运输研究的重点

虽然综合运输研究涉及的内容较多，但是也存在研究的重点环节。

1. 交通运输发展的价值观

即科学发展观在交通运输建设发展中应如何具体体现，以什么样的指导思想进行综合运输体系的构建，包括以何种标准和尺度来衡量及评判交通运输与国民经济发展的适应性关系；交通运输发展与资源、生态环境等可持续发展的关系；资源节约要求与以人为本以及满足多样化、个性化需求的关系；交通运输资源使用分配的倾向性与公平性的关系；系统构建的经济性与快速化的目标选择；等等。

2. 交通运输发展战略

即在资源与环境约束条件下，适应经济社会、工业化、城镇化发展以及经济全球化市场竞争需要的我国交通运输发展的主要方向、措施以及步骤，包括未来客货运输需求特征与数量、交通运输发展的总体指导思想、旅客运输发展战略、货物运输发展战略、大城市交通运输发展战略、综合运输体系主体架构、保障实现的主要措施及阶段性目标等。

3. 各种运输方式主干网络布局

包括新技术经济特征和功能定位、合理的覆盖范围和总量规模、技术标准的选择、实施步骤与城市交通的衔接、枢纽站场布局建设等。

4. 一体化综合运输服务系统的构建

包括市场架构、运营组织模式、市场规则和制度保障体系、法律法规、市场机制、促进政策等。

5. 管理体制和协调机制

在推进大部制改革的同时，应重点研究部门间有效的协调机制、加强综合运输发展的宏观调控手段和引导措施等。

第三节 综合运输发展的现状和趋势

经济发展的运输化过程有一定的阶段性。综合运输是运输业伴随社会经济发展到一定阶段之后的内在要求。运输化的初级阶段基本上对应着各种运输方式，是各自独立发展的时期，而进入运输化的较完善阶段以后，多式联运、一体化和可持续交通的特征则日益明显。从总体上来看，我国的运输化仍旧处于需要迅速扩大运输能力的初级阶段，但同时东部发达地区已率先开始向比较完善的运输化阶段转化。我国初步运输化阶段的时间拖得相对过长，遗留问题相对过多，结果使得当前初步运输化阶段的补课与运输化新阶段的新任务交织在一起，强度与投资叠加的问题特别突出，而且还将持续相当长的时期。

一、综合运输的发展实践

综合运输是在社会生产发展到一定历史阶段产生的。18 世纪蒸汽机的发明，使交通领域逐渐出现了列车、机动船、汽车、飞机和管道等新型运输工具。采用新型的运输工具，再加上配套的工程技术设备和相应的科学组织管理，从而构成了新型的运输方式。资本主义社会运输业由于发展的盲目性，运输企业间竞争激烈，从而造成极大的重复和浪费。在这种情况下，人们开始认识到有必要从综合角度对各种运输方式的发展及其协作关系进行科学研究。

最初，某些国家的政府和私人企业，只是试图对不同运输企业之间的利害冲突进行某些调节工作。由于各种运输方式为完成一定客货运输任务所需的投资和经济效益不尽相同，而国民经济和人民生活对客货运输的需求也较复杂，因此，根据客货运输的需要，研究各种运输方式的综合发展和综合利用，对于国民经济和社会发展具有重要意义。

自 20 世纪 50 年代开始，不少国家设立主管运输的综合决策部门，并相继建立了若干研究机构，如“苏联国家计划委员会综合运输问题研究所”“中国国家经济委员会综合运输研究所”等，对运输量预测、合理运输、运输网规划、联运、各种运输方式的综合利用和技术经济比较以及运输技术政策等方面进行了大量的研究工作，为国家制定运输规划和有效地利用各种运输方式的决策提供了理论依据。

针对综合运输有两种不同的思路，一种是发达的市场经济国家，在“二战”后，通过政府的支持和市场的作用，已经形成了较为完善及先进的运输设施系统，运输服务成为竞争和发展的重点。另一种是新兴的计划经济制度国家，基本上产生于第二次世界大战之后，交通基础设施严重匮乏或比较落后，其发展的重心为构建运输系统。

市场经济制度国家将重点放在服务层面——宽松运输管制，依靠市场力量，支持国家的竞争力，提供可靠、高效、普遍的运输服务。计划经济制度国家将重点放在建设层面——发挥政府计划与指挥作用，实现各种运输方式合理分工、相互配合与协作，达到运输布局最优化和运输过程的紧密衔接。

目前，国外对综合运输的概念和实质，仍在继续研究和探索中。关于综合运输理论的研究与实践，如果以20世纪80年代为界，则经历了两个发展阶段。

1. 第一阶段（1940~1980年）

（1）计划经济体制下的综合运输系统研究与实践。①实践条件：运网不发达、运能相对短缺，重视数量。②模式特点：以计划作为配置运输资源的机制，具有鲜明的技术经济比较和数量经济特征，用合理运距确定方式间的合理分工与协作，忽视对运输需求的多样化、个性化特点的研究。

（2）市场经济体制下的综合运输系统研究与实践。①实践条件：运网比较发达、运能相对富余，重视质量和服务水平。②模式特点：在交通运输方式的竞争和协作的相互作用下，强调需求的多样化、个性化特点，以市场作为配置运输资源的手段，实现用户效用的最优化。

这一阶段，以苏联为代表的计划经济体制下的综合运输体系的研究与实践计划作为配置运输资源的机制，以欧美等西方国家为代表的市场经济体制下的综合运输体系的研究与实践，是在运网比较发达、运能相对富余的条件下，重视运输质量和服务水平，追求运输成本最小化、运输效用最大化和市场占有率的保持和扩展。

2. 第二阶段（1980 年至今）

20 世纪 80 年代以后，苏联的研究和实践基本处于停滞状态。美国更加重视综合运输体系的建设，美国国会 1991 年通过的《综合地面运输效率法案》指出：美国运输政策的目标是发展经济高效、环境友好的国家运输系统，为国家参与全球经济竞争奠定基础。欧盟也于 1997 年制定了欧洲统一综合运输基础设施发展战略。也就是说，第一种理论的研究和实践基本处于停滞状态，而第二种理论的研究与实践取得了成功并继续进行，成为现在综合运输研究的主流。

我国引入综合运输的概念，是希望对各种运输方式能够综合发展与合理利用，建立一个各种运输方式都能发挥优势、合理分工、协调发展、综合利用的交通运输体系，其实质体现了马克思主义科学发展的思想，与当前国家提出的建设资源节约型、环境友好型社会的目标是相吻合的。

二、我国综合运输的发展阶段

我国的综合运输发展可以分为三个阶段。

1. 第一阶段

综合运输发展的第一阶段，即 20 世纪 50～70 年代。从 1959 年综合运输研究所的成立，到 20 世纪 70 年代，这一阶段主要是认识综合运输的初级阶段，并力图在实践中使用。

综合运输发展的主要方向：在运输通道布局和运输路径优化的基础上，重点通过改善运输组织技术实现运能节约和运输效率提高。

综合运输发展的主要特点：强调各种运输方式的技术经济特征，发挥各种运输方式的优势，体现了运输系统化建设。在实例中包括定位不同运输方式的基本功能，体现了运输系统化思想——以运距分类。

在实际例子中，强调优先发展大运量、低消耗运输的方式，体现了运输经济性原则——铁路建设。促进运输方式的衔接，体现了运输一体化服务模式——铁水联运。限制不合理运输行为，体现了运输计划性管理体制——对流运输、迂回运输等。

2. 第二阶段

综合运输发展的第二阶段，主要是从20世纪80年代到20世纪末。这一阶段，主要是重点探讨和宣传综合运输的思想，贯穿于交通运输大发展中。

综合运输发展的主要特征首先是强调综合发展、综合利用，并在制定交通运输发展战略和发展规划以及发展政策中体现；其次是增强国家大通道的运输能力，构建由多种运输方式组合的运输通道；最后是鼓励运输服务的市场化，以高质量的运输服务满足在市场竞争中的运输需求。

在这个阶段中，综合运输发展的主要特点就是交通运输系统的综合发展，强调各种运输方式的适用性，发挥各种运输方式的比较优势，实现交通运输系统全面、协调发展。例如各种运输方式的比较优势，这是从系统性的角度来看；各种运输方式的集合与互补，这是从合理分工的角度来看；各种运输方式的竞争性，这是从市场化的角度来看；促进交通运输系统的发展，这是从国民经济产业要求的角度来看。

在实际中，应注意以下四个问题：①提高对交通运输业地位的认识，加大国家对交通运输业的投入——设立建设基金、利用贷款等；②加强各种运输方式发展，体现建设综合运输系统的要求——加快公路建设、利用水运等；③规划并实施交通运输网络合理布局——建设大能力综合运输通道等；④开放运输市场，在增强运输能力的基础上提高运输服务质量——运输市场份额竞争。

还有一些代表性的研究，包括技术政策问题等。这里重点说一下中国技术政策交通部分，这是由国家科委在20世纪80年代初组织的，这项研究设计得非常广泛和全面，例如有调整运输结构，建立经济合理协调发展的现代综合运输体系，发挥各种运输方式的优势；有加强能源运输建设，开发能源运输新技术；有大力提高客运技术装备水平，增加客运能力；还有大力发挥集装箱、粮食和水泥散装、冷藏运输，以及农村交通运输发展、城市交通运输发展等。

从经济政策方面促进了交通运输的发展。①扩大资金来源，充分实现了市场化融资，多渠道集资。如，铁路在1991年收集了建设资金，公路在20世纪80年代中期，实现了贷款修路还贷以及车辆购置税，航空在1992年开始征收机场建设费。②市场开放政策，交通部开放了公路、水陆、运营性货物运输市场，民航局鼓励成立多种成分的航空客运公司等。例如，1991年铁路建设基金的增收额将近20亿元，车辆购置税的增收额是59亿元，2006~2008年，平均每年增收的铁路建设基金是550亿元，车辆购置附加税是850亿元。

3. 第三阶段

综合运输方面的第三个阶段，是进入21世纪以后，进一步完善了运输网络系统，加强各种运输网络的衔接，促进运输网的协调发展，调整完善交通运输体系结构，促进运输方式的相互衔接，实现运输系统的整体效率，包括交通运输一体化建设，主要是从运输组织与效能上；另外从政府与市场方面，对交通资源的有效配置进行了改革；在可持续发展方面，对交通运输结构的优化进行了改革；在运输服务方面，衔接各种交通运输方式，在实际例子中，例如在规划指导建设、发展轨道交通、枢纽的规划和建设等方面，国家还成立了交通运输部，把公路、水陆、民航都整合在一个部门里。

三、综合运输的发展现状及存在的问题

为什么要重视综合运输？在我国铁路、公路、水运、航空和管道五种运输方式中，不同运输方式在功能作用、技术经济特征等方面都有着较大的差异，这些运输方式在适应不同的范围、运量、服务要求方面有各自的比较优势和劣势，客观上存在着体系的结构模式选择、不同层次和空间布局中的多种方式优化组合、多种运输方式的系统构建以及运输链一体化服务等问题。

对运输方式不同的选择和组合结果，将直接决定系统能力适应性和效率、资源消耗以及服务水平。因此，需要根据交通运输发展规律和技术进步，结合国情进行发展和体系建设，达到综合发展、综合利用，较好地适应国民经济和社会发展；在满足运输需要和提高人们生活质量的同时，有效节约资源。

发展综合运输有利于：①促进各种运输协调的快速发展，适应国民经济发展的要求；②充分发挥各种运输方式的优势，实现资源综合、合理利用与节约，是可持续发展的要求；③提升系统整体功能和效率以及满足全程运输服务需要；④满足多样化的交通运输需求；⑤增强经济发展的保障能力和参与国际竞争的能力。

当前我国综合运输的发展，在理论上较为系统地提出了综合运输体系建设的基本内容，明确其发展地位。综合运输体系的基础设施网络系统框架已经基本形成。在实践上开展了客货运输的联运服务，注重服务的理念已得到普遍认识，形成了航空、铁路全国联网售票，联合运输的应用越来越多。

1. 综合运输发展的现状

我国综合运输发展的现状表现为五个方面：①运输需求旺盛，市场规模扩大；②投资持续增长，基础设施得到进一步改善；③运输结构调整加快，运输系统效率提升；④交通投资结构进一步调整，中西部得到较快发展；⑤交通网络进一步完善。

2. 综合运输存在的问题

我国综合运输存在的问题表现为分布散、规模小、管理乱、技术水平差。具体如下：①部分地区铁路运输仍然偏紧；②部分港口及远洋运输能力过剩；③支线航空市场需要政策扶持；④公路运输发展能力问题已经较为突出；⑤投资规模问题。

3. 综合运输发展中面临的困难

我国综合运输发展面临的困难表现在七个方面：

（1）运输服务的发展仍未受到足够重视。单一方式的服务发展、运输方式之间服务衔接、综合枢纽的发展。

（2）铁路管理体制改革。铁路改革的基本方向、铁路的发展方式与运营方式。

（3）综合交通运输管理体制的深化改革。体制的架构、综合管理的运行机制。

（4）管理思想、理念、管理手段的变革。政府与市场之间关系、政府管理方式、市场配置资源的方式等。

（5）运输技术与装备的进步。技术发展的方向、标准化、节能与环保。

（6）运输组织与服务需要得到创新。运输企业体系的建设、运输枢纽场站的建设、企业服务创新体系的建设。

（7）需要营造更为宽松和公平竞争的环境。综合环境下的竞争关系、配套的法律法规体系。

4. 综合运输的发展方向

我国综合运输的发展方向主要有六个方面：

（1）要搞好各种运输方式的综合发展和协调，因地制宜地发展相应的运输方式，发挥城市交通在综合运输网中的枢纽作用，大力发展各种运输方式的联合运输。

（2）铁路仍将是中长距离客货运输中的主力。

（3）发挥公路在短途客货运输中的主力作用。

（4）沿海和内河运输是大宗散装货物运输的主要方式之一。

（5）发展航空运输，以满足社会需要。

（6）适时发展管道运输。

四、综合运输的发展趋势

我国综合运输发展的趋势是什么？总体上就是按照建设节约集约型交通、可持续型交通和友好和谐型交通综合运输体系的基本原则，以加快发展为主题，促进交通运输被动局面的历史性转变；以体制改革为保障，进一步完善交通运输管理体制和机制；以资源配置为手段，继续强化铁路运输、城市交通建设，优化综合交通结构；以有效需求为核心，加强能源运输系统和完善集装箱运输系统；以综合协调为目标，着力交通综合枢纽的建设，继续推进农村交通、内河运输、支线机场的发展；以可持续发展为前提，确立节能减排的约束性目标，推动节能型交通模式的建立和绿色交通的快速发展；以科技进步为动力，大力发展智能交通，提高交通基础设施的利用效率。

在运输的发展上，交通干线网络和交通综合枢纽、城市轨道交通和快速公交系统、能源运输系统和集装箱运输系统、农村交通和国防交通、交通科技进步和智能交通、交通安全和交通应急反应体系等的建设，将成为未来的重点和主要发展领域。

交通运输的基本发展趋势：客运快速化；货运物流化；综合运输系统智能化；一体化运输技术；绿色交通技术。具体而言，综合运输的发展趋势包括以下六个方面：

其一，重视运输安全。控制交通事故；提高大型载货汽车等运输工具的交通安全性。

其二，努力提高运输系统的服务能力。改善设施条件；提高运输效率；推进信息技术的应用。

其三，积极发展多式联运。国际公路联运；集装箱运输。

其四，推进信息技术的应用。多功能的信息系统开发和应用；货物跟踪技术；运输装备调度技术；信息采集技术；信息传递技术。

其五，市场竞争环境与方式发生变化。市场分工深化；网络化协作加强；运输方式的界限被打破；垄断企业为主体相互竞争；企业的兼并与重组成为竞争发展的主流模式；拓展市场范围成为竞争的重要方式；服务创新成为竞争手段。

其六，政府管理与政策发生变化。放宽市场管制；安全管理成为主流；行业的界限逐渐淡化；管理手段信息化；行业自律中介化。

第四节
综合运输各种运输方式的发展

怎样发展综合运输？如何才能确保综合运输发展计划顺利实现？这是一个很复杂的问题，涉及很多方面的工作，总体而言，在我国确立以社会主义市场经济体制建设为目标的大前提下，综合运输的发展也应在这一框架下寻求解决办法，那就是推进运输的市场化进程，我国目前交通运输发展成就的取得，很大程度上也得益于交通运输市场化的推进。

一、综合运输的相关政策及发展趋势

运输市场化是通过市场途径解决交通运输资源的合理配置和服务的有效供给问题的重要方式，市场化的目标是不断提高市场解决运输发展和服务问题的份额。但是运输产品的准公共性特征和不完全的市场特性，又决定了市场存在失灵，需要政府作为参与者介入。但政府不能替代市场，政府规制是推进市场化进程的重要手段，需要明确政府在推进运输市场化上的管理与政策取向，并通过相关法律、法令、规章、制度等，确保具有差异化的交通运输的市场化进程。

1. 综合运输发展的相关政策问题

主要体现在六个方面：

（1）完善综合运输体系建设发展的宏观调控体系；

（2）加大政府对公益性综合运输项目的投资比重；

（3）加强投资风险防范与管理；

（4）改革运价管理与形成机制；

（5）促进综合运输资源优化配置；

（6）深入推进综合运输体制改革。

由于目前我国综合运输管理体制尚未建立，新成立的交通运输部虽然向综合交通运输管理体制的建立迈出了重要的一步，但要使政府规制符合运输市场化的要求，需要在以下四个方面加快政府管理的改革：①继续推进政企分开，使交通运输企业真正独立自主地融入到公平竞争的市场中去，成为具有活力的运输市场主体；②全面厘理不符合市场经济要求的法律、法规，清除所有交通运输市场化的行政性和政策性障碍；③加快交通运输运营机制的改革，打破行业垄断，放松管制，实现公平竞争；④明确产权关系，并以法律形式保护各种合法财产，促进交通运输生产要素通过市场机制进行合理配置。

2. 综合运输发展的趋势

主要体现在以下四个方面：

（1）提高速度。提高运行速度是交通运输发展过程中的永恒主题。交通发展史就是运行速度不断提高的历史。任何一种运载工具都是在特定的介质中运行，随着技术的进步，能够克服介质阻力而不断提高前进速度。但是，提高速度是要付出代价的，如果同提速带来的效益相比没有明显的优势，则这种提速不具备生命力。

（2）提高载重。如果客运最关注速度，货运第一位的就是载重。货运载重化和客运高速化共同构成现代交通运输的主题。

（3）智能化。在走向信息社会的 21 世纪，交通运输现代化的必由之路是信息化，是全面采用由计算机技术、通信技术和监控技术组成的信息技术。信息化的高级阶段就是智能化。智能交通系统是当前发展的重要方向。

（4）环保化。在环境持续性危机中，交通运输的影响很大。汽车尾气污染是大气污染的“主要凶手”，油船泄漏和垃圾排放等势必造成严重水污染，公路铁路施工中的不合理取土和填方，飞机、汽车、火车等的噪声污染，电气化铁路和通信线路的电磁干扰等，都说明建设生态洁净型的现代交通系统非常重要。

总之，高速化、重载化、智能化和环保化是交通运输发展的共同趋势。

各种交通方式在解决这些问题的技术路线和经济路线上往往大同小异，可以相互借鉴，但在具体实施上又各有特点。从共性出发，把握个性，从而促使交通运输事业不断发展，走向现代化交通的康庄大道。

二、各种运输方式的特点

按照综合运输理论探索交通运输业发展及利用问题，要充分、合理地利用各种运输方式，提供有效的运输供给，满足国民经济与社会发展的需求，从而在交通运输发展实践中完成综合运输体系建设；以建设综合运输体系为目标，指导交通运输业高效率、低消耗地满足经济社会发展需求。综合运输具有铁路运输、公路运输、水路运输、航空运输、管道运输五种方式。

1. 铁路运输

（1）铁路运输基本概念。铁路运输是指车辆在机车的牵引下沿着铁路运行，实现旅客或货物空间位移的过程。

（2）铁路运输系统构成。铁路运输系统构成包括铁路线路与车站；铁路车辆与机车；控制与管理系统。

（3）铁路运输的特征。优点：运量大、运价低廉且运距长；行驶具有自动控制性；有效使用土地；污染性较小；受气候限制少。缺点：投资大；设备庞大不易维修；货损较高；营运缺乏弹性。

2. 公路运输

（1）公路运输基本概念。公路运输是指利用一定的载运工具沿公路实现旅客或货物空间位移的一种运输方式。

（2）公路运输系统构成。公路运输系统由公路及客货运站、汽车及公路运输车辆、公路运输管理与控制系统组成。

（3）公路运输的特征。空间上灵活，可实现门到门运输；时间上灵活，可实现即时运输；批量上灵活（0.5~300 吨）；运行条件灵活（装卸条件简单，站点设置灵活）；服务灵活（能针对客户要求提供针对性服务）。

（4）公路运输的分类。①按运送对象分旅客运输，货物运输；②按服务性质分营运性公用运输，非营运性自用运输；③按服务区域分城市运输，城间运输；④按服务方式分零担运输，整车运输。

（5）公路运输的功能。主要担任中、短途运输；补充和衔接其他方式的运输；在特殊条件下，也可独立担负长途运输。

3. 水路运输

（1）水路运输基本概念。水路运输简称为水运，是一种以船舶、排筏等为运输工具，在海洋、江河、湖泊、水库等水域沿航线载运旅客和货物的运输方式。

（2）水路运输系统构成。由港口与航道、船舶、控制与管理系统组成。

（3）水路运输的特征。优点：运输量大；能源消耗低；单位运输成本低；续航能力大。缺点：受气候与季节和商港限制且可能性低；投资额巨大且回收期长；国际化经营且竞争激烈。

（4）水路运输的分类。①按运输对象分旅客运输、货物运输；②按航行区域分远洋运输、沿海运输、内河运输和湖泊运输。

4. 航空运输

（1）航空运输基本概念。航空运输是指使用航空器运送人员、行李、货物和邮件的一种运输方式。

（2）航空运输系统构成。航空运输系统包括飞机、机场、飞行航线和空中交通管理系统四个部分。飞机是航空运输的主要载运工具。机场是提供飞机起飞、着陆、停驻、维护、补充给养及组织飞行保障活动的场所。飞行航线是指由空管部门设定飞机从一个机场飞抵另一机场的通道。空中交通管理系统是为保证航空器飞行安全及提高空域和机场飞行区利用效率而设置的各种助航设备和空中交通管制机构及规则。

（3）航空运输的特征。优点：速度快；不受地形限制，机动性大；舒适、安全；适用范围广泛，用途广。缺点：基本建设周期长、投资大；航空运输一般具有国际性；运载质量小，运输成本高。

5. 管道运输

（1）管道运输基本概念。管道运输是使用管道输送流体货物的一种运输方式。

（2）管道运输系统构成。管道运输系统由管道、储存库、压力站（泵站）、控制系统组成。

（3）管道运输的特征。管道运输优点是运量大、损耗小、耗能低、占地少、安全性高、污染小；缺点是应用范围小，只适于定点、量大、单向的流体运输。

三、各种运输方式的技术经济特征

各种交通运输方式都有其各自的技术经济特性，在不同的实际情况下应考虑选用不同的交通运输方式。

1. 技术经济特征

（1）送达速度。送达速度是指运载工具将所运送的对象（旅客或货物）从始发地运送到终到地的平均速度。速度范围如下：公路运输，50～100 公里/小时；铁路运输，100～300 公里/小时；航空运输，500～1000 公里/小时；水路运输，15～80 公里/小时。

（2）运输成本。管道和水运成本最低，铁路次之，公路较高，航空运输最高。

（3）投资水平。管道投资水平最低，公路、水运次之，铁路较高，航空投资最高。

（4）运输能力。水运和铁路运输都处于优势地位，而公路和航空的运输能力相对较小。

（5）能源消耗。能源消耗由小到大依次为管道、水路、铁路、公路、航空。

(6) 运输的通用性与机动性。铁路与管道运输受气候与季节影响最小，而机动灵活方面则公路与航空运输较为优越。

(7) 对环境的影响程度。由小到大依次为管道、水路、铁路、公路、航空。

2. 各种运输方式的合理配置和协调发展

综合运输体系深入发展的关键是各种运输方式的合理配置和协调发展。合理配置方面，应侧重研究合理配置的原则及研究方法。协调发展方面，应主要研究货物流向和流量与线路的协调；运输方式的协调；运输设备能力的协调；运输组织工作的协调；运价与运输费用的协调。

3. 不同交通运输方式的经济特征

(1) 铁路运输的技术经济特征。

其一，适应性强。依靠现代科学技术，铁路几乎可以在任何需要的地方修建，可以全年全天候不停业地运营，受地理和气候条件的限制很少，具有较高的连续性，而且适合于长短途旅客与各类不同重量和体积货物的双向运输。

其二，运输能力大。铁路是大宗、通用的运输方式，能够负担大量的运输任务。

其三，安全性高。随着先进技术的发展和应用，特别是近 20 年来，铁路广泛采用了计算机和自动控制等高新技术，铁路运输的安全程度越来越高。

其四，运送速度较高。常规铁路的列车运行速度一般已接近或高于 100 公里/小时，高速铁路允许多旅客列车时速可达 200 公里/小时以上。

其五，能耗低。由于铁路运输轮轨间摩擦阻力小，铁路单位运量的能耗比汽车运输低得多。

其六，环境污染程度小。铁路对环境和生态平衡的影响程度比航空、汽车小，特别是电气化铁路。

其七，运输成本较低。铁路的单位运输成本比公路运输和航空运输低得多，有的比内河运输还低。

(2) 公路运输的技术经济特征。

其一，经济技术指标好，机动灵活，可实现门到门运输。

其二，货损货差少，安全性、舒适性不断提高。

其三，送达速度快；原始投资少，资金周转快，回收期短；与其他运输方式相比，技术改造容易。

其四，单位运输成本较高；运行持续性较差；污染环境。

(3) 水路运输的技术经济特征。

其一，运输量大、能源消耗低、单位运输成本低。

其二，续航能力强但受自然条件影响大，连续性较差，速度较慢。

(4) 航空运输的技术经济特征。

其一，安全、速度快、舒适、机动性大、基础设施建设简单。

其二，受气候条件的影响较大且运输能力弱。

(5) 管道运输的技术经济特征。

其一，运费低、能耗少。

其二，运量大、劳动生产率高。

其三，投资少、占地少。

其四，受外界影响小、安全可靠；便于管理。

四、不同运输方式发展的主要趋势

经济发展是一个以交易费用下降为核心，劳动分工和制度变迁循环累积、互为因果的过程。交通运输的改进是实现生产力水平提高、交易费用降低和促进市场扩张等极其重要的手段。

目前，我国交通运输全面紧张状况虽已得到缓解，但这是一种低水平的、暂时的、非全面性的缓解，各种运输方式的交通基础设施依然薄弱，交通运输系统整体效率和服务质量不高，运输成本尚未有效降低，还不能有效地满足中国工业化和城市化发展的需要，不能对经济社会发展提供足够的基础支持，与中国经济地理发展的需求存在着较大差距。

现代五种运输方式具有不同的运输特性，在载运量、运送速度、可达性、占用资源和能源消耗、服务层面和质量等方面有着不同的优劣势，同时又具有可替代性，处于相互竞争的关系。①

发展综合运输体系就是在相应发展需求和政策的指导下，根据五种运输方式的技术经济特征，进行更为有效的组合，以满足日益增长的客货运输需求。运输资源在这五种方式之间进行配置时，应以经济发展阶段的需求和技术经济特征为依据，做到“宜水则水、宜路则路、宜空则空”等各种运输方式的协调发展。我国的交通运输经过 30 年的发展，自身的比较优势得到了一定的发展，但各种运输方式间发展不协调，综合运输枢纽建设滞后，节点各自为政，港口、机场的集疏运系统，客运场站的换乘系统等建设都较为落后于经济和运输系统的发展，且标准不统一。不仅方式之间，甚至同种方式内也缺乏协调合作，无法达到旅客“零距离换乘”和货物“无缝衔接”的目标。其原因在于管理体制上各方式分属不同部门领导，尽管已成立交通运输部，但铁路仍由铁道部管辖，导致出现结构性问题。因此，各种运输方式要相互协调，在点线布局、线网走向上相互衔接，统筹规划综合交通枢纽节点，实现无缝衔接和一体化运输。

充分发挥各种运输方式的优势，发展综合运输网络系统。发达国家的运输结构是各种运输方式通过市场竞争形成的结果，代表了当代社会文明的发展趋势。中国的交通运输正处于大规模的建设发展过程中，具有后发优势，应充分分析和借鉴发达国家交通运输发展的经验和最新的发展趋势，在发展过程中实现跨越，少走弯路，在大发展的过程中不断实现和完善各种运输方式的合理分工和协调发展。这一切的前提是充分了解和认清各种运输方式的发展趋势。

1. 铁路运输的发展趋势

（1）提高既有线路速度。自 1997 年 4 月以来，为提高铁路既有线路运输效率，优化运行方案，方便旅客出行和货物运输，我国铁路相继进行了

① 罗仁坚．综合运输体系的内涵和发展理念［J］．综合运输，2009（4）：22.

六次大提速，很大程度上提高了铁路的运力和运能。

（2）发展高速铁路。发展高速铁路是当代世界铁路的一项重大技术成就，它集中反映了一个国家铁路牵引动力、线路结构、高速运行控制等方面的技术进步，在经济发达、人口密集地区的经济效益和社会效益尤为突出。

（3）重载货物运输。重载运输是行驶列车总重大、行驶轴重大的货车或行车密度和运量特大的铁路运输。在运送大宗货物上显示出高效率、低成本的巨大优势，是铁路运输规模经济和集约化经营的典范。

2. 公路运输的发展趋势

（1）信息化。公路的建设将着眼于公路的多功能利用，不仅使用路面，还要利用空间，使其成为信息化公路。信息化公路不仅具有运输人和物资的固有的交通功能，能输送电力等能源及各种信息，还具有公路所派生出来的美化环境、提供出游及作为建造其他建筑物的基础等空间功能。

（2）高速化。随着经济社会的不断发展，人们对于公路路面条件、运行时速等方面都有了更高的要求，高等级公路，尤其是高速公路将成为公路建设的主要趋势。

（3）可持续发展。公路的建设也要走可持续发展道路。它是一项综合性的社会系统工程，与引导和促进物流转换、使用和消耗土地、影响和改造自然风貌等紧密相连；同时路网结构配置与城镇规划的协调、土地资源保护等方面亦对可持续发展产生重大影响。

3. 水路运输的发展趋势

（1）船舶发展趋势。包括船舶的大型化、专业化、高速化、自动化和绿色化。

（2）港口发展趋势。包括泊位深水化、码头专业化、装卸机械自动化和装卸机械大型化。

（3）港航管理发展趋势。包括港航管理信息系统化和电子数据的交换。

4. 航空运输的发展趋势

（1）机场发展趋势。包括机场的数量继续增长，布局合理化；机场的建设规模趋于合理；机场的功能更加完善；机场的设施和设备趋于信息化和自动化。

（2）飞机发展趋势。包括飞机的大型化，飞行高度更高、飞行速度更快，制造的数字化和精益化，飞机本身的各个组成部分智能化、自动化和集成化。

（3）航空运输组织和管理趋势。包括航空联盟的逐渐形成和新航空系统的发展。

（4）我国民营航空发展趋势。包括大力发展航空货运、鼓励发展支线航空、增大低端航空的规模和发展高端航空。

5. 管道运输的发展趋势

管道运输的范围不断扩大，包括管道建设范围增大和形成了大型的供气系统；干线输送管道向长距离方向发展；干线输送管道向大口径方向发展；干线输送管道向高压力方向发展；管道运输向大输量方向发展；管道运输技术不断进步。

总之，综合运输体系是我国运输未来发展的方向，对于提高运输体系运行效率和服务水平起着重要的作用，是解决我国现阶段交通运输业存在的各种现实问题的一条出路，它的实现最终也会对国民经济的发展和综合国力的提升起到积极的影响和促进作用。

未来 20 年，中国仍处于工业化的加速发展期，经济总量迅速增长，城市化进程增速，到 2020 年，中国的交通运输需求总量将达到目前的 2.5~3 倍，如果没有交通运输的大发展及时提供足够的基础条件，保证其应有的机动性和便利性，中国的工业化进程就会受到制约，人们的生活质量也将受到很大的影响。

因此，未来中国的综合运输体系的建设，还需要继续以发展为主题，继续支持各种运输方式完成大的发展过程，通过增加总量规模，提高中国交通运输的机动性和通达性，增强对未来社会经济发展的支持能力，并在发展过程中按照各种运输方式的合理分工与协作，加快符合未来发展需求的主导运输方式的发展，通过增量调整和存量升级，使各种运输方式之间的结构和布局逐步趋于优化。

第二章

我国综合运输体系的形成与发展

纵观世界交通发达国家的发展历程，基本是在20世纪70年代左右进入各种运输方式协同发展时期的，由单一运输方式各自发展逐步走向综合交通运输发展是一条普遍规律。从我国现实来看，改革开放以来，各种运输方式经过近40年独立快速发展，基本适应了经济社会发展的需要。经过几十年的发展，我国各种交通运输方式已经具有相当的基础建设规模，随着交通运输重要地位的日益凸显，国家和社会经济的发展对交通运输提出了更高、更多的需求，交通运输已经面临需要合理配置、优化的阶段，构建一个综合交通运输体系是我国大力发展经济、全面建设小康社会的迫切需要。

中国经济发展所处的阶段要求交通运输业未来几年仍处于大建设大发展时期，为进一步解决其对经济发展的瓶颈制约，满足人民群众日益增长的消费需求，就必须优化交通运输布局和运输方式结构，发挥整体优势和组合效率，提高交通生产供给的绝对量，并从结构上提高各种运输方式的供给效率，加快形成便捷、通畅、高效、安全的综合运输体系。发展交通运输产业需要贯彻综合运输的理念，构建综合运输体系，实现交通运输的可持续发展。发展综合运输体系不仅可增强有效的运输力，而且可以缓解紧张的交通运输状况。

2008年2月13日组建的中国交通运输部正式挂牌，代表着我国交通运输综合体系进入了组织和制度层面的加速发展阶段。这正是将交通部、中国民用航空总局的职责，建设部指导城市客运的职责统一纳入交通运输部的目的之一。综合运输体系在我国运输业的发展中已经成为不可回避的问题。尽管综合运输在此之前已经提过很多次，管理体制改革也曾有过多次尝试，却始终没能跳出走走停停的怪圈，未能实质性地推进综合运输体系的发展。

第一节
综合运输体系的概念和内涵

“综合交通运输体系”的根本特征是“综合”和“体系”。“综合”不是几种运输方式的相互叠加，而是几种运输方式密切协调、相互配合、综合地发展；“体系”是指发展交通运输不单是交通基础设施建设，还包括技术装备及运输服务，其中设施是基础，装备是保障，运输服务是关键，只有三者的有机结合才能成为一个“体系”。

一、综合运输体系的产生

综合运输体系是运输生产力发展到一定阶段的产物。随着社会经济发展及科学技术进步，运输过程向多样化发展，运输工具由简陋向现代化发展，人流和物流的全过程一般需要使用多种运输工具才能实现。这是因为：一方面，各种运输方式在生产过程中有协助配合、优势互补的需要，客观上要求在运输的各个环节上连接贯通；另一方面，运输市场和技术发展促使企业相互竞争，货主在选择运输方式上要求速度快、时间短和方便，这样就要求各种运输方式联合起来，以满足需要。①

---

① 余思勤．运输经济（水路）专业知识与实务（初级）［M］．北京：中国人事出版社，2008.

交通运输业是由具有各自的技术经济特征和优势的铁路、公路、水路、航空和管道等运输方式组成的。在交通运输发展的初始阶段，各种运输方式基本上都是各自独立地发展起来的，即每一种运输方式都有其特定的交通线路和运输工具，按照各自的运输管理方式进行运输生产活动，从而形成各自独立的单一运输体系。

单一运输方式发展到自成系统并相对完善后，客观上需要整合运输链条上的各种运输资源，形成组合优势，提高运输效率，由此产生对建设综合运输体系的要求。而土地、能源、环境等外部资源的制约又加剧了建设综合运输体系的迫切性。

综合运输体系是相对各种单一运输方式的运输体系而言的，包含多种现代运输方式，在统筹规划下，充分发挥各自的技术经济和资源利用优势，形成网络设施配套衔接、技术装备先进适用、运输服务安全高效的现代化交通运输综合体。

综合运输体系是根据各种运输方式的现代技术经济特征和社会对资源消耗、建造成本、运行成本的可承担能力，在框架结构优化、运输系统一体化、全面信息化的战略目标和政策指引下，由多种运输方式按照功能组合、优势互补、技术先进、合理竞争、资源节约的原则进行网络化布局发展，共同构建形成的有效满足社会经济发展需要、一体化紧密衔接、运行高效的交通运输有机整体。具体而言：

第一，有效满足需求，指根据各种运输方式的现代技术经济特征和社会对资源消耗、建造成本、运行成本的可承担能力，从全社会可持续发展的角度，构建提高人们生活质量、节约资源的交通运输模式，通过供给和相关政策引导人们对交通运输方式的选择。

第二，结构优化，指以体系框架结构优化为目标进行各种运输方式的组合配置以及各种运输方式自身网络的完善，发挥组合优势、组合效率。

第三，一体化衔接，指在物理上实现基础设施网络的一体化衔接；逻辑上实现运输环节的无缝衔接和良好的信息化服务。

第四，运行高效，指满足功能和服务质量要求的系统整体运行的高效率。

第五，有机整体，包括综合运输基础设施网络系统、综合运输运行与服务系统，以及市场机制和管理体制对两个系统构建和运行的作用与影响，其功能效用和适应性大于各种运输方式的总和。

二、综合运输体系概念的形成

1. 综合运输体系的概念

最早来自西方发达国家。美国综合运输专家 G. 穆勒指出，对于货物运输，综合运输是货物在两种以上运输方式上进行的无缝和连续的门到门运输。发达国家的综合运输研究是在交通基础设施规模基本稳定，整体交通运输达到相对较高的发展水平，各种运输方式形成较强竞争的环境下提出或形成的，因此对综合运输的研究主要侧重于运输过程中运输方式的合理利用和运输环节的有效衔接。与发达国家不同的是，我国综合运输体系建设是在交通大发展的过程中进行的，可以有效地发挥政府在资源配置、交通网络规划、基础设施衔接等方面的作用。

由于各国的情况不同，综合运输体系没有具体固定的结构模式，其取决于所贯彻的发展理念以及与这种理念相配合的发展政策、使用成本政策。不同发展理念和政策下所形成的不同发展组合（结构模式），将构成不同的社会资源消耗总量、社会总运输成本和系统效率水平，同时，对人们的生活方式、满足人们追求物质生活的程度，以及社会、经济、环境的可持续发展产生不同的影响。

2. 综合运输体系的提法

（1）已被官方和非官方较广泛地应用，其中心思想是：根据全国或区域经济地理特征和各种运输方式的技术经济特点，经济合理地发展各种运输方式，并使之有机结合形成一个完整的高效的交通运输系统，为社会经济发展服务。对于什么是综合运输体系，至今还没有一个非常明确的、被普遍公认的定义。各国由于交通运输的具体结构不同、发展阶段和水平不同，给出了不同的定义，我国一些学者也提出了一些论述。主要体现在“无缝”“连续”“一体化”“发挥各自优势，优势互补”上。

(2) 比较具有代表性的是杨洪年于20世纪90年代初提出的“综合运输体系，是指在社会化的运输范围内和统一的运输过程中，按照各种运输方式的技术经济特点，形成分工协作、有机结合、布局合理、联结贯通的交通运输综合体”。20世纪90年代后期，他又修改为“它是相对各种单一运输方式的运输体系而言，包含各种现代运输方式，按照其各自的技术、经济特征，在统筹规划下，形成布局合理、分工协作、协调发展、连接贯通、运输高效的现代化的交通运输综合体。它主要由三大系统组成：①综合运输网及其结合部（枢纽）系统。这是构成综合运输体系的物质基础，要求系统内布局合理，诸运输环节互相衔接贯通，技术装备先进并成龙配套，运输网络四通八达。②综合运输生产系统。这个系统要调度指挥灵敏，便于组织全程联运，实现运输高效率、经济高效益和优质服务，充分体现各种运输方式在综合利用中的优越性。③综合运输管理、协调系统。这个系统要有利于宏观间接调控，实行统筹规划和组织协调各种关系，又要发挥市场对资源配置的基础性作用”。

(3)《我国现代综合运输体系框架研究》（罗仁坚，2003）对现代综合运输体系的定义：是指符合一个国家或地区的经济地理特征，适应国民经济发展和人们生活水平提高的要求，各种运输方式分工协作、优势互补，采用现代先进技术在物理上和逻辑上实现一体化的交通运输系统的总称。

具体为：基于各种运输方式的技术经济特征和可持续发展的思想，建立形成的符合区域经济地理特征和社会经济发展要求的各种运输方式优化配置的交通基础网络系统，与采用现代先进技术进行合理的运输组织和交通管理，在物理上和逻辑上实现交通运输全过程各个环节无缝连接的一体化运行使用系统的有机集成。

交通基础网络供给系统，是交通运输工具运行的载体和完成运输的基础；运行使用系统，是交通运输工具与网络设施相结合为人类提供功用和效益发挥的系统，其由运输服务系统和运输组织与交通管理系统两部分组成。

此外，宏观政策引导和行业发展规划及管理自始至终贯彻于各大系统之中，是现代综合运输体系形成与运行的必备支持条件，也是现代综合运输体系建立与完善的关键，其体现和贯彻的发展理念与具体政策措施对于综合运输体系的发展模式与结构具有根本性的影响作用。

3. 什么是综合运输体系

综合运输体系是指在社会化的运输范围内和统一的运输过程中，按照各种运输方式的技术经济特点，形成分工协作、有机结合、布局合理、联结贯通的交通运输综合体。

交通运输业是五种运输方式的简单总和，体现运输业的“全”；综合运输体系体现的则是各种运输方式的“协”，即运输过程的协作、运输发展的协调和运输管理的协同，它立足于各种运输方式的有机联系，是五种运输方式联合起来，协作配合，有机结合，联结贯通。

从交通运输建设来看，为了提高交通运输总体效率和效益，各种运输方式要统筹规划，协调发展，合理布局；从交通运输的组织管理来看，在统一的运输市场中运输组织结构联合，动作协同。

目前综合运输体系存在多种定义，还没有一个统一权威的定义。狭义的定义，是指灵活运用各种运输形式所具有的安全性、准时性、大量性、高速性、舒适性等，综合组织成最有效和最适合交通运输需求的运输系统。广义的定义，是指不单纯着眼于运输的质和量方面所要求的直接目的，而是还考虑到对沿线产业和居住条件等的影响，从综合和长远的观点把各种运输方式最合理地组织起来的运输系统。而欧盟的定义则是，综合运输体系是指各种运输方式能够整合到门到门的运输链中，并显示出各自合理的内在经济特性和运营特性，以提高系统整体的效率。

三、综合运输体系的一般概念

目前，对综合运输体系的一般定义是：符合国家或地区的经济地理特征，适应国民经济发展和人们生活水平提高的要求，各种运输方式分工协作、优势互补，采取现代先进技术在物理上和逻辑上实现一体化的交通运输系统的总称。

根据上述概念，综合运输系统具体表现为三个层次的含义：一是基于各种运输方式的技术经济特征和满足可持续发展要求的多种运输方式优化配置的交通基础网络系统；二是采用现代先进技术和合理的运输组织方式；三是在物理上和逻辑上实现运输过程各个环节无缝连接的一体化运输系统的有机集成，并实现对各种运输方式的综合管理。

现代运输业是由铁路、公路、水路、航空和管道五种运输方式及其线路、站场等组成的综合体系。每种运输方式有各自特定的技术经济特征、经济性能和合理有效的使用范围。

从运输业发展的历史和现状来看，各种运输方式一方面在运输生产过程中存在着协作配合、优势互补的要求，另一方面在运输市场和技术发展上又相互竞争。这两种要求交织在一起，形成综合运输体系由低级向高级发展的长期过程。

在综合运输体系的指导下，既要使每种运输方式都能用在它最合适的领域，又要使整个运输体系发挥其整体功能，满足国民经济和人们生活在规模上、时间上和空间上经常变化的运输需求。

所谓综合运输体系，或者叫综合的交通运输体系，是各种运输方式在社会化的运输范围内和统一的运输过程中，按照各自的技术经济特点，形成分工协作、有机结合、布局合理、连接贯通的交通运输综合体。

首先，综合运输体系是在五种运输方式的基础上组建起来的。其次，综合运输体系把各种运输方式通过运输过程本身的要求联系起来。这就是各种运输方式在分工的基础上，有一种协调、优势互补的要求，即在运输生产过程中的有机结合，在各个运输环节上的连接贯通，以及各种交通运输网和其运输手段的合理布局。最后，综合运输体系使这五种运输方式在质量、效率和效益的基础上有机结合；在运输建设上统一规划，合理布局；在运输设备上相互衔接，成龙配套；在组织管理上协调配合、利用。

国家发改委交通运输司王庆云司长（《综合运输》，2002 年）对综合运输体系进行概括，他认为：综合运输体系是市场经济发展到一定阶段，在科技创新和制度创新的作用下产生的一种现代交通运输的组织形式。其理论可概括为：为满足国民经济和社会发展的需要以及客货用户的要求，将铁路、公路、水路、民航、管道五种现代运输方式作为一个有机整体进行系统研究、系统规划和系统建设，形成整体的系统能力，并以市场经济为导向，以高新技术为基础，在充分发挥各种运输方式比较优势的前提下，为人类经济发展与社会进步及客货运输用户提供安全、快捷、方便、舒适、经济优质服务的综合系统，最终实现便利产品流通，增加生产者的经济价值。它至少包括由硬件设施、软件设施及服务组成的三个子系统：①现代综合交通运输网络与装备系统；②以现代信息技术与现代化管理手段为基础的安全、高效的运营与管理系统；③充分体现市场经济规律与“用户选择”“以人为本”服务准则的优质高效服务系统。

四、综合运输体系的基本内涵

交通运输体系是以运输线路为主线，将运载工具、港口、车站道路设施、航道等硬要素，以及运输组织、管理和协调系统等软要素贯穿而成的系统。其核心要素是以交通运输需求的特性（需求主体、运量、运距、流向、需求技术等）为出发点，按照不同运输方式的技术经济特征以及区域运输路线环境状况，合理配置各种运输资源，快捷、高效、安全地实现运输对象的空间位移。

为实现这一核心要求，必须对运输体系五种运输方式（公路、水路、铁路、航空、管道）进行合理规划布局，引导并形成综合运输体系。综合运输是社会生产发展到一定经济阶段的产物。综合运输体系不是这五种运输方式的机械组合，而是经过一个动态的、有机的发展过程而形成的有机系统。其深刻内涵主要体现在以下四个方面①。

① 吴群琪，陈文强．交通运输系统演化机理与发展趋势［J］．长安大学学报，2009（6）．

1. 适应经济社会需求，合理引导运输方式的动态发展

经济发展是综合运输体系演变的基础，经济的不同发展阶段必然对运输需求总量和结构有不同的要求，而各种运输方式又具有不同的技术经济特征，需求总量不可能在各种运输方式之间平均分配或静态保持不变。因此，从动态来看，社会运输生产或供给必须与运输需求相适应，包括总量和结构的匹配。例如，我国目前处于工业化建设时期，以初级产品为主的传统大宗货物在运输货种中仍占有重要地位；同时我国国土面积大，原材料产地多与加工地相距甚远，因此，铁路运输应是我国此阶段综合运输体系主要的运输方式之一。随着产业结构升级，高价值货运、个性化的消费客运比重的增加，运输结构将发生变化。因此，交通运输建设总量和结构必须动态发展，才能适应运输需求总量和结构上的发展和调整，才能对国民经济产生推动作用而不是约束力。

2. 各种运输方式之间协调发展，发挥其组合效率

综合运输体系是由各种运输方式有机配合衔接构成的运输系统。五种运输方式在各自的领域具有其他运输方式所不具备的比较优势，同时又具有一定的可替代性。因此，这五种运输方式必须相互适应、相互协作、相互促进，才能够有效地推进交通运输资源的优化配置，才能够充分发挥各种运输方式的比较优势和组合效率，单一的运输方式是无法满足现代经济生活发展的需要的，例如在对大宗原材料进行运输时，利用火车或水路效率更高，到站后，再用公路运输转运至目的地。

3. 连续、无缝衔接和“门到门”服务

综合运输体系的发展不仅要求不同运输方式结构合理，而且要求不同运输方式在运网上合理地配合，相互有机衔接，做到“无缝、连续、全程”的“门到门”服务。这就需要政府部门科学合理地规划，按照“布局合理、能力充足、换乘便捷、服务优质”的目标，准确判断不同运输方式的技术优势和功能定位，合理确定枢纽的布局和选址，使各种运输方式之间和某种运输方式内部有机衔接，实现客运“零距离换乘”和货运“无缝衔接”，实现“人便于行、货畅其流”①。

4. 构建资源节约、环境友好的综合运输体系

交通运输是资源占用、能源消耗较多的产业，在给经济发展、人民生活带来便利的同时，占用并消耗了大量的资源和能源，同时带来了耕地占用、环境污染、水资源破坏等负面问题，给子孙后代留下了不可逆转的影响，而且由于我国人口总量多，人均资源总量和环境容量都非常有限，因此，我国交通运输综合体系的发展必须走资源节约、环境友好之路。

综上所述，我国综合运输体系的概念可归纳为：在市场经济条件下，以可持续发展为前提，以运输需求为导向，按照公路、水路、铁路、航空、管道五种运输方式的技术经济特征，综合配置资源、合理规划安排运输结构，形成分工协作、有机结合、布局合理、联结贯通的交通综合运输体系，以最大化地发挥各种运输方式的比较优势和组合效率。

第二节
综合运输体系的内容和结构

早期在综合运输的目标与实现途径中，我们按照计划经济制度国家对综合运输的理解——发挥政府的计划与指挥作用，实现各种运输方式合理分工、相互配合与协作，达到运输布局的最优化和运输过程的紧密衔接。因此综合运输体系建设的核心内容就是构建综合运输系统（物理性），实现各种运输方式协调发展，即各种运输方式按比较优势发展与利用，完善综合运输体系（整体性），实现各种运输方式紧密衔接，即建设统一高效的交通运输系统。为此对综合运输体系内涵的理解，我们有这么一些认识：综

① 崔柏，王乃超，陈祥森．推进资源优化配置　构建现代综合运输体系［J］．中国储运，2009（1）：13.

合发展和利用——各种运输方式比较优势；统筹规划和协调——合理布局运输网络；结构优化和衔接——发挥运输系统功能；运输高效和低耗——实现可持续性；满足经济和社会——创造整体经济性。运输系统综合发展——交通设施布局方面，即各种运输方式协调发展、结构优化和相互衔接。运输方式综合利用——运输运用方面，即充分发挥各种运输方式的技术经济特性和比较优势。运输技术综合进步——运输发展方面，即不断提升交通运输系统科学技术水平，实现技术进步。

一、综合运输体系的基本内容

综合运输体系的内涵比较丰富，一些学者和专家从不同角度进行阐述。

综合运输体系，不是五种运输方式各自发展简单的叠加，而是一个有明确目标、在政府引导下构建形成的有机组合整体，有着深刻的内涵。主要包括以下五个方面内容：

其一，发挥比较优势，优化组合，合理利用资源，引导运输需求。不同运输方式具有不同的技术经济特征和适应不同层次、不同特征的需求，交通运输的发展应根据资源条件和需求引导的要求，充分发挥各种运输方式的比较优势，进行规划布局和优化组合，在有效满足运输需求的情况下，实现资源的最合理利用和节约。

其二，各种运输方式之间、基础设施与技术装备和服务使用系统之间协调发展有机配合。各种运输方式在布局和能力衔接上要协调发展，同时，各种运输方式的运行使用系统与交通网络供给系统要形成有机匹配，实现系统整体高效用和高效率。

其三，连续、无缝衔接和一体化运输服务。交通基础设施网络在物理上要形成一体化连接，运行使用系统在运输服务、市场开放、经营合作、技术标准、运营规则、运输价格、清算机制、信息以及票据等方面要形成一体化的逻辑连接，运输全过程实现一体化的运输组织和服务。

其四，现代先进技术的应用，信息化、智能化。以先进技术、信息化、智能化提高系统整体发展水平和管理及服务水平，实现能力供给增加、安全保障性提高以及经济、环保等。

其五，提高人们生活质量与统筹协调、可持续发展的平衡。一方面，要建立发达的、完善的现代化交通运输系统，适应经济发展和人们生活质量提高的需要；另一方面，综合运输体系的发展结构和规模要坚持和贯彻可持续发展的理念和战略，与经济、社会、环境发展相协调，要通过供给系统和使用政策以及宣传教育等引导人们树立更加注重资源节约的交通消费观念和交通行为。

二、综合运输体系的系统组成

综合运输体系大致由三个子系统组成。这三个方面构成了综合运输体系生产能力的主要因素。

1. 综合运输网络系统

综合运输网络系统是具有一定技术装备的综合运输网及其结合部系统，是综合运输网络系统的大硬件，由各种运输方式的线路、港、站、场、运输枢纽和各个换装点以及各种运输设备、生产工具组成，它构成了综合运输体系的物质技术基础。综合运输网络系统要求在运输网的布局上合理协调，运输环节相衔接，技术装备成龙配套，使运输网四通八达。

2. 综合运输生产系统

综合运输生产系统，即各种运输方式的联合运输系统。综合运输生产系统是由软硬件结合而形成的系统，是综合运输体系的核心，是由各种运输方式组成的综合运输协作系统、一体化系统、区域运输系统相互衔接和相互配合而构成的联合运输系统，它要求高效率、低能耗、高质量、低成本，充分发挥各种运输方式的能力及各种运输方式综合利用的优越性。

3. 综合运输组织管理系统

综合运输组织管理系统要有利于宏观管理、统筹规划和组织协调。综合运输组织管理系统是综合运输体系的软件，由三部分组成：①在各种供给方式内部及其相互之间进行组织衔接、协调的运输生产指挥系统；②对某种运输方式、某一运输网及区域运输体系进行调节和控制的综合调控系统；③对所有运输方式、统一运输网络和运输体系进行生产、调度、指挥所必需的通信、导航、计算机、管理信息系统。综合运输组织管理系统要求既要有宏观上的管理、统筹规划，又要发挥每种运输方式在微观上的基础作用。

三、综合运输体系的结构特点

综合运输并不是一种全新的运输方式，而是五大运输方式的有机综合，因此，它的结构类似于交通运输系统。即综合运输体系包括综合运输网、交通运输通道、管理与控制系统。

1. 综合运输网

在空间范围内，综合运输网由铁路、公路、水路、航空和管道的线路及各种运输方式的结合部组成。综合运输网就是由铁路、公路、水路、航空和管道五种运输方式的路线和枢纽等运输设施相互合作、协调配合、联结贯通而形成的交通运输网络的总体。运输网中的线路分为以下五类：①骨干线路；②开发线路；③给养线路；④腹地线路；⑤企业线路。

发展综合运输网的三种观点：在发展综合运输网时，必须坚持系统工程观点、层次结构观点和技术经济观点。

2. 交通运输通道

在整个交通运输系统中，往往有一些跨区或区内的客货流密集地带，与此客货流相适应的一种或多种运输方式的线路构成了该区域交通运输的骨干通路，承担主要和重要的客货运输任务，这种骨干通路（含与运输线路配套的场站设施）称为交通运输通道。例如：①国际性运输通道，陇海—兰新大陆桥，陇海兰新线是贯穿我国东西的一条铁路大动脉。②大经济区间的区际运输通道，青藏公路就是西北区与西南区联系的重要通道。③经济区内的省际运输通道，沪宁高速公路。④省内运输通道，沈大高速公路。

3. 管理与控制系统

管理与控制系统包括信息系统、运输行政管理系统、运输生产组织系统。从各种方式的关系来看，有三种结构：并联结构、串联结构、串并联结构。

根据系统功能结构划分如下：①以高等级公路、铁路客运专线和民航为依托的城际快速客货运输系统。②以干线公路、水路和铁路大宗货物运输通道为依托的重载货物运输系统。③以干线公路、水路和铁路干线为依托的集装箱运输系统。④以管道、水路和铁路为依托的油气运输系统。

综合运输管理体制是指政府在管理职能上变单一运输方式为多种运输方式的有机统筹管理，即将各种运输方式的行业管理权限集中于政府的一个职能部门，以充分发挥各种运输方式的优势，取得最大的综合运输效益。建立综合运输管理体制，应注意做好以下五项基础工作：①在机构设置上，要实行“一城（区）一交”。②在规划建设上，要实行集中规划。③在管理方式上，要实行法制管理。④在经济运作上，要实行效益管理。⑤在管理方式上，要实行职能管理。

四、综合运输体系的内涵分析

综合运输体系是在充分发挥各运输方式比较优势的基础上，统筹协调、合理配置和有效利用交通运输资源，实现各交通运输方式间的有效衔接的综合运行系统和服务系统。由四个子系统组成：基础设施子系统、运输生产组织子系统、支持保障子系统和公共管理子系统。

1. 基础设施子系统

基础设施是交通运输工具运行的载体和完成运输活动的物理性基础，

完整的交通运输基础设施体系由以下三个要素组成：

（1）各交通方式的运输通道，是指在各交通方式中，连接运输始发地、到达地，使得运输工具能够运行的线路。根据不同运输方式，运输通道具体可分为航道、公路、铁路、空域（航线）、管道、城市道路及轨道等类型。

（2）各运输方式内部枢纽，是指位于各运输方式内部交通通道的节（结）点，主要服务于同种运输方式下的客货交换流转的场站和相关集疏运系统的集合体。包括港口、机场、火车场站、道路运输场站和城市公交站点等。

（3）综合运输枢纽，是指连接不同运输方式的主要客货运通道的结点，其构成全国或区域内重要客货中转集散中心，通过对线路、场站及信息传输等设施的有机链接，实现各种交通运输方式一体化作业，达到客运零换乘、货运无缝连接的目标。具体表现为：微观层面的综合交通运输枢纽设施和宏观层面的综合交通运输枢纽所依托的中心城市。

2. 运输生产组织子系统

运输生产组织是指运输生产组织者，使用相应交通工具按照一定的运营方式将各种运输对象（货物、旅客、邮件等）从起点运往终点的全过程活动。运输生产组织包含以下三个要素：运输组织者（经营人）；运输装备；运输从业人员。根据上述要素的不同特征，交通运输生产组织又分为以下八类：水路运输、道路运输、铁路运输、航空运输、管道运输、城市公共交通运输、邮政运输和多式联运。其中，多式联运是指由同一运输组织者，将同一运输对象通过两种或两种以上运输方式由接收地运至目的地的活动。

3. 支持保障子系统

支持保障系统是指为保证综合运输系统的正常运行和紧急状态下的应急处置所提供的信息技术、救助、应急保障等体系，主要包括三方面：

（1）信息技术平台，是指通过制定运输信息技术标准和信息资源标准，建立运输信息采集、处理和服务的交换共享机制，整合、对接和共享各种运输方式的信息资源。

（2）救助体系，是指在运输活动中遇到自身力量无法摆脱的困难或危险时，政府或社会力量所给予的救助和支援服务系统，使其从困境或危险中得以解脱。

（3）应急保障机制，是指针对由于社会经济异常波动或突发事件造成的交通设施中断，重要物资、旅客运输紧张，为保障基础设施的通畅和运输生产的有效进行而采取的各种保障措施的总和。

4. 公共管理子系统

综合交通运输公共管理包括提供公共服务、维护市场秩序、实施社会性管制（低碳、环保、节能、安全）等，具体包括以下三个方面的内容：

（1）提供公共服务，提供公共服务是一种政府职能，指通过提供或创造公共产品以满足公共需要的过程。

（2）维护市场秩序，由于市场经济并不能必然地实现资源的合理配置，需要政府加以规范，以维护市场秩序，保证市场经济健康有序地运行，使市场有效地发挥作用。

（3）社会性管制，是政府为控制负和可能会影响人身安全健康的风险而采取的行动和设计的措施，不同运输方式在营运活动中都存在环境污染（碳排放）、交通事故、拥挤等负和的外部性，而市场机制无法直接解决这一问题，因此必须通过政府管制加以解决。

五、综合运输体系的研究现状

什么是综合运输系统？借以组织实现综合运输功能的运输工程管理系统，就称为综合运输系统。为了满足服务区域内多层次、多样化的运输需求，由若干种运输方式所构成的有机整体称为综合运输系统。

综合交通运输系统是由不同运输方式的运输网络设备、载运工具、客货流和组织管理四个方面构成的复杂动态系统，是支持整个社会经济大系统正常运转的基础设施系统。建立在五种运输方式运输系统基础上的综合交通运输系统是依据运输发展需要和运输生产过程组织的特点逐步形成的，它强调运输资源的有效利用和运输方式之间的衔接，立足于国家对运输资源在各种运输方式之间的合理配置；立足于完善客货运输过程的运输服务；立足于各运输方式间旅客运输实现“零距离换乘”，货物运输实现“无缝中转”。

随着经济全球化和科学技术迅速发展，作为社会经济系统运行支撑体系之一的交通运输系统也日益错综复杂，其突出表现是运输需求更加瞬息万变，运输市场的供给需求矛盾更加激烈，运输问题日益严重。各种交通运输方式在实现现代化的进程中，综合交通运输系统的容量大大扩展，运输服务质量和运输能力提高的同时，也付出了大量的投资和代价，但各种运输方式间的竞争加剧，运输资源占有越来越庞大，系统运行成本不断提高，同时受资源和环境的影响十分明显。因此，建设满足需要和完善的综合交通运输系统，实现交通运输可持续发展不仅是社会经济发展的需求，也是交通运输部门和顾客共同关注的重要问题。无疑，综合交通运输系统的构建、发展及相关问题，已成为包括交通运输工程学在内的多学科的研究重点。

目前，以铁路、公路和民航为主的运输体系的基础设施网络系统框架已基本形成。综合运输大通道具备一定的能力，系统的通达度明显提高，技术装备和运输能力都有较大改善，各种运输方式共同组成的快速客运系统、集装箱运输系统、铁矿石运输系统、煤炭运输系统、进口原油运输系统，以及铁路、公路、内河、沿海运输的枢纽、场站等设施和装备都步入良性发展，智能交通技术的应用开始得到重视，运用现代信息技术建立的安全保障及支持系统、运营管理系统等都已取得了明显的进展。在综合运输即客流、货流完成位移的过程方面进行了大量的实践和理论研究，也取得了较好的成绩。但目前研究大多是从综合交通体系中的某种运输方式（铁路、公路、水路、航空、管道）出发而进行的实践和研究，并且所进行的研究和实践大多侧重于实现运输的过程。

我国对综合运输的研究开始于 20 世纪 50 年代，60 年代开始推进铁路、水运的联合运输，促进了不同运输方式之间的紧密衔接。80 年代中期提出的调整运输结构、促进各种运输方式的合理分工，以及后来国家把加快综合运输体系建设作为调整和改造交通运输产业结构的基本方针，并在政府规划中加以体现，对促进各种运输方式优势互补、协调发展等产生了重要作用。

实质上，综合运输体系理论是按照系统论的理论，研究交通运输系统与经济社会系统、交通运输各子系统内部和各个子系统之间相互作用的规律，构建资源配置优化、运输高效的综合运输体系的理论体系。

综合交通运输体系是一个“开放的复杂巨系统”（Open Complex Giant System，OCGS）。20 世纪 80 年代后期，钱学森在以往实践研究的基础上，从系统的概念出发，对系统本身进行了深入研究。其中总结了像社会系统、经济系统等三个共同的特征：

（1）系统所包含的子系统很多，成千上万，甚至上亿万，子系统间可以通过各种方式通信；并且子系统的种类繁多，各有其定性模型，有几十、上百，甚至几百种。

（2）系统与其子系统不断与外界进行物质、能量和信息的交换。

（3）系统中子系统的结构随着系统的演变而变化，系统的结构是不断改变的。

钱学森抽象概括了具备以上特征的系统，称之为“开放的复杂巨系统”。

我们简单考察综合交通运输体系这个庞大的系统，构成综合交通运输体系的子系统数目繁多，如从运输方式来讲，有五种运输方式构成的独立交通系统，同时联运方式、交通枢纽等将这些子系统紧密结合起来；若按地区来划分，又有区域的交通系统，并且在大系统中的子系统都具有多层次的结构，子系统之间和子系统内部各个环节之间的关系很复杂，同时综合交通运输体系与国家政治、经济和环境有非常密切的交互关系，不断地发生着物质、信息和能量的交换。随着社会经济的发展和向科学的发展观的转变，综合交通运输体系的发展也在演变。因此，综合交通运输体系是一个“开放的复杂巨系统”。针对 OCGS 问题，钱学森提出了从定性到定量的综合集成系统方法论，OCGS 问题以下简称为复杂问题。

为了满足全面走向小康社会的需求，主要是适应市场经济的快速发展和人民生活水平的提高对我国交通运输体系建设的要求，2002 年 9 月，中国工程院成立了“构建我国综合交通运输体系的研究”课题研究组，针对我国综合交通运输体系发展中存在的不适应经济发展的问题提出协调解决方案，并对未来一定时期不同阶段我国综合交通运输体系的构建框架提供政策性的建议。该课题共分为六个子专题，分别就综合交通运输的现状、研究思路与理论框架、建设模式、运营机制、管理机制、城市交通等内容进行了深入和系统的研究。

第三节 综合运输体系的发展理念和要求

自 20 世纪 40 年代以后，为了提高交通运输系统的效率与效益，西方经济发达国家提出并逐步发展了综合运输系统的概念。进入 20 世纪 90 年代，大多数发达国家相继完成了工业化过程，步入信息社会。为使交通运输系统最大限度地满足日益增长的、多样化的运输需求，应对交通拥堵、环境恶化、能源短缺等挑战，实现社会的可持续发展，各国政府通过国家规划、政策和法规，采取鼓励、限制和引导等措施，推动建设更加安全、快捷、智能化的现代运输体系，使综合运输体系的建设进入了新的时期。

一、综合运输体系的发展理念

通过有关资料分析，国外对综合运输体系的发展主要强调以下三个方面：

第一，综合运输体系通过市场机制和宏观调控来建立和发展；与传统运输体系相比，综合运输体系具有更高的经济效益和社会效益，更加适应当代经济多样化、国际化、信息化、网络化和持续稳定的发展需求。

第二，综合运输体系的发展应贯彻“以人为本和促进经济社会发展，有效满足运输需求，优势组合和系统整体高效”的可持续发展理念。①应构建发达、完善的交通网络系统，以促进经济社会发展和人们生活质量的提高；②应选择符合国情的主导型交通运输模式，引导发展和需求选择；③促进综合运输系统一体化，实现整体效率和服务水平的提高。

第三，我国目前正处于交通运输规模和结构优化的大发展时期，也是综合运输体系构建和逐步成形的关键时期，必须借鉴国外的发展经验和根据我国的国情，树立正确的发展理念，以减少弯路和使构建起来的综合运输体系更有效地支持经济、社会、城镇化的发展，更能体现以人为本和环境友好。

交通运输是经济社会发展的重要基础设施和城市的重要组成部分，构建的综合运输体系必须在规模和结构上支持城市、经济、工业化、城市化的发展以及区域一体化和人们生活水平的提高。

追求物质生活是人们的天性，资源的有限性和可持续发展目标要求人类在追求生活享乐中应该有一定的节制，从社会整体发展和人类长远发展的角度自觉地调整消费观念和交通行为方式，不同的交通发展模式对人们的生活方式和交通行为具有很强的引导作用。为此，必须以资源的可支撑性为基础支持人们生活品质的不断提高，即交通运输发展结构要体现“在可承担得起的资源和成本消耗的情况下，建立能够有效地满足人们出行和货物运输需要、创造更好的生活和工作环境的交通运输系统”的思想，要与我国国情和资源禀赋相结合。

交通拥堵是世界大都市以及人口密集区域普遍面临的问题，简单地依靠增加交通基础设施的供给并不能根本解决交通需求不断增长的需要，而且如果形成与小汽车相耦合的生活方式和出行方式，还会陷入拥堵—增加基础设施供给—交通状况改善—刺激更多的交通需求—形成拥堵的循环黑洞。为此，不能仅从交通流与基础设施的平衡来规划和构建综合运输体系，必须从人和货物的位移即“运输”需求的角度以及大众需求的角度来规划构建可持续发展的综合运输体系，要突出大运量公共运输方式的作用和发展。

区域经济合作与城市群的发展是面向经济全球化和提高竞争力必然的发展方向，并已日渐成为我国经济发展的主旋律和经济发展的主导力量。以中心城市为龙头的城市群的发展正日益促使区域资源更紧密地整合与共享以及经济发展整体化，经济与城市进入了新的发展机遇期，地区之间的经济竞争正逐步从简单的以行政区划为单元的单元之间的竞争转向更大范围的经济区域以及城市群之间的竞争。交通运输是区域合作和城市群发展的重要载体，综合运输体系的构建必须能够支持和引导这方面的发展，并适应由此增加的更多运输需求。

便利的交通为人们提供更多的机会、自由和选择，铁路、公路等交通基础设施的建造不是为了仅供交通运输工具使用，而是为人们服务的。为此，一体化的运输服务和以人为本的思想必须贯穿到交通运输发展的全过程，从交通基础设施的规划布局、设计开始直至运营组织、用户服务等各个环节都要体现以人为本的思想，将安全、便捷使用、舒适、智能、公平、服务等各方面加以考虑和落实。为此，综合运输体系的构建不仅要考虑资源的合理利用和各种运输方式优势的发挥，还应建立一体化运输的网络系统和服务系统，即各种运输方式之间和运输方式内部在基础设施、运输装备、运输组织、管理软件等方面实现物理和逻辑上的紧密连接和一体性，实现运输过程的无缝、连续化。

信息化、智能化以及提高运输装备技术水平是实现交通运输现代化的必由之路，是通过提高技术实现增量供给和增强安全保障性、减轻资源和环境的压力、实现可持续发展的重要战略。为此，综合运输体系的构建，各方式、各环节之间都要有利于先进技术的推广应用，有利于集约化的发展和整体水平的提高；在一次性资金投入代价与资源和生态环境代价比较中，要侧重于资源和生态环境的代价。

为此，可将我国综合运输发展的理念归纳为：支持经济社会以及城镇化发展，以承担得起的资源消耗为基础，有效满足“运输”需求和引导交通消费，发挥比较优势，节约资源，一体化运输，智能化系统。

二、我国综合运输体系的发展

1. 发达国家综合运输体系发展的主要历程

（1）发展阶段。工业革命后，生产和经济的大发展，导致运输需求的激增，同时新技术在交通运输上的应用，使得交通运输设施及行业进入到空前发展时期。

（2）调整阶段。追求利润最大化、盲目投资及恶性竞争，导致运输效益下降，使交通运输发展步入结构调整阶段。

（3）提高阶段。“二战”后，随着世界经济的空前大发展和人们生活质量的进一步提高，社会对交通运输的需求进入了从数量向质量发展的时期，致使综合运输的理念应运而生。

2. 不同时期综合运输体系建设的任务

（1）20 世纪 80 年代前的任务重点：运输组织、合理运输、联合运输、挖掘潜力。

（2）20 世纪 80 年代的任务重点：合理分工、协调发展、优先发展。

（3）20 世纪 90 年代的任务重点：基本网络构建、通道建设、枢纽性基础设施建设。

（4）21 世纪开始至今的任务重点：体系结构、衔接配合、结构调整。

3. 我国综合运输体系的发展

在我国经历了大规模的交通运输基础设施建设，特别是高速公路大发展后，我国运输格局发生了巨大变化，公路运输在综合运输体系中的地位得到根本改变，我国区域性的运输结构得到改善，运输从制约经济发展到适应和引导发展局面的形成，公路运输的发展功不可没，也促进了运输整体发展结构的加快调整。

（1）创始阶段（20 世纪 50 年代末至 70 年代末）。20 世纪 50 年代初期，我国在建立社会主义制度时，基本上是借鉴苏联的经济建设模式，我国综合运输研究的发展也是这一时期的产物。仿效于苏联，在20世纪50年代后期也由政府推动开展了综合运输研究工作，其标志性事件有两件：①1956年国务院颁布《国家科学技术发展十二年规划》，其中交通运输方面第1项（3501）提出开展综合运输研究，主要任务是进行综合运输网发展规划研究；②1959年成立综合运输研究所，建立了开展综合运输体系研究工作的机构和研究队伍。

20世纪50年代我国交通运输十分薄弱，发展落后。这一时期对综合交通运输体系的理论认识可以概括为“一个根据，两个综合，三个比例关系”。“一个根据”，即根据社会主义有计划按比例发展的经济规律，研究、探索交通运输发展问题。“两个综合”，即综合发展、综合利用。综合发展侧重于规划方面，研究各种运输方式的发展规划及其协调配套建设，组成综合运输网。综合利用侧重于现代各种运输方式在运营和运行中的合理利用、互相贯通和衔接。“三个比例关系”：①交通运输业与国民经济的比例关系；②各种运输方式间的比例关系，即研究铁路、公路、水路、航空、管道等现代运输方式的技术经济特征，探索各种运输方式的优势、分流和投资比重等；③运输方式内部的比例关系，促进同一运输方式的不同技术与装备的合理发展等。

（2）起步阶段（20世纪80年代）。改革开放初期，由于交通基础设施建设的滞后，交通运输不适应国民经济发展的需求，成为明显的薄弱环节。这一时期，我国交通运输能力普遍不足，缓解运输紧张、促进经济发展成为交通运输业发展的重点，同时经济体制由计划经济为主向市场调节为主的转变也推动了交通运输发展思想的转变。在各种运输方式各自加快发展，弥补以前发展“缺课”的同时，交通运输发展理念逐步由以铁路为主的比较单一的发展模式转向以铁路为骨干、公路为基础、其他运输方式相协调的发展模式。这一阶段，发展综合运输的理念被党和政府接受，1987年党的十三大采用“综合运输体系”概念，提出把加快发展综合运输体系作为今后相当长时期内的交通发展的方向。1988年中央政府工作报告提出“积极发展综合运输”的政策。

（3）快速发展阶段（20 世纪 90 年代）。这一阶段各种运输方式基础实力进一步增强，建设综合运输体系逐步得到认同。发展综合运输，推动各种运输方式的加快发展和现代化建设，并在发展中合理配置资源、加强各种运输方式的有机衔接与配合，成为交通运输发展的必然要求，逐渐成为国家交通运输发展的基本方向。1991 年在制订颁布的“八五”计划中提出“交通运输的建设要着眼于 2000 年或者更远一点时间国民经济发展对运输能力的需要，搞好综合运输体系的建设，以增加铁路运输能力为重点，同时积极发挥公路、水运、空运、管道等多种运输方式的优势，并使各种运输方式衔接配套”。1996 年在《关于国民经济和社会发展“九五”计划和 2010 年远景目标纲要》中明确指出“以增加铁路运输能力为重点，充分发挥公路、水运、空运、管道等多种运输方式的优势，加快综合运输体系的建设，形成若干条通过能力强的东西向、南北向大通道。合理配置运输方式，加快交通干线建设，突出解决交通薄弱环节，提高运输效率”。1997 年，李鹏在《建设统一的交通运输体系》中指出“我国交通运输业应以铁路为骨干、公路为基础，充分发挥水运，包括内河、沿海和远洋航运的作用，积极发展航空运输，适当发展管道运输，建设全国统一的综合运输体系”。

20 世纪 90 年代是我国交通运输逐步进入快速发展的时期，也是从以往以铁路发展为主，以传统的技术经济特征作为分工的主要依据，向各种运输方式共同发展、合理配置、建设综合运输体系，在观念和政策上转变的发展时期。

（4）综合运输体系理论研究的完善阶段（2000 年以后）。这一阶段的特点是交通基础设施的日趋完善、运输能力的提高和各种运输方式的竞争等实践推动综合运输体系理论的发展。经过长期的建设和发展，到本阶段单一运输方式均获得大发展，各自形成了较为完善的网络布局和功能组成，交通运输发展由单一方式发展阶段进入到多方式竞争合作发展阶段。在各种运输方式由主要独立发展向综合协调发展模式的转变中，综合运输发展的思想得到广泛认同。

这一阶段，通过对国内外综合运输发展的思想和实践的总结归纳，综合运输体系构建发展的主要思想主要体现在以下六个方面：

其一，各组成运输方式的多重性、平等性和包容性，从以往的强调分工转向了组合功能、组合发展。

其二，各组成运输方式在充分发挥各自比较优势的基础上的合理利用、协调和可持续发展。

其三，各组成运输方式的基础设施、运输装备等硬件设施和管理软件在物理上和逻辑上相互连接和配合的紧密性、融合性和一致性。

其四，各组成运输方式的结构比例随需求结构变化并逐步趋于一致，其结构的技术水平随技术进步而不断升级。

其五，综合运输体系通过市场机制和宏观调控来建立和发展。

其六，与传统运输体系相比，综合运输体系具有更高的经济效益和社会效益，更加适应当代经济多样化、国际化、信息化、网络化和持续稳定发展的要求。

三、发展综合运输体系的要求

综合运输体系是运输业发展到一定阶段的产物。建立综合运输体系一般要求做到以下五个方面：

（1）综合运输体系的建立要有超前性和机动性。综合运输体系的建立，要求无论是哪种运输方式的发展，都必须具有超前性和机动性。

（2）综合运输体系的发展要保持一定的、合理的比例。它表现在：①国民经济和综合运输体系之间必须保持合理的发展比例；②在综合运输体系内的各种运输方式之间也要保持合理的发展比例。

（3）综合运输体系的发展要有具体的措施。综合运输体系的发展要求是，要建立和健全干线运输和区域内的各项运输措施，这是建立综合运输体系的基础。

（4）综合运输体系的发展要相互配合和合理利用。综合运输体系的发展要求各种运输方式之间实行正确的客货分工，要求各个环节在物资技术基础的发展上相互配合，保证货流的灵活调配，为运输流向的互换性、运输任务的调配和运输设备的合理利用创造条件。

（5）综合运输体系的发展要求和生产力的布局有同步性。综合运输体系的发展不仅要求和生产力发展、生产力的布局相适应，而且在时间上还应具有同步性，这样才能保证综合运输网与国民经济的发展相适应。

四、发展综合运输体系的意义

发展综合运输体系是提高综合国力、有效利用资源和节约能源、节约土地资源、减少环境污染、维持生态平衡、提高科学管理水平的需要。

1. 发展综合运输体系是当代运输发展的新趋势、新方向

当代运输的发展，出现了两大趋势：①随着世界新技术革命的发展，交通运输广泛采用新技术，实现运输工具和运输设备的现代化；②随着运输方式的多样化，运输过程的统一化，各种运输方式朝着分工协作、协调配合的方向发展。在世界范围内，把这两种趋势结合起来，成为当代运输业发展的新方向。

2. 发展综合运输体系是我国运输发展的新模式

我国传统的工业和交通运输管理基本上是以条条为主的，各种运输方式的横向联系欠缺。由此往往造成该建设的项目没有及时建设，而不该建设的反而建成，造成浪费。运输业的建设从单一的、孤立的发展模式，向综合的、协调的模式转变，无疑会给我国经济建设带来良好效果。

3. 发展综合运输体系可增强有效运输生产力，缓解交通运输紧张的状况

交通运输是一个大系统，各种运输方式，各条运输路线，各个运输环节，如果出现不协调，都不能充分发挥有效的运输生产力。多年来，我国交通运输出现的不平衡状况，如有些线路压力过大，而有些线路运力得不到充分发挥；有些运输方式严重超负荷，而有些运输方式又不能充分发挥作用等，采取综合运输体系将有效地改变这一不协调、不平衡的现状。

4. 发展综合运输体系是提高运输经济效益的重要方法

按照各种运输方式的技术特点，建立合理的运输结构，可以使各种运输方式扬其所长，避其所短，既可提高运输能力，又可提高经济效益。

第四节 综合运输体系的发展方向和对策

一、不同运输方式的发展方向

我国综合运输体系的整体要求协调发展。要搞好各种运输方式的综合发展和协作，在全国范围内建设综合运输网，因地制宜地发展相适应的运输方式。发挥城市在综合运输网中的枢纽作用，大力发展各种运输方式的联合运输。

我国综合运输体系的不同运输方式的发展方向主要有以下五个方面：

1. 铁路运输是中长距离客货运输的主力

在可预见的未来，铁路仍将是中长距离客货运输的主力，要加快铁路的技术改造和新干线建设。近期内，要加快既有线路的改造和扩建。要发挥铁路在中、长距离，大宗货物运输中的优势；适当建设客运专线及高速公路；大力发展城市及城际轨道交通；对短途货运以及成品油运输应逐步由其他运输方式分担。

2. 公路运输是短距离客货运输的主力

公路运输将逐步成为“门到门”运输的主要方式。充分发挥公路运输机动灵活、送达速度快的优势，发挥公路运输在短途客货运输方面的主力作用。随着公路状况的改善、汽车建设的进步和大型车的增加，公路运输将逐步成为高档工农业产品运输以及中距离客运的重要力量，要加速公路，尤其是干线公路的技术改造。

3. 沿海和内河运输是国内外大宗和散装货物运输的主要方式

沿海和内河运输要加强内河航道建设，以及沿海和内河港口的改造和建设，发展沿海和长江等内河运输，实现干支道直达运输和江海联运。

4. 航空运输是大中城市长距离客运优先选择的方式

发展航空运输是运输现代化的主要标志。航空运输建设周期短、效益高、速度快。大中城市间长距离客运，应优先发展航空运输。对发展边远地区、高档外贸和急需物资的运输，航空运输也有其独特的优势。航空运输在货运中所占的地位虽不能与其他运输方式相比，但在急需物资运输中，航空运输有其特别优势。

5. 管道运输

除发展原油和天然气管道运输外，在成品油集中的流向上，要建设成品油管道，积极慎重地发展输煤管道，并逐步发展输矿浆管道。

二、综合运输体系发展的愿景展望

21 世纪的前 10 年，我国交通运输以可持续发展为原则进入数量和质量并重、以提高主干线能力和加强西部交通基础设施建设为重点的发展阶段，交通运输管理体制将进行重大改革，市场化进程加快，交通运输的发展从以往各种运输方式自成体系和自我扩张的发展方式转向更加注重合理分工和综合协调发展的轨道，智能交通系统步入建设并部分投入使用，综合运输体系基本建成。

1. 2010~2020 年我国综合运输体系的发展愿景

（1）综合运输体系发展方向。2010~2020 年，我国交通运输将进入以提高质量和优化结构为主、大力开展智能化交通系统建设、提高交通运输效率的阶段，交通能源环境和可持续发展将作为交通运输发展更为重要的评价因素，交通运输管理体制和运行机制的改革适应市场化要求，建成较为完善的综合运输体系。

（2）交通基础设施发展目标。基本建成结构和布局合理的全国综合交通运输网络，交通服务水平明显提高，能够满足社会经济发展对交通运输的要求：①建成分工合理、功能明确、满足国内外运输需求的港口群；②建成1~2个世界级的国际集装箱枢纽港口；③建成连接北京、上海、沈阳、武汉、广州等特大城市的高速铁路，部分地区城际采用磁悬浮列车技术；④基本建成干支相互衔接的航空运输网络；⑤完成西部地区的对外通路和区域内干线交通网络建设，基本满足西部经济发展和资源开发的要求；⑥基本形成布局较为合理的天然气和成品油管道输送系统；⑦农村道路质量明显改善，主要大城市的轨道旅客运输系统基本建成；⑧城市交通网络与城间交通网络形成有机整体；⑨主要交通基础设施基本实现网络信息化、智能化管理；⑩建成较为完善的与国际接轨的交通基础设施投融资体制和运行机制。

（3）运输业发展目标。创造交通运输业公平竞争与良性发展的环境，促使交通运输企业不断提高软硬件水平，达到以较高的服务质量满足社会经济发展的要求：①坚持以可持续发展为指导思想，进一步发展城间旅客快速运输，建成连接全国各主要城市的快速、安全、舒适的旅客公共运输系统；②建立符合市场经济要求的各种运输方式相互配合、相互渗透的货物运输机制，多式联运获得巨大发展；③积极采用先进技术和先进设备，进一步提高各种运输方式的安全性和生产效率，使其达到世界先进水平；④实现各种运输方式、运输工具和装卸设备技术标准以及货物包装、单证、结算等与国际接轨，进一步发展铁路国际集装箱运输；⑤基本实现全国货物运输物流化、运输信息网络化、运输单证无纸化；⑥基本实现运输组织、运输管理智能化；⑦运输业的发展完全实现市场化。

2. 2020~2050 年我国综合运输体系的发展展望

2020 年以后，我国交通运输将基本进入成熟的发展阶段，也是实现我国交通运输现代化的阶段。这一阶段主要特点有以下 10 个方面：

（1）网络化、智能化系统得到普遍使用，交通运输实现现代化。

（2）交通运输环境成为社会经济发展的重要影响因素。

（3）发达地区的交通基础设施主要是结构性调整，完善交通运输网络，对原有的设施进行维护改造和升级，西部基础设施还将保持一定数量的增长。

（4）公路作用更加突出，将形成以公路、铁路为主导，民航、水运、管道相应发展的全国综合交通运输格局，社会经济活动和居民出行对公路交通的依赖程度越来越大。拥有汽车的城市居民家庭比例平均达 3/5 以上，农村居民家庭达 1/3 左右，以新型洁净能源为动力的汽车得到广泛推广。

（5）城市交通将成为未来交通发展的最主要问题，城市轨道交通获得巨大发展。

（6）高速铁路将继续发展，时速 400~500 公里/小时的磁悬浮列车在较多项目上使用。

（7）民航机场数量达 400 个左右，民航旅客运量继续保持增长，私人飞机和公务机数量明显增加。

（8）货物运输总量基本保持平稳，特别是随着新的替代能源和大宗货物的新型替代材料的开发和逐步推广使用，运输量还有下降的可能。

（9）城间旅客运输量保持小幅的增长速度，其主要来源于农村居民出行的增加和国内外游客的增加，同时网络化也使得公务出行的旅客运输量减少，但客运量与交通量的转换系数将继续提高。

（10）客货运输追求个性化、特殊化的特点更加突出。

运输业发展趋于成熟，市场竞争趋于平稳。

三、综合运输体系发展的对策

实现综合运输体系发展的途径与手段应主要依靠宏观调控。

首先应明确调控的必要性和方向。

其次应注意资源优化配置的调控。重点关注投资、土地、能源、服务等方面资源的优化配置。

最后应从区域经济发展规划入手，明确调控的层次、内容、手段等①。

早在《国民经济和社会发展第十二个五年规划纲要》中就曾提出按照适度超前原则，统筹各种运输方式发展，构建便捷、安全、高效的综合运输体系。基于综合运输体系的内涵，针对我国交通运输业面临的主要问题，未来我国综合运输体系发展的主要对策有以下四个方面。

1. 在交通基础设施建设中搭建综合运输体系发展的平台

交通基础设施是综合运输体系的基础和平台，对运输结构、服务水平有着关键性的影响。我国的综合交通基础设施网络正处于大建设、大发展时期，未来较长时期内我国的客货运输需求规模仍呈增长态势。根据我国资源禀赋和工业化、城镇化发展趋势，预计到 2035 年左右才能基本完成交通基础设施建设任务。从现有交通设施存量和系统运输能力来看，我国综合运输体系还不能完全适应当前庞大的经济总量规模与未来经济社会发展的需要，因此今后：

（1）要继续扩大交通基础设施规模，提高运输能力，以现代化的交通运输设施提供能力和充足的现代化运输服务，适应运输需求不断增长和出行方式不断变化的挑战，支持经济长期平稳较快发展和社会持续发展。

（2）要充分利用我国交通设施建设相对于发达国家的后发优势，在交通基础设施网络建设过程中着眼于综合运输体系的建设，优化交通结构，强调网络化发展和网络化的物理衔接，为一体化的运输服务和先进适用的技术装备应用提供基础。

2. 充分发挥各种运输方式比较优势，实现组合发展

各种运输方式在综合运输体系中都处于不可或缺的地位，综合运输体系的建设不应强调某种运输方式而抹杀或主观延迟其他方式的建设和发展。经过几十年的建设，我国各种运输方式得到较为充分的发展，交通运输紧

① 赵铁平．我国现代综合运输体系发展探索［J］．交通标准化，2007（10）：6.

张状况总体缓解，为进行多种运输方式的合理配置、结构优化、合理调整空间布局、发挥综合优势创造了有利条件和基础。今后交通运输发展理念要从强调分工、突出发展转向组合发展和协调发展。

要优化方式结构，加强铁路、公共交通等重点领域和薄弱环节的建设，充分发挥各种运输方式的比较优势，促进从各种运输方式独立发展向综合协调发展转变，推进多式联运，着力提高综合运输体系的整体效率。

以综合交通枢纽建设为重点，提高各种运输方式间的衔接水平，推进客运衔接的零距离和货运衔接的无缝化。当前要加快推进 42 个全国性综合交通枢纽建设，通过科学规划，优化布局，完善枢纽功能，提高综合交通枢纽对区际、区域客货运输的集散能力和效率。

3. 发挥政府宏观调控和发展政策的引导作用

改革开放以来，市场机制对交通运输发展起到了重要作用。由于政府资金短缺，收费公路等经营性交通设施发展受到重视，而且几乎任何交通建设项目，无论政府推动还是市场主体推动，都会产生良好的经济效益或社会效益。随着经济社会发展，要求政府更多地从社会公众和以人为本的角度出发，更加注重社会公平，切实保障交通普遍服务，促进交通运输公共服务的均等化。今后交通发展在继续发挥市场作用的基础上，必须重视政府的作用。首先，交通领域市场机制的建立、完善需要政府管理体制改革的推动。其次，交通运输领域存在市场失灵的现象，需要发挥政府在资源配置中的作用。目前，我国交通基础设施建设远未完成、交通运输的市场化改革任重道远、体制改革还待深化等，这些发展都需要政府的宏观调控或发展政策的引导。综合交通运输体系必须顺应发展趋势，强化并完善政府在基本公共服务领域中的主导作用，充分发挥市场在其他领域的资源配置与调节作用，进一步调动各方面的积极性，加快综合交通运输体系的建设，提高发展质量与效率。

4. 转变交通发展方式，实现资源节约集约利用

我国凭借后发优势把发达国家需要很长时期内完成的交通建设任务压

缩到很短的时期里完成，但也会使发达国家在很长历史时期内所产生的矛盾和问题压缩到很短的时期内集中呈现。目前我国面临着与发达国家交通大建设阶段截然不同的资源环境约束，土地、线位、岸线、空域等资源将日益紧缺，石油对外依存度不断提高，应对气候变化的国际责任压力越来越大。今后要转变交通发展方式，推动交通发展由“重建设”向“建设与服务并重”转变，由“重投入”向“投入、科技进步和体制创新并重”转变，实现交通发展的经济可持续、资源可持续和社会可持续。具体包括：

(1) 加强交通建设项目环境影响分析和监督，尽量减少交通对生态环境的破坏。

(2) 以经济承受力为前提，尽可能以技术和资金替代不可再生资源的占用，推动交通发展方式向集约型的可持续发展转变。

(3) 鼓励公共交通，加快铁路、水运发展，提高交通资源利用效率，减少资源占用。

(4) 树立节约型消费观，加强需求管理，防止对私人交通（小汽车）的过度依赖。

第五节
我国综合运输体系发展的立足点

交通运输问题，归根结底，是交通运输需求快速增长以及对质量、多样性要求不断提高与交通运输能力供给、资源环境约束、系统效率以及服务水平的矛盾问题。我国既要拥有世界平等的交通发展权，又要根据国情建立符合我国特点的可持续发展的综合运输体系。

一、充分发展综合运输，增强国际竞争能力

在全球化不断增强的发展趋势和国际环境下，交通运输的发展已超越

了其传统的产业概念和意义，已成为经济发展和国家竞争力的关键领域，是社会经济发展与繁荣、政治稳定、区域协调、社会公平、资源以及生态环境平衡、国际参与能力与竞争力提升的战略性要素。在国际竞争越来越激烈、资源环境约束越来越强的大背景下，决定了其既要有网络发达、较高水平的发展，支持工业化、城镇化，增强全球化竞争能力，又要结合国情，充分考虑资源和环境的可承载能力，实施战略引导，科学发展，正确处理好规模、结构、供给与需求平衡等问题，这既是构建和发展综合运输体系的基本出发点，也是国家经济发展战略的根本要求。

二、充分发展综合运输，提升运输整体效能

我国是一个大国，拥有幅员辽阔、面向海洋以及较为发达的内河江湖水系等自然条件，人口、城市、产业的数量多、地域分布广和相对集中，资源分布不均衡，存在着区际、城际、城乡、城市的各种交通要求，量大、量小的各种长途、中长途、短途运输需求齐全，且通道运输集中化、面上运输分散化、服务需求多样化共存，各种运输方式都有发挥作用和比较优势的巨大发展空间和市场需求。因此，应立足于我国的经济社会以及自然条件，充分发挥各种运输方式的作用，并按照功能组合、优势互补的方针进行合理发展和网络化布局，形成合理分工、功能完善、协调发展、紧密配合的共同整体。

三、充分发展综合运输，深度激发创新能力

我国不仅是一个大国，还要努力发展成为强国，交通运输是支持经济强国、贸易强国、国防强国的重要条件，要服从强国发展需要，从战略高度系统性地谋划构建我国发达的、技术先进的国内与国际运输的交通网络系统，依靠技术进步和科技创新提升整体发展水平，发挥交通运输的先导性、保障性作用。积极做到网络功能强大、机动性好、能力保障性强，整体装备现代化水平高、安全性能高、运输系统效率水平高、国际竞争力强，

体制机制完善。

四、充分发展综合运输，努力践行可持续发展

交通运输大系统总运输能力和分布由各种运输方式共同构成，在可用资源的约束下，它们存在着此消彼长的关系，不同的结构模式，有效满足需求的程度不一样。我国是一个人口大国，受资源和环境的约束，没有条件做到各种运输方式能力都能充分供给，坚持结构优化和集约化发展，利用有限的资源最大化地满足当前和不断增长的运输需求，并积极做到环境保护，是我国交通运输可持续发展的客观必然要求，也是综合运输体系构建和发展的根本目标。

第三章

我国综合运输体系的现状和建设

步入 21 世纪以来，我国运输业呈现较好的发展态势，现已进入结构优化阶段，各种运输方式均处于有序、合理的渐变调整阶段。随着国民经济的稳步发展，对交通运输行业的需求将持续快速增长，五种运输方式的市场分担结构将更加优化，综合运输网络将更加完善，交通运输高速化要求国家建立完备型综合运输体系，同时交通运输信息化也将进入深层应用阶段，综合运输体系的服务质量会大大提高。

经过多年来大规模的交通运输基础设施建设和超常发展，我国交通运输对经济社会发展的瓶颈制约基本缓解。但根据国家制定的《综合交通网中长期发展规划》《全国沿海港口布局规划》《全国内河航道与港口布局规划》《全国民用机场布局规划》及《中长期铁路网规划（2008 年）调整》等规划，我国交通运输建设与发展依然任重道远。

目前，交通运输的发展大致分为四个阶段：各自发展，互联互通，一体化以及可持续发展阶段。严格来说，我国尚处于第二个阶段，铁路、公路和航空等交通运输方式各自规划，各自建设，无法做到良好的衔接运输。一体化阶段则是要求能够达到无缝衔接的零距离换乘。尽管目前在我国经济较发达的地区能够看到大型综合交通枢纽，但是仍然没有做到航空枢纽与高速公路及高铁的相互衔接。

而从国际交通的发展来看，早在 20 世纪三四十年代，发达国家的铁路网和公路网就已经基本形成，而现今它们所追求的则是通过降低车辆能耗、提升物流水平进而实现可持续发展交通。可见，与国际交通模式相比，我国在综合规划、实际建设甚至交通领域的技术、服务等各方面均存在较大差距，向一体化阶段推进将是我国交通行业的发展方向。

面对巨大的市场空间和发展压力的双重推动，未来几年我国交通运输行业仍将继续保持在高速建设阶段，通过完善公路和铁路等主要交通脉络，逐步提升整体交通运输能力，从而为构筑现代化交通网络提供基础。

综合运输体系是一个庞大的系统工程，要逐步建成具有我国特色的综合运输体系，必须从我国国情出发，处理好国民经济与运输系统的关系、综合运输体系与各种运输方式子系统的关系、各种运输方式内部各个环节之间的关系。我国政府顺应了世界交通运输业的发展趋势，制定了我国交通运输发展的长期战略目标：以市场经济为导向，以可持续发展为前提，建立客运快速化、货运物流化的智能型综合交通运输体系。

由于我国交通运输的发展初步摆脱了短缺局面，当前和今后发展的任务不再是单纯解决交通的问题，而是开始转向更高效率、更节约资源和服务更优质的集约化发展阶段的问题，如何实现各种运输方式的合理分工和有机衔接，如何充分发挥交通运输系统的整体效率与效益，即推进综合运输体系的建设，是在交通运输发展面临良好机遇的形势下，我国交通运输发展必须面对的问题。

第一节
从综合运输体系理论视角看我国交通运输业的发展

所谓交通就是“人与物的运输和流通”，包括各种传统的与现代的交通运输方式。随着科技的进步和人类发展的需求，交通方式也发生了很大变化。不同的交通主导方式以其各自的特点分别主宰着它们的时代。

新中国成立以来，我国的交通运输体系通过60多年的不断改造和发展，已经有了很大的进步。交通运输设施和装备成倍增加，运输能力得以加强；技术状况明显改善，运输服务质量大大提高；客货运输量大幅度增长，运输效益和效率显著提高，初步形成全国性的结构合理、协调发展的现代化交通运输体系。

一、交通运输业对经济发展的影响

改革开放以来，我国公路通车里程迅猛增加，公路覆盖面明显扩大，构筑了区域和省际横连东西、纵贯南北的国家公路网络。铁路方面通过大规模的新线建设和既有线路改造，全国所有省区基本都实现了铁路的连通。京广客运专线、京沪高速铁路等一大批建设项目的开展，京沪、京哈、京广、陇海、沪昆五大干线实行客货线，一批现代化的交通枢纽将会投入运营。社会经济与旅游业的迅猛发展，以及人民生活水平的不断提高，促进了航空运输需求的快速增长，目前我国民航业也面临着前所未有的机遇。目前我国海运基础设施的建设成效较为显著，实现了跨越式的发展。随着对石油及天然气需求的增加以及中国石油企业“走出去”战略的实施，我国着力加大对油气管道的建设，逐渐形成了跨区域的油气管网供应格局。未来几年我国管道运输具有较大的发展空间，具体为以下五个方面的需要：

其一，促进经济增长、贸易发展的需要。随着经济全球化的日益增强，特别是我国加入 WTO 后贸易发展迅速。对外开放进一步扩大和促进了对外贸易较快增长，从而对交通运输的需求持续增长；并且迫切要求交通运输行业提高服务质量、服务效益，降低运营成本。此外，交通运输投资建设本身也对当地经济发展有促进作用。

其二，改善环境的需要。交通运输发展需要占用和消耗大量的能源、土地及岸线资源，产生大量的交通噪声和空气污染，对自然环境造成很大压力，可持续发展战略的实施对交通运输发展提出了更高的要求。

其三，有效利用资源，提高资源利用效率的需要。交通运输包含有大量的人力、物力、财力资源，需要对这些资源进行合理配置和布局，促进各种运输方式之间的协调发展，优势互补，提高综合运输能力。

其四，提高生活质量、保证出行安全的需要。随着我国人均 GDP 的提高，人们对交通需求有了更高要求，交通运输体系需要提供多种选择以满足不同层次、不同目的的需求。

其五，保障国防安全的需要。我国目前的国防安全建设压力巨大，交通运输系统建设需要重视国防交通建设，完善国防交通网络，进一步增强国防交通综合保障能力。

经过新中国成立 60 多年以来的发展，我国的交通运输业已经有了很大的规模，也为经济社会发展提供了支持和保障。随着我国社会经济的快速发展，交通运输业在社会发展中的地位也日益重要。

但是，如何进一步完善安全智能的、相互贯通的、现代化的基础设施网络，加快构建现代化的综合交通运输体系，为经济社会更好地发展提供保障作用？只有完善相互贯通的运输网络，才能打造高效的现代化的城市交通，只有打造建设相互衔接的综合性交通枢纽，才能推动运输服务业低碳化、智能化、快速化发展。

因此，综合交通运输对一个国家和地区的经济环境、文化生活等社会不同方面都起着极为重要的推动作用。如果我国没有高度发达的交通运输体系，就无法实现社会经济的快速发展、人民物质生活水平的不断提高以及国家的繁荣富强。

由此可见，综合交通运输与经济发展是互相联系、互相影响的，研究和分析二者之间的关系，深入探讨综合交通运输与我国经济发展中存在的问题，对于今后规划现代化的交通基础设施网络，以及协调交通与经济社会发展的相互适应程度，从而促进综合交通运输与社会经济的和谐、快速发展等，都具有非常重要的现实意义。

二、我国交通运输的发展现状

十年来，全国着力解决影响经济社会顺利发展和城市化的瓶颈制约，加强对交通基础设施的投入。

1. 公路运输系统

公路运输是在公路上运送旅客和货物的运输方式，是交通运输系统的组成部分之一，主要承担短途客货运输。现代所用运输工具主要是汽车。因此，公路运输一般指汽车运输。在地势崎岖、人烟稀少、铁路和水运不发达的边远和经济落后地区，公路为主要运输方式，起着运输干线的作用。

我国已经建设了一个具有相当规模的公路系统。目前我国公路网已覆盖全国所有省、自治区和直辖市，而且全国 99% 的乡镇通了公路。截至 2014 年末，全国公路总里程 446.39 万公里，比 2013 年末增加 10.77 万公里。公路密度 46.50 公里/百平方公里，比 2013 年末提高 1.12 公里/百平方公里。全国高速公路里程 11.19 万公里，比 2013 年末增加 0.75 万公里。其中，国家高速公路 7.31 万公里，比 2013 年末增加 0.23 万公里。全国等级公路里程 390.08 万公里，比 2013 年末增加 14.53 万公里。各行政等级公路里程分别为：国道 17.92 万公里（其中普通国道 10.61 万公里）、省道 32.28 万公里、县道 55.20 万公里、乡道 110.51 万公里、专用公路 8.03 万公里，比 2013 年末分别增加国道 0.24 万公里、省道 0.49 万公里、县道 0.52 万公里、乡道 1.45 万公里、专用公路 0.35 万公里。

另外，截止 2014 年末，全国农村公路（含县道、乡道、村道）里程 388.16 万公里，比 2013 年末增加 9.68 万公里，其中村道 222.45 万公里，增加 7.71 万公里。全国通公路的乡（镇）占全国乡（镇）总数的 99.98%，其中通硬化路面的乡（镇）占全国乡（镇）总数的 98.08%，比 2013 年末提高 0.28 个百分点；通公路的建制村占全国建制村总数的 99.82%，其中通硬化路面的建制村占全国建制村总数的 91.76%，提高了 2.76 个百分点。

目前，我国公路网络已经基本形成，但还存在着总量不足和结构矛盾等突出问题。根据《国家公路网规划》，到 2030 年，还有 2.6 万公里国家高速公路待建，还有 10 万公里普通国省干线公路需要改造升级。高速公路网有约 4000 公里“断头路”，普通国道还有 2800 多公里“瓶颈路”，路网中二级及以上公路占比只有 12%。

我国公路发展正处在加速成网的关键阶段，公路建设只能加强，不能削弱。要坚持适度超前的原则，统筹规划、分步实施、优化结构、注重质量，发挥好公路建设对经济发展的支撑保障和投资拉动作用，为稳增长、促改革、调结构、惠民生、防风险做出积极贡献。当前经济下行压力较大，适度增加公路建设投资，也有利于稳增长、促就业，有利于消化钢铁、水泥等产能，有利于加快完善路网结构。

2. 铁路运输系统

铁路运输，是一种陆上运输的方式，以两条平行的铁轨引导火车。铁路运输是最有效的已知陆上交通方式。铁路既是社会经济发展的重要载体之一，同时又为社会经济发展创造了前提条件。我国由京沪、京哈、沿海、京九、京广、大湛、包柳、兰昆“八纵”和京兰、煤运北、煤运南、陆桥、宁西、沿江、沪昆、西南出海“八横”组成的“八纵八横”铁路运输通道基本形成。

现在我国铁路运输网络已经相当完善，各省、市、自治区都为铁路所连通，形成了以“九纵十横”为主体的、较为完整的全国铁路网络系统。西藏地区也通了铁路，使我国铁路更加完善。同时，高铁的诞生是我国铁路运输的一座新的里程碑。

截至2013年年底，全国铁路营业里程突破10万公里。截至2012年年底，电气化铁路里程达到4.8万公里，电气化铁路运营里程超越俄罗斯跃居世界第一。截至2014年年底，我国高铁投入运营里程达1.6万公里，高速铁路运营里程占世界的60%以上。目前，我国高速铁路突破1万公里，在建规模1.2万公里。

基础设施网络初步形成。截至2015年年底，全国铁路营业总里程超过12万公里，公路通车总里程突破457万公里，港口万吨级及以上泊位达2221个，内河航道通航里程12.7万公里，颁证民用航空机场达210个，邮政网点总数达5.3万处，快递营业网点达14.5万处，综合交通基础设施网络化水平进一步提升。高速铁路、高速公路里程均居世界首位，中西部交通条件显著改善，建制村通沥青（水泥）路达90%以上，综合交通网络在方式、区域和城乡结构上进一步优化。“五纵五横”综合运输大通道基本贯通，主动脉作用日益显现；综合枢纽建设明显加快、结构更加合理，各种运输方式衔接效率显著提升，综合交通运输通道和枢纽布局进一步完善。

3. 水路运输系统

水路运输是以船舶为主要运输工具，以港口或港站为运输基地，以水域包括海洋、河流和湖泊为运输活动范围的一种运输方式。水运至今仍是世界许多国家最重要的运输方式之一。目前我国外贸货物运输量的90%以上都要依靠水路运输来实现。

全国的内河航道总里程达到了13.51万公里，比新中国成立初期增长84%，位居世界第一。虽然我国航道里程最长，但高等级航道比重低，航道的整体技术水平有待提高。等级航道比重仅占46.55%，其中千吨级的三级及以上航道仅占总里程的6%，而美国、德国等西方发达国家的千吨级航道的里程比重超过了60%。我国内河交通网基本上由长江、珠江、黑龙江、淮河和京杭运河所组成。我国水运主通道总体布局规划是发展“两纵三横”共五条水运主通道。“两纵”是指沿海南北主通道，京杭运河淮河主通道；“三横”是指长江及其主要支流主通道、西江及其主要支流主通道、黑龙江—松花江主通道。

2013年，我国第一大河——长江，干线航道完成货运量19.8亿吨，承担了沿江地区85%的煤炭、铁矿石运输和80%以上的外贸运输任务，成为世界上最繁忙的通航河流。2013年，我国营业性民用运输轮驳船172554艘，比2008年减少11636艘，但在净载重吨、载客量和集装箱位等方面，分别增长了1.20亿吨、2.45万客位以及54.82万标准箱。截至2013年年底，我国内河航道里程达125835公里，与2008年相比，新增及改善内河航道里程共3000余公里。

“打造中国经济新的增长极，谋划东中西部联动发展新棋局”成为水运发展新机遇。用黄金水道串起长江经济带的“珍珠链”，要以长江黄金水道建设为基本前提和重要支撑。在依托长江建设中国新的经济支撑带背后，是以长江为轴，沿东西延伸，向南北铺开，统揽长江经济带交通发展全局，实现国家东部率先发展、中部崛起、西部大开发三大战略同步推进，促进东中西部协调发展的总布局。作为国家规划中的关键关节，占全国内河货运量60%的长江水运迎来了重大战略机遇期。

4. 航空运输系统

航空运输是使用飞机、直升机及其他航空器运送人员、货物、邮件的一种运输方式，具有快速、机动的特点，是现代旅客运输，尤其是远程旅客运输的重要方式，为国际贸易中的贵重物品、鲜活货物和精密仪器运输所不可或缺。

机场作为航空运输的起讫点，是航空运输系统的重要基础设施。《2014年民航行业发展统计公报》显示，2014 年，全行业完成旅客运输量 39195 万人次，比 2013 年增加 3798 万人次，增长 10. 7%。国内航线完成旅客运输量 36040 万人次，比 2013 年增加 3298 万人次，增长 10. 1%，其中港澳台航线完成 1005 万人次，比 2013 年增加 101 万人次，增长 11. 2%；国际航线完成旅客运输量 3155 万人次，比 2013 年增加 500 万人次，增长 18. 8%。

2014 年，全国民航运输机场完成旅客吞吐量（指报告期内进港（机场）和出港的旅客人数）8. 32 亿人次，比 2013 年增长 10. 2%。其中，2014 年东部地区完成旅客吞吐量 4. 61 亿人次，东北地区完成旅客吞吐量 0. 51 亿人次，中部地区完成旅客吞吐量 0. 83 亿人次，西部地区完成旅客吞吐量 2. 37 亿人次。东部地区是指北京、上海、山东、江苏、天津、浙江、海南、河北、福建和广东 10 省市；东北地区是指黑龙江、辽宁和吉林 3 省；中部地区是指江西、湖北、湖南、河南、安徽和山西 6 省；西部地区是指宁夏、陕西、云南、内蒙古、广西、甘肃、贵州、西藏、新疆、重庆、青海和四川 12 省（区、市）。

截至 2014 年年底，定期航班国内通航城市 198 个（不含港澳台地区）。我国航空公司国际定期航班通航 48 个国家的 123 个城市，国内航空公司定期航班从 37 个内地城市通航香港地区，从 11 个内地城市通航澳门地区，大陆航空公司从 43 个大陆城市通航台湾地区。

此外，截至 2014 年年底，我国共有颁证运输机场 202 个，比 2013 年增加 9 个。2014 年新增机场分别为黑龙江抚远机场、湖北神农架机场、青海德令哈机场、山西吕梁机场、吉林通化机场、广西河池机场、四川阿坝机场、贵州六盘水机场、湖南衡阳机场。另外，完成了陕西汉中机场迁建。陕西安康机场、新疆且末机场停航。

5. 管道运输系统

管道运输是国际货物运输方式之一，具有运量大、不受气候和地面其他因素限制、可连续作业以及成本低等优点。管道运输已成为中国继铁路、公路、水路、航空运输之后的第五大运输行业。随着我国工业化进程的加快和能源结构优化的推进，我国油气管道建设正迎来一个大的发展机遇期。

我国现有的运输管道包括原油管道、成品油管道、天然气管道和其他气体管道，此外尚有少量的矿浆管道，原油管道是管道网的主体。目前，世界上长输管道的总长度已超过了 200 万公里，我国现在仅有长输管道不足 2 万公里，不到世界长输管道总长度的 1%。我国原油储量、原油产量在世界排名均为第五位，管道运输与我国经济发展极不适应。

截至 2013 年底，我国已建成油气管道总里程约 11 万公里，其中天然气管道 6.4 万公里，原油管道 2.6 万公里，成品油管道 2 万公里。至此，西油东送、北油南运、西气东输、北气南下、海上登陆、就近供应、覆盖全国的油气管道供应格局已然形成。

国内天然气管线布局日趋成熟，四大进口天然气管道也已成定局，清洁能源消费时代处于稳步进行中。受国家环保政策大力推动，天然气消费在我国能源消费占比越来越大，天然气管道的全方位建设不仅方便了国内资源的输送，也加大了进口量的输送，更推进了我国“天然气大时代”的来临。截至 2014 年 12 月，我国天然气长输管道已经超过了 8 万公里。

根据中国产业调研网发布的《中国管道运输行业发展监测分析与发展趋势预测报告（2015~2020 年）》，随着国民经济对油气资源需求的持续稳定增长，预计未来10~20年我国油气管道建设还将处于稳定增长期，其中天然气管道及储气库等配套设施建设将是今后发展的重点。预计到2020年，全国油气管网总里程将达到16万公里。

三、我国交通运输存在的问题

近年来，交通运输建设取得了很大的成绩，对国民经济和社会发展做出了重要贡献。我国交通运输服务能力大幅提升。2015年全社会客、货运输量分别达194亿人次和410亿吨，其中高铁旅客周转量超过全球其他地区高铁旅客周转量的总和；高速公路承担了全社会超过1/3的客运量和1/4的货运量；水运承担了国内大宗物资调运和90%以上外贸进出口物资运输，港口货物吞吐量和集装箱吞吐量连续十多年保持世界第一；航空运输规模稳居全球第二；快递业务量达到206亿件，稳居世界第一，我国综合运输服务能力量质齐增。各种运输方式融合发展取得重要突破，多式联运示范发展有序推进，集装箱铁水联运连续多年保持两位数增长；旅客联程运输、联网售票新模式推陈出新，运输服务的智能化、便捷化水平持续提升。但是，按照科学发展观的要求审视交通运输的发展现状和未来发展，当前交通运输仍然存在一些问题。

1. 交通运输的有效供给依然不足

人类对机械动力的智慧征服，使自身进入了汽车文明时代。但是由于多种因素制约，我国低等级公路所占比例仍然较大，根据《国家公路网规划（2013~2030年）》（以下简称《规划》），今后十几年，我国将投入4.7万亿元，到2030年建成总规模约40万公里的国家公路网。其中，普通国道总规模约26.5万公里，将原有规划量翻了一番还多；高速公路约11.8万公里，增加3.3万公里。目前全国仍有900多个县没有国道覆盖，有18个新增的城镇人口在20万以上的城市和29个地级行政中心未实现与国家高速公路相连接。根据《规划》，普通国道将新建8000公里、升级改造10万公里，国家高速公路将新建2.5万~3.3万公里。个别地方新建、改建和扩建道路缺乏足够的标志和标线等交通安全设施。尤其是在城市，堵车这一愈演愈烈的“城市病”，正发展成为严重磨损社会运行效率的“顽症”。可以说，交通拥堵带来的不仅是时间的损耗，还包括社会效益的降低和生态环境的污染。而且，我国的服务业正在由传统产业向现代产业迈进，交通作为传统产业，如何向现代服务业转型还没有破题。

2. 交通结构不尽合理

我国的交通结构仍不适应经济社会发展的要求。从总体来看，全国公路运输较为发达，无论客运量还是货运量，公路都占据了绝对的优势。随着高速公路的建设和网络化，公路交通在运输量中的比例日益增大。但是公路、水路交通与其他运输方式相互衔接不够，运输效率不高，也不适应综合运输体系的要求。平衡各种运输方式是构建综合交通运输体系的关键所在。每种运输方式各有技术经济优势、各成一套独立系统，综合交通运输不是各种运输方式的简单叠加，而是不同运输方式的深度融合和系统集成，必须以系统思维推进综合交通运输体系建设；关键是要平衡好各种运输方式，根据各地资源禀赋条件和地理空间特征，构建宜水则水、宜陆则陆、宜空则空的综合交通运输体系，使各种运输方式各展其长，发挥整体最大优势；重点是要进一步优化综合交通运输体制机制，推进以法律法规、政策、战略、规划、标准为支撑的综合交通运输治理体系和治理能力现代化，为平衡各种运输方式优化顶层设计，强化规范引导。

3. 区域和城乡交通发展不协调

交通设施一般是国家与地方共建。由于各省经济发展水平的不同，带来的区域交通建设水平的地区差异显著。通过对全国各省人均 GDP 和交通线路密度的相关研究可以看出，两者呈现显著相关的关系。从全国交通地图可以明显看出，在经济较为发达的东南沿海，各种交通线路密集，而且质量较高；而在经济较落后的地区，交通也相对滞后，尤其是在一些山区，交通更不发达。同样，城市的基础设施较为健全，而乡村基础设施相对落后。

4. 交通污染日益严峻

汽车和摩托车等机动车辆在运行时会排放废气，产生噪声和振动而带来环境污染，同时，商品在装卸和运输过程中也带来较大的污染，如渣土和煤炭等。在我国，大、中城市中的主要干道的交通污染最为严重。由于机动车保有量迅速增加和机动车污控水平低等，给城市环境带来的污染也显著增加，主要表现在两个方面：①排污量大，污染物排放达标率低；②与机动车相关的污染物超标严重。

第二节
建设综合交通运输体系的必要性

综合运输体系是一个内部结构和外部影响十分复杂的体系，但其核心内容是运输方式之间的衔接和一体化。我国综合运输问题的特殊性在于初步运输化阶段的补课与运输化新阶段的新任务交织在一起，需要尽早跳出传统思路的桎梏，转换发展观念。坚持以提高经济发展质量和效益为中心，把转方式调结构放到更加重要位置，这是经济发展进入新常态后的核心要求。因此，要紧紧围绕适应把握引领新常态，推进交通结构性改革。系统分析新常态下交通运输需求的深刻变化，深入研究推进交通供给侧结构性改革，更好适应新的生产方式、新的业态模式和新的市场需求，进一步推动交通与经济联动融合，全面提升交通运输供给服务能力和水平，更好地支撑引领经济社会的发展。

借鉴国外发展的新思路，以我国基本国情为出发点，从基本理念和根本制度层面去解决综合运输问题。同样地，综合运输体系的顺利推进，需要更有深度的理性认识和达成广泛的思想共识。①需要从运输业发展不同阶段解释综合运输的必要性，正确判断我国目前运输业发展的阶段及其特点；②需要全面认识综合运输体系，进而实现系统内部各层次之间以及系统与各种外部环境之间的一体化关系协调；③需要从理论上论证建立综合性运输管理部门、从行政组织上确保综合交通运输体系实现的必要性，并形成以一体化为主导的未来交通运输管理体制与政策框架。

一、综合运输体系是交通运输发展的目标和方向

我国交通运输管理体系分多个部门，而且基本上是以条条为主的，各种运输方式缺乏横向联系，因此无法统一协调发展。由此经常造成该批的项目没有及时批，而不该建设的反而建成了，造成不必要的浪费。自成立交通运输部，交通运输业的建设就从单一的、孤立的发展模式开始向综合的、协调的模式转变，这无疑就会给我国社会经济发展带来良好契机。

交通运输是一个很大的运输系统，各种运输方式、各条运输路线、各个运输环节如果出现不协调，都不能充分发挥有效的运输生产力。例如，有些道路压力过大，而有些道路运力却极小；有些运输工具超负荷运行，而有些运输工具却不能充分发挥其作用；等等。采取综合运输就可以有效地改变这一不平衡的状况。

发展综合运输体系是发展低碳运输、智能运输，提高运输效益的重要方法。按照各种运输工具的不同特点，构建合理的运输方式，可以使各种运输方式扬其所长、避其所短，既可以增强运输能力，又可以提高社会经济效益。

对于大范围的经济开发和改造，交通运输是重要的条件之一。如果没有便利的交通运输体系作前提和保障，那么即使有再多的劳动力和再好的资源，也无法将其转化为巨大的经济利益，甚至还会阻碍大范围的经济开发，进而阻碍社会经济的发展。正因为如此，构建综合交通运输体系就成为现代运输发展的目标和方向。

二、综合运输体系发展面临的主要问题

随着我国经济水平的迅猛发展以及科技水平的进步，对运输方式和运

输能力的要求越来越高。改革开放 30 多年来，虽然我国运输条件有了较大的改善，综合运输体系也得到了较快发展，但从总体上来看，我国交通运输的基础比较薄弱，综合运输体系尚未完全确立，整个运输体系发展的规模、结构和质量以及现有的交通运输方式等较难适应现代物流的发展要求。①

1. 总体运输能力较弱，地区发展不平衡

我国现有跨区域干线运输通道不足，运输网的密度较低，全国公路主干线尚未完全连接，而主要铁路干线运输负荷过重，运输能力明显不适应市场需求。此外，我国交通综合运输基础设施的年均增长速度也远远低于国民生产总值的年均增长速度，综合交通运输基础设施建设的不足限制了交通运输量的增长，同时也制约了经济社会的发展。此外，我国目前交通运输现状呈现地区发展不平衡态势：我国目前总的趋势是沿海快于内地，中部优于西部。目前西部地区交通基础设施相对落后，运输网密度仅能达到全国平均水平的 1/3，这种不平衡的态势，严重制约着全国交通运输业的均衡发展。

2. 运输体系不健全，缺乏整体规划

我国目前的交通运输政策、运输机制以及交通运输管理方式等都还属于部门所有制，没有权威性的政策支持，没有统一的规划和管理，也没有统筹的考虑和安排。交通部负责公路运输、内河航运以及海运管理；铁道部负责铁路运输管理；民航总局负责航空运输管理，各个交通管理部门职能分离，各自为政，缺乏统一的协调与配合以及有效衔接。在运输方式内部也呈现出各种问题：①中西部地区公路条件亟待改善，农村公路交通条件较为落后；②铁路网络结构不合理，客货混行对速度和效率具有一定的影响；③港口大型散货及集装箱泊位能力不足，码头利用率下降；④民航支线机场和支线飞机数量不足，大中型与小型飞机比例失调等。从全局角

① 殷小人，周高卫．我国运输体系现状与发展趋势分析［J］．综合报道，2009（7）：18.

度来看，低效率低水平的恶性竞争导致了国家资源的极大浪费和经济运转的扭曲。

3. 基础设施落后，技术装备水平较低

目前，我国交通运输硬件设施总体技术水平较为落后，各种交通运输工具技术状况参差不齐，软件建设仍处于较低水平，突出表现在客货代理机制不健全、运输信息不及时、运输中转衔接不协调、服务人员素质不高等问题上。目前，我国公路总体技术水平较低，高速客运和运营管理自动化尚处于起步阶段，集装箱以及冷链运输等现代化运输装备不足；铁路机车通信信号等技术装备与发达国家差距较大，铁路复线和电气化率不高；沿海港口深水泊位以及专业化泊位严重不足等问题严重制约了外贸运输业的发展，内河航道等级低，可通航 300 吨级以上船舶的航道里程比重仅占 19. 3%；航空运输网络需要进一步拓展，民航空管及通信导航技术装备与先进国家相比较为落后，客货运输设施设备简陋；管道建设结构不尽合理，与世界发达国家相比还比较落后。

我国交通基础设施建设总量不足，处于大规模建设阶段。改革开放近 40 年来，我国交通基础设施建设取得了历史性成就，目前我国公路网开始形成网络结构，并向农村延伸；铁路网形成贯穿南北、横跨东西的纵横交错网络；由于水运近几年没有得到足够的重视，依然保持“两横一纵两网”的骨架航道；国内航线形成以点对点式航线结构为主，部分地区小范围的区域性辐射航线网络为辅的空间分布形态；管道网近年有所发展。总体来说，公路运输发展最为迅速，而水路和铁路基本上没有发展。虽然铁路、水路在现阶段综合运输体系建设中占有非常重要的地位，但未能得到相应的发展，其根本原因就在于对公路的片面发展。目前，中国交通供给能力的绝对数量仍然不足以适应经济发展和人民生活的需求。此外，区域间交通基础设施的发展不平衡。中部、西部地区基础设施较为落后，西部地区还有 21. 9%的建制村不通公路。铁路运输一到过节，“一车难求”和“一票难求”的现象比较普遍。我国交通基础设施仍有较大提升空间。

4. 运输方式发展不协调，结构矛盾突出

目前，世界发达国家的国家级骨干运输网络基本上是由运输部实行统一规划和管理，易于实现不同运输方式之间的衔接与协调，有利于综合运输体系的尽快形成和完善。而我国由于长期以来政府对交通运输的管理不统一，运输方式之间的衔接、协调和综合利用较为困难，因此国家级骨干运输网络的发展也很难实行统一和科学的规划。随着我国经济的迅猛发展，交通运输需求的增长较快，而当前我国交通运输能力尤其是公路、铁路主干线通道以及沿海主要枢纽的交通运输能力严重不足的状况亟待改善。

各种运输方式结构不合理，未能适应现阶段的运输需求。因此，要以加快发展为主题，在发展中进行结构优化。平衡各种运输方式是构建综合交通运输体系的关键所在。每种运输方式各有技术经济优势、各成一套独立系统，综合交通运输不是各种运输方式的简单叠加，而是不同运输方式的深度融合和系统集成，必须以系统思维推进综合交通运输体系建设。关键是要平衡好各种运输方式，根据各地资源禀赋条件和地理空间特征，构建宜水则水、宜陆则陆、宜空则空的综合交通运输体系，使各种运输方式各展其长，发挥整体最大优势。重点是要进一步优化综合交通运输体制机制，推进以法律法规、政策、战略、规划、标准为支撑的综合交通运输治理体系和治理能力现代化，为平衡各种运输方式优化顶层设计，强化规范引导。

三、综合运输体系建设的难点和重点

总体而言，难点在于各种运输方式的有机衔接，发挥各种运输方式单个和整体的效能，提高综合利用的效率。

鉴于我国城市化水平已经接近 50%，城市交通拥堵的状况有增无减，而城市又是多种运输方式的汇集点，如何依托城市构建高效率的交通运输系统，成为综合运输系统建设的重点和难点。同时，区域经济中心城市对

周边经济发展的带动作用具有更大的背景，城际的运输交流规模不断扩大，城市群的交通也成为发展的重点和难点问题。尤其是城市群交通基础设施的发展，将改变人们对居住、就业、出行时空的理解，进而引发交通需求种类的多样化。目前城市群际交通需求有城市交通（日常出行）、城际交通（主要为商务和探亲）。随着城市化水平的提高、城市快速客运系统的完善，通勤、通学、商务的交通需求会急剧上升，同时城际间旅游的交通需求也将有较快的增长，私人小汽车出行增长加速。随着城市化进程加快以及机动化迅猛发展，城市交通与城际交通的紧张局面不断加剧，城市群局部地区出现新的瓶颈和新一轮的不适应状态。主要都市圈、主要城际走廊的通行能力不足的问题将加剧。

由于城市群交通结构不合理，轨道交通不足，城市群交通配置还难以满足不同距离、时间、方式等多层次的旅客出行需求。出入城市群交通、城市群内交通、城市交通、城际交通各层次间相互分离状况突出。汽车客运站、铁路新站、机场与城市交通的协调，衔接不畅，影响运输服务质量，不适应区域经济一体化的要求。在区域中心城市的铁路、公路客运场站以及与机场等重要集散点布局之间的合理衔接问题一直没有得到很好的解决。

四、发展我国综合交通运输体系的合理化建议

1. 加强体制改革与综合交通运输体系的建设

综合交通运输体系的建设必须首先加强体制机制的改革，转变传统的发展模式，从粗放的资源消耗型向集约的资源节约型转变，从单纯的交通经济效益向经济社会效益和社会环境效益转变，为我国交通综合运输的发展提供体制和机制保障。我国综合交通运输体系的协调发展不仅要增加综合运输的基础设施规模总量，而且要提升其整体的服务水平，从而加强不同运输方式的高效运营，并实现各种交通运输方式之间的结构均衡。①通过对综合交通枢纽节点的统筹规划，加强各种运输方式在点线布局、

线网走向上的有效协调，实现各种运输方式之间的无缝衔接以及一体化运输并进一步改善各种运输方式内部及相互之间的体系结构。②从全面发展的角度出发，在继续增强交通运输能力，扩大路网规模的同时，提高欠发达地区的交通能力，使各区域之间相互协调发展，促进我国综合交通运输的整体结构的优化。

2. 加快现代化综合交通运输枢纽的建设

现代化综合交通运输枢纽的建设，特别是连接公路、铁路、航空、水路以及城市公交等各种运输方式的中心城市综合枢纽的建设，促进各种运输方式的有效衔接，是实现合理配置运输资源，逐步实现货运“无缝隙衔接”和客运“零距离换乘”的有效手段。目前我国综合交通运输体系的建设应按照“政府主导、统一规划、联合建设、共同使用”的原则，以中心城市作为试点，确定若干综合交通运输枢纽站场建设示范工程，进行统一规划和整体布局，加快建成一批体系完善、布局合理、功能完备的现代综合交通运输枢纽站场。

3. 加强综合交通运输的可持续性发展

加强我国综合交通运输的和谐、可持续性发展，必须要在加强我国综合交通运输体系建设，改善运输结构不合理状况的同时，提高各种运输方式的运输能力与效率。①运输布局规划要与经济社会发展相协调，降低运输强度，提高运输效率，从而减少交通运输对社会外部环境等的损害；②要建立可持续发展评价指标体系，通过强度、效率、安全损失等评价指标进一步规范和指导我国综合交通运输网的完善和发展，从可持续发展的角度出发，对现有的综合运输体系结构做出战略性调整；③加强立法，通过制定各种政策、资金扶植措施，使交通综合运输体系建设符合并服从于可持续发展战略，从而推进我国综合交通运输体系的可持续性发展。

第三节
我国综合运输体系发展的现状及趋势展望

一、综合运输体系发展的阶段性特征

我国综合运输体系于20世纪60年代开始发展，之后一段时期，由于受到体制、机制的制约，其建设进程较为缓慢。20世纪80年代以来，综合运输体系的建设日益受到重视，党的十八大报告更是明确提出要加快综合运输体系的建设，目前我国综合运输体系的发展表现出以下阶段性特征。

1. 交通基础设施建设任务依然繁重

2012年底，我国铁路营业里程9.88万公里（高速铁路9356公里）、公路通车里程424万公里（高速公路9.6万公里）、民用机场183个、货物吞吐量超过亿吨的港口29个。从总体上来看，我国交通基础设施建设“被动追赶”的局面已有所改观，但与经济社会发展水平相比，适应能力仍有待提升，主要表现为：

（1）对经济规模提升、结构调整、方式转变的支撑力仍然不足，人民群众不断增加的运输需求尚未得到全面满足，特别是基本公共服务的运输供给能力尚显薄弱。

（2）在自身发展水平上，交通基础设施总体规模依然偏小，技术等级偏低，网络覆盖广度与通达深度有待提高。2011年全国有近40个地级行政中心和900多个县城未实现普通国道网的有效连接，尚有45%的地级市享受不到民航服务，许多乡镇、建制村尚不通公路。

（3）与发达国家及部分发展中国家相比，我国交通基础设施发展还存在显著差距，无论是铁路还是公路，无论是按照单位国土面积还是按照人均拥有量，路网密度指标均远低于日本、美国、印度。此外，我国交通基础设施等级标准及水平与发达国家也存在一定差距。

2. 各种运输方式衔接不畅，运输服务水平不高

各种运输方式自成体系而缺少综合的发展，使得基础设施的空间布局与功能缺乏衔接的政策机制、标准支撑，造成了基础设施布局、功能上的衔接不畅，并且已经形成了与基础设施伴随的固化格局。运输服务方面，因为各种运输方式在服务组织上的相对独立，加上设施衔接的不畅，要实现客货的“零距离”换乘和“无缝”衔接，推进旅客运输与物流的高效率运作，也将是长期面临的艰巨任务。尤其在交通运输能力总体提升和运输对经济社会发展的制约基本缓解的背景下，各种运输方式之间的资源优化配置和衔接的战略作用愈加明显，各运输方式间的综合协调问题日益显现，设施与设施之间、运输服务与运输服务之间的衔接不畅的问题，将严重影响整体运输效率的提升和经济社会综合运输成本的控制。

3. 外部资源约束越来越强，粗放发展难以为继

交通运输是资源消耗型产业，是占用耕地的主要行业，根据国土资源部门的统计，1997~2005 年，交通建设占用耕地是全部建设占用耕地的 20%，交通建设占用耕地比例是交通用地总净增量的 60%，广东、河南等许多省份交通建设已经受制于土地指标，未来土地供应与交通用地需求矛盾将进一步加剧。我国交通用能占全社会用能的比重已超过 10%，与工业、建筑一并成为我国三大用能行业，舒适化、快速化和个性化是未来出行需求的趋势，交通用能数量和所占份额将继续快速提高，而我国进口石油规模不断扩大，交通运输发展面临着交通能源需求快速增长和石油对外依存度不断提高的双重压力。气候变化问题成为国际社会普遍关注的重点，我国已主动承诺到 2020 年碳排放强度比 2005 年降低 40%~45%，面临越来越大的国际减排责任压力，交通工具的排放是主要的环境污染源，交通节能减排任重道远。我国交通发展面临着土地、能源、气候等资源的重大约束并且趋紧，以资源投入为主的粗放式发展越来越难以为继。①

4. 交通运输在快速发展的同时，资源占用与环境污染问题严重

交通运输业占用并消耗了大量的社会资源，主要体现在对土地的占用、对能源的消耗，以及对铁矿石、沥青、橡胶以及水泥等材料的耗用，尤其是对土地、岸线和能源（主要是石油和煤炭）大量的占用和消耗，其发展面临着日益严峻的资源和环境压力，交通可持续发展压力加大。在能源消耗方面，2006年，中国交通运输仓储邮政共消耗18582.72万吨标准煤，占社会能源消耗的7%~8.55%，年增长率达到15%。此外，我国交通行业能源利用效率与世界先进水平相比明显偏低，其中载货汽车百吨公里油耗比国外先进水平高30%左右，内河运输船舶油耗比国外先进水平高20%左右。在资源占用方面，由于各种运输方式缺乏统一规划导致重复建设严重，土地关系日益紧张。在环境保护方面，交通所造成环境污染问题日益严重。

当前，我国大城市空气污染中，60%的一氧化碳，50%的氮氧化物，30%的碳氢化合物污染来源于机动车尾气排放。交通噪声也已成为城市噪声的主要来源，约为80%，交通干线道路两侧噪声超标率82.2%。此外，我国综合运输体系内部各运输方式发展的失衡，也对资源、环境问题产生了加速作用。例如交通运输发展过程中过分强调发展公路交通，而铁路作为运量大、资源使用效率高、环境污染小的运输方式，其发展不足。许多更适宜于铁路运输的长途大宗货物却被公路运输挤占了，这样的综合运输体系必然会导致重复建设，同时会加大对资源的需求和耗用以及对环境的污染。很明显，交通运输业的资源占用、能源消耗、环境污染方面的现状对我国综合交通运输体系的优化产生了相当大的阻碍作用。

二、综合运输体系发展的趋势展望

对于实现综合运输体系的建设，实际上存在两种路径：①按照综合运

① 陈帅，孙有望．资源紧缺型社会的综合交通运输体系结构优化［J］．交通科技与经济，2007（4）：43．

输的基本理念，有组织地、有目的地建设在基础设施空间布局和运输服务功能上具有综合特征的运输体系，这也是综合运输体系概念所表达的基本内涵；②各种运输方式按照自身的规律，在市场竞争中获得发展，但在发展中体现综合。

根据中国交通运输现状基础、未来社会经济发展对交通运输的需求、资源和环境条件以及世界科技发展趋势，未来中国现代综合运输体系建设发展的主要思路应是：

1. 以多种运输方式共存互补的方式，建设综合运输大通道

综合运输大通道（交通轴）是综合运输网络和国家经济发展的命脉，是跨区域间最重要的连接，其发达程度既代表着一个国家交通运输的发展水平，也是区域经济发展规模与发展水平的重要影响因素。

通道内城市、人口、产业密集，经济规模总量大，居民收入水平相对较高，区域内部以及跨区域之间的人员和货物交流量大等特点，决定了大通道运输需求总量庞大，且具有集中性和多样性，为各种运输方式的共存与发展奠定了基础。

尽管各种运输方式之间具有一定的可替代性，但有限的选择会造成运输成本增加和便利性降低，会使人们被迫放弃一些最符合自己愿望和最经济合理的需求，其结果不仅不能较好地满足通道内的各种不同类型的运输需求，较严重地影响产品的市场范围和市场竞争力以及人们出行的欲望，而且还会由于缺乏足够竞争，造成运输能力紧张，服务水平下降，系统效率降低等。

综合运输通道内各种运输方式共存与紧密的协作，可使交通运输系统更发达，为经济起飞创造更好的基础支持条件，会使产品的交易成本降低、市场范围扩大，会进一步促进区域间和区域内产业分工的深化，增强产业分布的聚集效应，促进新产业的诞生，使得越来越多的产业和生产、经销企业以及人口沿着通道聚集，形成更加密集的工业带和城市带，经济发展的爆发力增强。

大通道是国家社会经济的主要集中带和发展带，是各种运输方式骨干

线路必经的地区，同时也是各种运输方式承担运输量最大，在综合运输体系中作用最明显的线路，多种运输方式共同组成通道综合运输系统，既是通道地区社会经济发展的要求，也是交通运输发展的必然结果。

2. 以较高起点进行干线基础设施规划与建设，加快交通运输现代化

交通运输是现代经济社会正常运行的基础保障。经济社会实现现代化首先要求交通运输实现现代化。交通基础设施是一种投资大、占用土地等稀缺资源较多、建设周期较长、长期服务于经济社会的必不可少的基础设施，一经建成使用后，再进行改造或重建的社会成本较高，因此，在制定发展规划与建设中，要有超前性。

交通运输的发展不仅能满足交通运输的需求，而且对经济社会的可持续发展提供基础支撑条件。中国的经济与社会正经历着从起飞进入持续增长的历史发展时期，各种运输的需求在不断、快速地增长，加大交通运输投资、较早实现交通运输现代化，可显著地改善区域之间和区域内的流通条件和降低交易成本，使各种资源能够在更大的范围内自由地、便捷地流动，实现资源的优化配置，为经济社会的专业化分工提供更多的社会资本支持。干线网络是交通运输的核心组成部分，更应在建设标准与规模上满足未来较长时期的交通运输量增长的需要，而且要尽量提高基础设施的科技水平并为未来的科技发展留出开放性的接口。

3. 以可持续发展和需求管理的新理念，建设符合中国国情的综合运输体系

交通运输可持续发展，在于从战略的角度做到交通运输发展与经济社会发展、人们生活质量提高、土地资源利用、环境保护等之间确立一种协调发展的辩证比例关系。

世界发达国家讲的可持续发展，是建立在已完成了交通运输的大发展、拥有了雄厚的基础上的，而中国的交通运输规模远落后于发达国家，同时必须解决发展与环境保护问题，坚持交通运输可持续性发展的思想，是为中国经济社会持续、快速、健康、协调发展奠定物质基础。

在运输方式的选择上，不能简单地以占用土地的多少来衡量，关键要看是否更符合未来的发展趋势，是否更有利于经济发展，是否更有利于整体路网布局的完善和效率与效益的提高。

交通需求管理是为了解决交通基础设施的无限扩展，并不能从根本上解决运输量不断增长的需要问题。为此，政府应通过一些理性的手段，引导人们自觉地调整消费观念和交通行为方式：①建立与中国国情和资源禀赋相适应的综合运输体系，发展公共交通，在结构上实现交通模式的优化；②创造条件和鼓励人们采用资源消耗较少的交通模式；③不断促进交通行业的技术进步。

4. 以干支线路协调和区域协调的发展思想，完善综合运输网络布局

建设综合运输体系过程中，在重点解决干线交通运输的同时，应加快与其连接的次干线和支线网络的建设，提高路网密度和农村的通达程度，形成层次结构合理的网络系统，适应地区经济、农村经济和城市化发展的需要，加深区域内的分工与协作，促进城市与农村共同发展以及全面建设小康社会目标的实现。要以区域协调发展的思想加快西部地区的交通基础设施建设，综合考虑各层次路网的功能需求和社会效益，促进西部大开发，增强西部地区的经济发展能力。要注重老、少、边、穷地区的公路建设，积极改善农村交通条件，体现社会公平发展的原则，支持社会的可持续性发展。

5. 积极推进交通运输信息化、智能化的进程，发展集约型交通

人类不可能通过无限制地扩张设施和服务来满足运输需求，只有改进方式、挖掘潜力、提高效率，才能克服空间约束性。随着经济的发展和社会的进步，交通基础设施能力与使用者需求之间的矛盾将会日益突出，必须依靠科技进步，采用现代化的装备和管理技术，改进整个交通运输系统的运行组织方式，才能更大幅度地提高交通基础设施的使用能力、效率，以及安全性能等。

世界发达国家已开始把注意力从修建更多交通基础设施、扩大交通网络规模转移到采用高新技术来改造现有运输系统及其管理体系上。

交通运输信息化和智能运输系统（ITS）的建设，已成为21世纪现代化交通运输体系的发展方向。ITS的广泛推广应用，将有助于实现由单一的基础设施扩张向集约型交通发展的转变，是解决现代交通发展问题的重要手段。“以信息化、网络化为基础，加快智能型交通的发展”是中国交通运输业实现跨越式发展、缓解资源和环境压力的有效途径，是实现中国交通运输现代化的关键。同时，在交通发展的全过程中，要始终贯彻以人为本的思想，从交通运输政策和规划的制定开始，就应把人类对各种交通运输服务的需要，如安全、便捷、舒适、智能等要素加以全面考虑。

6. 以宏观调控和市场化相结合的思想，实现资源的合理配置

综合交通运输体系的建设需要依靠国家宏观调控和市场化两个方面的合力。交通基础设施具有很强的公共物品属性，交通运输赖以存在的土地、岸线、空域、航道等都为政府所控制，通过有效的宏观调控，政府可促进各种运输方式合理布局与协调发展；而市场化手段对于合理配置交通资源和加快综合运输体系形成与完善等方面具有重要作用。没有市场化的手段也就没有交通运输今天的成就，未来的发展道路也将越走越窄，现代化的交通运输进程将会受到资金、体制等各方面的严重制约。

在基础设施网络的建设上，要由政府进行规划与协调，采用政府投资和引导社会投资的方式实现结构合理化，并积极采用市场运作的方式，促使资金、资源的有效利用和社会公平；运输方面要按照市场化的原则由企业自主经营，政府要在规则的制定、市场准入与监督上行使职能，消除体制性障碍和行业壁垒，鼓励各种运输方式之间的自由竞争。

此外，经营性交通基础设施的发展规模应从国家经济战略角度进行决策，达到既能较好地满足经济社会发展对交通运输不断增长的需要，又能提高中国产品在经济全球化中的国际竞争力的要求。

三、加快交通综合运输体系建设的政策措施

从三个方面加强综合运输体系建设的系统建设：

一是依托城市和城市群的综合运输系统建设。交通运输的衔接层次；实现综合发展的途径。

二是与区域开发和产业布局相适应的综合运输系统建设。区域性综合运输系统的建设和完善；促进产业布局的优化。

三是以综合运输企业主体为依托的服务系统建设。重视运输服务的发展；建立完善的运输政策系统。

在此基础上重点加强需求管理、运输通道建设、体制改革及科技创新。

1. 实施交通需求管理

交通需求管理是为解决交通基础设施的持续扩展并不能从根本上解决交通运输需求发展的本质矛盾。不同经济发展阶段的运输需求与经济增长之间的联系不仅呈现出不同的特征，而且表现为运输需求的阶段性特征，运输需求是决定运输方式的主导因素，综合运输布局必须先遵循以运输需求为主导的原则。运输方式的结构是在一系列发展政策环境下形成的，任由市场发展很难形成结构合理的运输体系。①

德国“二战”后公路运输的发展对其经济的复苏做出了巨大的贡献，但和我国一样，带来了严重的资源、能源和环境问题。德国政府意识到运输结构不合理的问题，采取积极措施引导客货运输向铁路和水路转移。

（1）加大铁路、水路基础设施的投入。

（2）采用税费调节。

（3）对汽车制定限制措施。

（4）强制远距离货运由铁路和水运承担，最终并没有出现铁路、水路货运量的增加，但出现了多式联运上升的趋势。这正是值得我国政府借鉴之处。

因此，我国的交通运输管理部门应通过一些宏观调控手段积极引导交通运输方式的发展与消费观念和交通行为方式的调整：①建立与我国国情

① 孙启鹏，吴群琪．我国综合运输布局规划的基本原则和思路［J］．交通企业管理，2007（8）：25.

和资源禀赋相适应的综合运输体系，发展公共交通，在结构上实现交通模式的优化；②创造条件和鼓励人们采用资源节约的交通模式；③不断促进交通行业的技术进步，以最小运输成本满足日新月异的交通运输需求。

2. 建设综合运输大通道

如前所述，目前我国基础设施总量不足，且有效供给率也不高，综合运输供给能力不能满足经济社会发展需求。除了加大基础设施建设的绝对量外，提高其有效供给也非常重要。可加强以下四个方面的建设以提高交通运输基础设施的利用效率，推动综合运输大通道的建设。

（1）多式联运的优化。打破行业分割，推进各种运输方式的信息共享和对接，以港口、机场等枢纽为平台，以旅客联程运输和集装箱多式联运为重点，推进综合运输一体化。

（2）区域交通协调发展。改善交通运输的服务水平，加快区域交通一体化、城乡交通一体化的进程。缩小中西部地区同东部地区通道里程、路网密度的差距，并加强跨区域的运输通道建设；协调统一城际交通，使之紧密衔接；进一步改善农村公路的通达度和通行能力。

（3）重要通道资源的优化。合理配置通道资源，统筹安排通道内各种运输方式的基础设施建设，充分发挥各种运输方式的技术经济优势，合理利用有限通道资源，包括适时调整优化国家公路网规划等。

（4）加快中心城市综合运输枢纽建设。按照“统一规划、联合建设、共同使用”的方式，加快建设衔接紧密、功能完备、布局合理的现代综合交通枢纽站场，集中布局各种运输方式的枢纽站场，统一技术标准，建立枢纽规划，建设和运营组织协调机制，破除体制障碍和垄断思维，实现多种方式的有效衔接。

3. 深化交通运输体制改革

目前交通运输体制改革已取得一定的进展，成立了交通运输部，但还不能适应交通持续快速发展的要求，必须进一步深化交通运输管理体制改革，逐步形成权责一致、合理分工、决策科学、执行顺畅、监督有力的交通运输管理体制。① 根据国家大部制改革的方向和要求，结合经济发展阶段、交通运输现状和现行实际管理体制，深入综合运输体制的创新。

（1）强化决策规划职能，适时调整综合交通发展战略，制定发展规划和政策，加强对交通系统的总需求和总供给的宏观调控。

（2）强化综合协调职能，加快制定综合运输政策、管理规章，引导各种运输方式协调发展。

（3）强化公共服务职能，加快建设综合交通运输网络，加强综合交通信息网络建设，发挥各种运输方式的比较优势，提高综合运输公共服务能力。

（4）强化市场监管职能，强化政府行政许可管理和有效监督，规范运输市场行为。

（5）强化综合执法职能，整合现有交通执法主体，统一依法履行交通行业综合执法职能。

（6）最终建立起综合统一、体系完善、运转顺畅、精简高效的交通运输行政管理体制。并以长三角、珠三角等区域为试点，选取若干运输需求大、通道资源紧张的综合运输通道，按照大部门、大管理、大统筹、大协调的思路，进行管理体制改革试点工作，最终推广到全国，以达到有力推动综合交通运输体系建设的目的。

4. 以科技创新促进我国综合运输体系的发展

科技进步是综合运输体系结构优化升级的动力。以先进技术、信息化、智能化提高系统整体发展水平和管理服务水平，实现供给能力增加、安全保障性提高以及经济环保等。人类社会不可能通过无限地扩张交通基础设施和服务体系满足日益增长的多层次需求，随着经济社会的发展和进步，它们之间的矛盾日益突出，只有依靠科技创新，发展以信息技术为核心的高新技术，采用现代化的装备和管理技术，改进运输组织运行方式，才能提高运输方式内部效率以及方式之间的组合效率，才能实现高效率无

---

① 鲍鑫荣．推进新时期综合运输体系建设的若干思考［J］．交通世界，2009（6）：45.

缝衔接的目标。①

四、综合运输体系发展要倡导的价值观

交通运输由铁路、公路、水路、航空、管道等多种运输方式组成，它们的组合模式和结构特点因各国的国情和发展理念不同而有所差异。综合运输体系归根结底是体现主流价值观发展理念和与这种理念相配合的交通运输发展战略及政策的执行结果，价值观影响着发展理念和消费理念，进而影响着对交通运输的需求和综合运输体系的建设发展与结构优化。

交通运输是提供生产性和消费性服务的部门，既是现代“行”赖以实现的基础，也是现代社会“吃、穿、住”得以实现和改善的重要保障条件，直接关系和影响着社会、经济、人们生活、国家安全等各个方面以及整体实力的体现。随着经济社会的进步和不断发展，对各类交通运输网络的覆盖密度、通行能力、服务质量的要求越来越高，但是，从社会整体协调发展的角度，交通运输所能占用的土地等资源是有一定限度的，否则会影响和制约国民经济其他部门的发展以及人们生活空间结构的合理性。因此，既要有条件地充分发展，有效满足不断增长的客货运输需求，又不能过度发展，占用太多的社会资源。要达到这种平衡，必须从发展（供给）和需求两端双向解决，而无论是发展端的各种运输方式间和方式内的供给结构，还是需求端的需求结构和需求总量，都受到价值观的支配，不同的价值观对各种运输方式有着不同消费满足度要求以及鼓励或抑制增加需求的欲望。而这种价值观对于不同个体来说是不一样的，我们所说的价值观是社会整体对经济、资源、环境、生活的主流价值观或核心价值观，其形成需要国家在精神、物质、制度、政策上有比较明确的导向和积极的倡导等。综合运输体系的发展思想、发展目标、框架规划（包括结构）以及政策措施等都是在这些价值观的作用和影响下形成或制定的。

---

① 傅少川，陈钟．我国综合运输体系存在问题及改革方向［J］．生产力研究，2008（2）：36.

1. 可持续发展的交通资源开发使用价值观

随着社会经济的不断发展，资源的有限性问题和矛盾越来越突出，可持续发展观已成为当今世界对资源开发使用所倡导的主流价值观，也是我国综合运输体系发展应遵循的价值观。但是，必须认识到资源是为人类所用，是为人类更好地生存和发展服务的，可持续发展并不是不能利用和开发资源，重点在于合理和有效地利用资源，有节制地开发使用资源。

科学发展观的第一要务就是发展，在人类尚未形成大一统、国家尚未消亡的环境下，落后是要被动挨打的，在坚持可持续发展道路的过程中，要结合我国的发展阶段和实际，不能被大概念所迷惑和过于理想化，自己捆住自己发展的手脚，不能只发达国家发展，我们不发展。社会的进步和生活水平的提高，必然需要更多的资源支持，社会生产力水平和生产效率的提高除了技术、管理因素以外，离不开对资源的更多占用与消耗。交通运输是国民经济重要的组成部门，其必须要达到相应的发达程度才能有效支持国民经济的发展和生产力水平的提高，才能较好地满足人们生活需要和增强国际竞争力。因此，在我国交通运输发展中，对资源开发使用的价值观应是：

（1）以合理数量的资源供给，支持交通运输布局的完善和发展水平的提高。

（2）以可持续发展为基本原则，合理利用资源，提高资源效率，努力节约资源。

（3）交通基础设施具有社会基础性、空间布局永久性的特征，既为当代人使用，也为后代人使用，在长远总体发展规划的框架内，土地等资源的提供应符合先行部门适度超前发展的特点和要求。

（4）应根据技术发展和经济实力，尽可能地加大技术和资金投入，优化线性布局和网络层次结构，减少对土地等资源的需求。

2. 应积极倡导的交通运输消费价值观

人们对物质生活的追求是天性使然，交通运输是物质生活的重要组成部分，是较好展现个性化和身份地位的消费性行业。交通出行既有生产生活必需的出行，也有非必需的弹性出行，交通出行的方式也有多种选择，其构成对交通基础设施数量和能力的需求量差异。而需求是交通运输建设发展的基础，也是交通运输拥堵的原因，不解决交通问题，只增加基础设施数量和能力，无论是在资源供给，还是发展方式方面都难以为继。为此，还要倡导人们树立维护社会长远发展的交通消费价值观。

（1）有节制地追求物质享受的交通消费价值观。物质条件是提高生活品质的重要基础，但应有限度，不应作为唯一的衡量条件。交通运输在人们物质生活消费中占有很大的比重，并且随着经济的发展，对交通网络的密度、通达程度、连通度、技术质量以及个性化的出行方式的要求越来越高。越私人机动化、速度越快的交通方式，需要占用、消耗的资源就越多，则会构成对土地等空间资源的严重挑战，将可能导致超负荷的激烈矛盾问题。因此，应引导人们树立可持续发展的交通消费观，自觉地调整交通消费行为和要求，对于交通消费的追求应有一个合理的度，对个性化交通方式的消费倾向应有一定的节制，对于高能耗的高速化追求应控制在一定的区域和范围内，重视社会成本代价和经济性选择。

（2）树立节约资源、保护环境的交通消费社会风尚。倡导和鼓励人们在交通条件能够较好满足出行要求的情况下，更多地选择公共交通作为日常出行的交通方式，减少选择私人机动化出行；在多种方式都能较好满足出行要求的情况下，较多地选择低能耗、低排放的公共运输方式出行。

（3）主动减少非必要性交通出行的消费行为。积极发展和完善电子政务、电子商务以及现代通信技术等，加强相应的平台和制度建设，为人们更多地使用这些手段作为沟通、交流、处理事务的方式创造条件，减少非必要亲历的交通出行。

五、移动互联网在综合运输中的创新应用

我国交通运输事业30多年跨越式发展的经验表明，改革开放是交通运输事业兴旺发达的根本动力。正是依靠不断改革开放，我们才建成了世界

一流的现代化交通运输基础设施。

面对新一代信息技术引领的科技革命浪潮，交通运输创新驱动的主战场和主动力在哪里？当今影响最大的还是新一代互联网技术。互联网是大众创业、万众创新的新工具，是政府施政的新平台，是经济发展的新引擎。

当前，移动互联网在改变人们的思维模式、生活方式的同时，也深刻改变了运输产业的发展形态。①从运输服务来看，移动互联网推动了客运服务个性化，满足乘客多样化出行需求，促进了各种运输方式的衔接；实现了货运供需信息的对接，促进车辆与货源优化整合，提高了货运效率。②从产业结构来看，移动互联网能够整合产业资源，形成集约化产业格局；实现线上线下互动，打造一体化产业链条；实现精准供给，促使企业提供个性化服务产品；企业和消费者之间的信息对接更直接，呈现“去中间化”特征，有利于规范市场秩序。③从政府监管来看，移动互联网将促进管理方式向集约型、精细化管理转变；利用移动互联网、大数据、车联网技术，实施城市交通精细化管理；搭建平台，引入消费者监督评价；带来新的监管对象和内容，更考验管理智慧。

移动互联网重点解决人或物在移动过程中的高效互联问题，与运输行业的价值目标一致。“移动互联网+综合运输”将在要素移动、泛在互联、全面感知、便捷交互中创造出更多、更丰富的经济社会价值，推动运输服务产业链重构和生态圈再造，拉动交通运输提质增效升级，打造出面貌全新的运输服务升级版。

移动互联网为运输行业带来了机遇与挑战，未来是以互联网思维适应行业发展新趋势，以移动互联网引领行业转型升级。

以移动互联网引领综合运输服务。积极推动大数据、云计算、物联网在综合运输领域的推广应用，推动发展客运一票到底、货运一单到底的运输服务方式；推进联网售票系统建设，鼓励支持网上购票、手机订票、自助购票等出行服务发展；鼓励发展在线受理、货物查询、一键转寄、服务点代收等增值服务。

以移动互联网引领产业转型升级。进一步优化运输组织结构，有效整合各种运输资源，促进各种运输方式协同发展。积极鼓励移动互联网引领传统产业形态创新，促进传统运输行业与互联网企业合作、共生、多赢，打造基于移动互联网的客货信息平台和移动客户端，不断提高传统运输的组织化程度。充分利用移动互联网对产业发展的集聚作用，培育一批成长性好、集约化程度高、市场吸纳能力强的龙头企业。

以移动互联网引领行业治理体系构建。把握“管住底线，放开创新”的原则，推进理念创新、科技创新、政策创新、制度创新和体制机制创新，促进运输行业治理体系和治理能力现代化，着力构建政府、协会、企业、社会共治的治理体系。加快推进职能转变和管理转轨，从政府引导的事前审批监管向市场引导的事中事后监管转变，从更多依靠行政手段向更多依靠经济、科技、法律手段转变。积极探索网上受理、网上审查、网上许可等方式，进一步提高行政审批效能。

第四章

综合运输体系的理论问题及法规研究

我国交通运输业长期发展滞后，成为国民经济持续、快速、健康发展的严重制约。为改变这种状况，首先必须从全局上、整体上、政策上寻求交通运输业发展的道路。改革前的中国实行高度集中的中央计划经济体制。经济资源配置受中央计划控制，交通运输业由国家投资建设并委托国有企业进行运营管理，国有运输企业按照国家下达的生产计划组织和实施运输生产。在计划经济的制度环境中，由于市场机制的缺失，运输的供需关系缺乏市场反馈，交通运输发展问题表现为如何适应经济计划，如何执行和完成运输生产计划，运输活动是生产力布局和生产计划实施的逻辑结果。这决定了中国的运输发展理论的传统方式是以供给为导向的运输供给配置问题，缺乏对运输发展的微观机制及发展的成本效率的研究，在这个背景下，形成了以运输的空间布局理论和运输系统分析为主导的综合交通理论。

党的十一届三中全会以来，改革和开放成为国民经济发展的动力。通过对我国交通运输发展中深层次问题的认识，综合运输研究所对交通运输业体制改革，包括组织管理、培养和建立运输市场、投融资、运价、现代企业制度等方面进行了大量的深入研究。例如，对社会主义市场经济条件下交通运输业体制改革的方向和改革的目标，对铁路建设和运营体制改革的模式等进行了研究。研究成果提出，加快交通运输业体制改革是促进交通运输发展的关键。各有关课题在分析和评价不同的改革模式的基础上，或作为专题报告，或以建议方式，提出了交通运输业管理体制及建立现代企业制度的特点和应采取的改革措施，有的被政府部门在制定政策时吸收，有的被企业采纳实施，发挥了一定的作用。

改革开放以来，随着市场经济体制的建立和深化，经济进入了高速增长阶段，交通运输行业所面临的经济和制度环境发生了质的转变，运输发展面临着发展战略、发展模式和发展手段的转型：选择什么交通发展战略、遵循什么交通发展模式以及如何利用政府和市场两种手段有效地降低运输系统的经济成本，实现可持续的交通运输，成为中国交通运输发展中不可回避的历史性课题，中国交通运输发展的经济适应性、运输演化和运输结构等问题的研究被提出。改革开放之后，面对经济改革的进程和政府职能及工作重点的转变，交通经济政策成为综合运输研究所关注的新研究领域。该领域涉及的问题比较广泛，包括运价政策、投资政策、集资与融资政策、合资铁路与地方铁路发展政策等，综合运输研究所都进行了较为广泛而深入的专题研究，取得多项研究成果，为国家制定有关政策起到了参考作用。

随着经济全球化和中国市场经济体制逐步深化，运输系统发展的成本效率对企业和经济竞争力具有重要影响，中国交通发展理论有待于从以运输生产力为取向的理论向以运输系统发展效率为取向的问题、理论和方法的创新，从对宏观发展现象的对策研究向对微观发展机制的理论探究转型。综合交通运输体系的研究，一方面是综合交通发展理论，包括运输布局和运输系统分析，研究运输系统资源配置问题；另一方面是运输适应性、运输演化及运输结构理论，研究运输与经济发展的关系问题。前者主要研究基于运输生产力的交通运输资源配置和发展模式问题；后者主要研究交通运输发展的宏观表现问题，包括交通运输的经济适应性、经济发展中的运输演化和运输结构理论。

交通运输基础设施是现代经济最重要的基础设施之一。然而，作为经济发展的必要条件，中国经济发展长期面临着运输基础设施短缺及运输供给总体能力不足的压力，所谓发展中的瓶颈制约尚未得到消除。在资源有限及资本相对稀缺的约束下，中国交通发展必须解决两个基本问题：①如何有效地建立适应中国空间经济发展的交通运输基础设施问题，围绕此问题的研究形成了综合交通理论的一个理论分支，即中国交通运输布局与规划理论。②如何妥善地处理交通运输发展过程中各种运输方式发展的相互关系，需要研究交通运输系统的构成及其结构问题，围绕此问题的研究形成了中国综合交通发展理论的另一理论分支，即交通运输系统分析理论。

第一节 交通运输发展规划与布局研究

新中国成立后，经过三年的国民经济恢复和第一个五年计划建设，我国开始进入改变工业落后面貌，向社会主义工业化迈进的建设发展时期。在交通运输方面，截至第一个五年计划完成的 1957 年底，全国铁路通车里程达到 29862 公里，比 1952 年增加 22%；五年内，新建铁路 33 条，恢复铁路 3 条，新建、修复铁路干线、复线、支线共约一万公里；宝成铁路、鹰厦铁路、武汉长江大桥，都先后建成。全国公路通车里程达到 25 万多公里，比 1952 年增加一倍；康藏、青藏、新藏公路相继通车。1955 年，苏联成立了综合运输问题研究所，受苏联科学院领导（20 世纪 60 年代初，研究所改由苏联国家计划委员会领导），研究所的任务是调查与研究苏联统一运输网的发展建设、运量预测以及各种运输方式的综合利用和协作等综合运输问题，其中包括改进运输业的管理方法，运输业的发展规划，探索运输业与其他国民经济部门的最佳比例关系，各种运输方式之间以及各种运输方式内部的比例关系等。

我国的综合运输研究工作正是仿效苏联，开始于 20 世纪 50 年代中后期。主要标志是：1956 年，国务院颁布《国家科学技术发展十二年规划》，在交通运输方面（第 1 项（3501））提出开展综合运输研究，主要任务是进行综合运输网发展规划研究。1958 年筹建成立综合运输研究所（组织编制属中国科学院，业务上受原国家经委领导），所内的机构也基本上是效仿苏联科学院综合运输问题研究所设置运量室、运网室等，人员主要来自铁道、交通两部的行政机关、事业单位及其所属院校；调入人员中有五位是新中国成立前出国留学的，有六位是新中国成立后留苏的（包括 1960 年派往苏联综合运输问题研究所实习一年的两位）。此后，一批有志向、有才华的年轻人陆续进入了研究所，成为了我国综合运输事业的先行者。

1956 年《国家科学技术发展十二年规划》提出综合运输研究的主要任务是进行综合运输网发展规划研究。成立于 1959 年的综合运输研究所，隶属于国家发展和改革委员会。综合运输所是从事综合性交通运输研究的专业咨询机构，主要是结合运输经济和技术，侧重于应用科学研究，主要研究的领域是发展战略、规划布局、产业政策、管理与经验等。在改革开放初期，综合运输研究所主持了《2000 年中国交通运输发展战略》的研究，提出了 2000 年交通运输发展战略目标和战略布局，描绘了综合运输干线网布局蓝图，阐明了各种运输方式的定位，提出了发展交通运输业的政策措施，受到国家计委和交通运输部门的重视。此项研究作为国务院发展研究中心主持的《2000 年的中国》研究的组成部分，荣获 1988 年国家科技进步一等奖，并公开出版发行，这是我国运输界最早研究交通运输发展战略的一本专著，在研究方向上产生了良好的引导和带动效应。其中，关于交通运输对国民经济适应程度的类型划分至今仍被交通运输部门和有关机构作为交通运输发展的基本目标和决策依据。

一、全国综合运输网发展规划研究

党的十一届三中全会以后，我国进入了经济建设新时期，交通运输也迎来了新的发展机遇。1980 年综合运输研究所开展了全国性的综合运输调查工作，收集、整理、编写了大量的经济、社会和运输材料，为综合运输网规划工作打下基础。1984 年根据国家计委制定的《国家国土规划》的要求，综合运输研究所承担了国家计委国土司正式立项“2000 年全国综合运输网规划研究”课题，全面展开全国性的铁路、水运、公路、航空和管道各种运输方式发展规划研究工作，提出了《2000 年全国综合运输网规划纲要》总报告和 17 个分报告。该项研究着重论证了各种运输网协调发展及其结合布局，突出综合运输网的特点和优点，首次把运输通道理论应用于运网规划，即根据全国经济区划、自然地理条件、生产力布局状况、客货流量流向特点和各种运输网分布格局，划分了跨越省区的、具有全国意义的综合运输大通道，即山西煤炭外运通道、进出关（山海关）运输通道、东中部地区南北向运输通道、中南部地区东西向运输通道、西南地区运输通道、西北地区运输通道等。各条通道内含铁路、公路、水运、航空和管道等各种运输方式，描绘出 2000 年全国综合运输网总蓝图。这项研究得到国家计委国土司的重视和好评，其要点被《国家国土规划》所采纳；对综合运输大通道的划分方法多次为国家计委制定交通运输发展规划所采用，以综合运输大通道为重点的规划思路又受到交通运输部门的普遍重视和借鉴。

1992 年，根据计委国土地区司编制中长期国土规划的需要，综合运输研究所开展了“我国中长期（1995~2010 年）综合运输网发展纲要”研究，其研究成果被国家计委纳入了《我国中长期国民经济和社会发展纲要》。

二、地区交通运输规划研究

改革开放以来，随着全国各省、市、区领导及各级地方政府对交通运输基础设施建设的重视程度逐步提高，交通设施发展规划也越来越重要。为了适应这种需要，综合运输研究所曾经对广东、广西、河北、山西、甘肃、宁夏等省（区）以及长江三角洲、珠江三角洲、环渤海、西南和华南部分省区、中原、东北、西北、黄土高原、湘赣粤等地区交通运输发展进行规划研究，为各地区运输网等基础设施建设布局提供科学依据。其中，长江三角洲和珠江三角洲地区均是我国经济发展快速地区，交通运输需求的增长速度快。因而，在规划中要做到两点：①强调要超前发展，建设大能力运输设施；②要抓重点项目建设，确保运输畅通，尤其是对港口通过能力进行了重点规划。又如 1990 年在中国科学院综合考察委员会主持的“黄土高原地区综合治理开发重大问题及总体方案”研究中，综合运输研究所主持完成的子项目“黄土高原地区综合运输网发展及合理布局”的研究，成为西北地区最全面、最系统的交通运输发展规划，为 20 世纪 90 年代西北地区交通运输网建设提供了咨询建议，该项目获得了 1992 年中国科学院科技进步一等奖。1992 年完成的“西南及华南部分省区区域交通运输发展和布局规划研究”对西南和华南部分省区内部和对外运输通道中各种运输方式的建设规模和运输网的布局做出切合实际的规划，特别是以解决西南地区北、东、南对外通路作为重点进行规划，为“八五”后期及“九五”国家做出加强西南地区对外通路建设的决策提供了依据。该研究成果在 1992 年 10 月的重庆研讨会上受到好评。

三、交通运输建设项目前期研究

除了交通运输宏观规划外，综合运输研究所还开展了“交通建设项目（预可行性）研究”。例如对东北原油输送管道、烟台—大连间货物滚装运输、大秦运煤专用铁路、宁波深水港、集装箱中转站、京沪高速铁路等重大交通运输建设项目的经济技术问题进行前期（预可行性）研究，对这些项目的立项、建设都起到了一定的作用。其中，1985 年，根据当时国家计委宋平主任的指示，综合运输研究所对宁波兴建深水港进行了预可行性研究，分析了兴建宁波深水港的自然地理条件、集疏运基础和经济效益，首次对宁波深水港的功能进行定位。这项研究成果促进了宁波深水港建设，为宁波超大型深水中转港口在我国崛起做出了突出的贡献，受到宁波市政府的高度评价。又如，由综合运输研究所主持的世界银行项目“京沪通道各种运输方式客流研究”，通过抽样调查取得了乘坐铁路旅客列车、公路公共客车及小汽车、民航班机等旅客的有关数据，并使用模型进行计算，对京沪通道客流进行了深入的调查分析和预测，研究成果为京沪高速铁路前期研究提供运量依据。

四、运输流及运网布局研究

运输流——客货运输流量流向是运网发展和布局的根据。分析研究运输流量流向发展规律，对运输合理化和运网发展布局都有重要意义。在20世纪60年代，综合运输研究所研究了我国大宗货物合理运输流向图，提出了钢铁、矿石、煤炭、木材等物资合理流向图方案，成为国家经委制定合理流向图、调控物资的流量流向的依据。与此同时，综合运输研究所开展了运输与生产力布局研究，从运输角度对钢铁、煤炭、矿石、洗煤厂布局提出意见，并对建设铁水联运网布局、实施北煤南运提出建议。目前，采用铁水联运输送“三西”煤炭到华东、华南地区，依旧是我国能源运输的主通道。上述研究成果对我国组织大宗货物运输提供了可行的方案，并通过实施基本实现了大宗货物运输的合理化，提高了运输效益。

改革开放以来，国家对加强交通运输基础设施建设十分重视，运输网、港、站建设是百年大计。为了避免重复建设，实现布局合理化，国家计委宏观经济研究院下达综合运输研究所重点课题“我国交通运输基础设施建设规模及合理布局”，该项研究在总结我国交通运输基础设施建设取得伟大成就的基础上，提出了进一步加强基础设施建设，调整和改善运输布局的方案，以及实现运输布局合理化进行宏观政策调控的意见，受到有关部门的重视。特别是研究成果中对“八五”期间我国交通运输建设成就的经验总结，被国家计委在多项材料、文章中引用，并报送中办、国办，作为信息上报中央和国家领导审阅。

第二节 各种运输方式综合利用与交通运输技术政策研究

根据铁路、公路、水路、航空和管道运输的技术经济特点，研究各种运输方式的合理使用范围，综合利用、合理分工、优化运输结构，发挥各自优势，提高运输效率，这是综合运输科学的重要研究领域。综合运输研究所在国内首次把它作为一个科学课题提了出来，进行了开创性的研究工作，取得了重要成果。

一、各种运输方式综合利用和运输线路合理分流研究

1965年根据西南地区煤、磷外运和进出川物资运输的需要，综合运输研究所开展长江与宝成、黔桂铁路三线分流与综合利用研究，提出进出西南地区物资运输三线分流方案和综合利用建议。当时的国务院副总理兼国家科委主任聂荣臻曾批转有关部门，作为编制运输分流实施方案的参考，极大地缓解了西南地区的运输困难，对保证当时西南三线建设和物资供应起到了重要作用。

为解决北煤南运问题，综合运输研究所对津浦铁路、北方沿海和大运河三线合理分流问题，铁路与长江、铁路与汉江分流问题等开展研究，提出了合理分流方案的建议，为缓解当时铁路煤炭运输的紧张状况起到了一定的作用。

二、各种运输方式合理分工与运输结构合理化研究

从20世纪80年代初开始，针对长期以来交通运输中各种运输方式在比例结构方面存在的问题，造成交通运输随着经济大发展而不断加剧的紧张状况，开展了各种运输方式合理分工与运输结构合理化这一重大问题的研究。例如，先后对铁路与公路、铁路与水运、铁路与航空在货物和旅客运输方面的合理使用范围，不同运输方式承担不同货物的经济合理运距等进行了分析计算，提出了铁路与公路运输的合理分工，铁路与水路运输的合理分工，铁路与民航长途客运的合理分工，为建立合理运输结构提供理论依据。同时，从经济结构和运输需求结构变化，论证运输结构适应经济结构变化和市场需求的发展趋势，提出调整和优化运输结构的方向。这项研究从理论上突破了影响综合运输体系发展的障碍，从实践上完善了综合运输系统建设的方针，在运输界、经济界反响强烈。各种运输方式合理分工与运输结构合理调整的研究，对各种运输方式从20世纪80年代中后期开始的大规模建设，以及发展我国交通运输业、尽快改变交通运输紧张状况产

生了深远的影响。

三、铁路牵引动力发展方向研究

科学技术是第一生产力。综合运输研究所非常重视科学技术对交通运输发展的重要作用，重视交通运输技术政策研究，为我国交通运输技术发展明确了方向。

新中国成立初期，我国对交通运输业的发展极为重视，国家投资建设了宝成铁路、川藏公路等一大批交通设施。之后，交通运输投资比重出现了下降，“五五”“六五”期间仅为13%左右（含邮电通信业），从而导致了交通运输紧张状况。综合运输研究所在国内最早开展了铁路牵引动力发展方向的研究。20世纪60年代初，我国铁路动力绝大部分是蒸汽机车，牵引力小、速度低。通过分析，论证铁路电力机车牵引与内燃机车牵引替代蒸汽机车牵引的可行性、经济性与合理使用范围。1978年综合运输研究所恢复以后，进一步加强了铁路牵引动力现代化研究，明确提出了我国铁路牵引动力改革应实行“内电并举、以电为主”的方针，淘汰蒸汽机车。这一观点在学术界、运输界产生了较大影响，受到国家计委、国家经委和铁道部门的重视和采纳，加快了铁路机车更新换代的进程，对我国铁路牵引动力现代化起到了积极的促进作用。

从20世纪80年代初期开始，综合运输研究所针对交通运输发展滞后的状况，积极呼吁国家提高交通运输业投资比重，增加交通运输投资，以加快交通运输设施建设，改变交通运输这一薄弱环节。到“八五”期间，交通运输投资比重达到了19.8%，1998年则提高到27.3%，使交通运输初步适应了国民经济和社会的发展。综合运输研究所早在“六五”期间就提出建立铁道、交通建设基金制。后来又在国家计委交通司召开的“七五”交通发展座谈会上，再次提出建立铁道、交通建设基金的建议，这对“七五”初期国家建立铁路建设基金制度起到了积极的促进作用。为了加快我国铁路的发展，综合运输研究所对中央与地方合资建路政策进行了深入研究，提出改革铁路投资体制、调整投资主体、发展合资建路的政策建议，为

“全国合资铁路工作会议”所采纳，并作为1991年全国计划工作会议“参阅文件”转发，1992年又以国发〔1992〕37号、44号文件转发，对推动合资铁路建设起到了推动作用。

四、石油、煤炭等能源运输研究

能源（煤炭、石油、天然气）是运输的主要对象，运量大、运距长，占用运输能力多。能源是交通运输的动力资源，每年消耗大量石油、煤炭、电力，并由此带来环境影响。因此，综合运输研究所从以能源运输为重点转向着力开拓集能源运输、运输用能与环境综合研究的新领域，寻求经济、合理、有效地解决能源运输问题的新途径。

1. 石油运输研究

1963~1964年大庆油田开发初期，运输界、经济界有些人士对大庆三高（高黏度、高含蜡、高凝固点）原油利用长距离管道输送有疑虑。综合运输研究所受国家计委领导指示研究大庆原油外运问题。通过深入调查研究，查阅大量国内外文献资料，进行管道运输与铁路运输技术、经济可行性分析，得出大庆原油利用管道输送，在技术上是可行的、在经济上是合理的结论，提出大庆原油外运逐步由铁路运输向管道运输过渡的意见。这项研究受到国家计委和石油部领导的重视，石油部翁心源总工程师给予高度评价，认为《大庆原油外运研究报告》“是一份供这一地区（原油运输）规划有价值的参考文件”。这项研究获1965年中国科学院科学奖。由于大庆油田生产形势好，原油产量迅速增加，1967年又继续对“大庆—大连、大庆—秦皇岛原油管道运输方案”进行研究，进一步论证大庆原油管道运输的可行性和经济性，提供管道建设决策参考。

在我国石油开发战略西移的形势下，新疆石油开发与运输是国家关注的焦点。1993年综合运输研究所受国家计委能源司委托，对新疆石油外运方案进行研究。经过技术经济论证，提出新疆石油近期由兰新铁路外运，当原油产量达3000万吨时，应修建新疆至洛阳的输油管道或进川输油管道，为管道建设时序和走向提供决策参考。长期以来，我国成品油运输主要由铁路承担，油品损耗大，铁路油罐车回空运输占用能力，浪费运力。为改变这种状况，综合运输研究所通过分析国外输油管道发展经验，并结合我国经济社会发展对成品油需求快速增加的趋势，研究提出成品油管道运输发展规划，积极推动成品管道运输的发展。

2. 煤炭运输研究

根据国家对“三西”（山西省、陕西省、内蒙古自治区西部）和西南地区能源基地建设部署，综合运输研究所对煤炭运输问题进行大量而持久的研究工作，先后做过山西能源基地交通运输建设规划、大秦运煤专用铁路可行性研究、神府煤炭外运通路比选优化研究、发展长江煤炭运输研究等，并提出山西煤炭外运 10 条建议。

随着我国煤炭开发布局西移和电力建设布点的可能变化，综合运输研究所最早研究输煤输电技术经济问题，对铁路运煤、管道输煤和高压输电进行系统分析，作出技术经济比较，得出不同煤质、不同电压、不同距离下输煤输电的经济合理界限，提出了建立能源运输综合体的建议：①煤炭开发，就地洗选；②高热值优质煤通过铁路或管道外运；③低热值及洗中煤就地发电，外输电力。这项研究为煤、电、运合理布局提供科学依据，受到有关部门重视。国家计委在《情况反映》中摘发了研究报告，国务院领导也肯定了研究成果，并确定了煤、电、运建设的方针。此外，综合运输研究所提出《晋北—京津唐、晋东南—江苏、华北—东北三个地区输煤输电技术经济比较报告》，康世恩副总理指示：“这种研究很好。”

为了寻求新的运煤方式，综合运输研究所率先开展管道输煤研究，进行管道输煤选点调研和技术经济论证，在国内首先提出管道输煤经济运量和合理运距界限，提出普通煤浆管道与高浓度煤浆管道优势结合的新工艺，为发展管道输煤指出方向。

五、交通运输技术政策研究

1982 年国家科委、国家计委、国家经委和国家建委联合下达重大科研项目——交通运输技术政策研究，组织原国家经委、铁道、交通、民航、管道等部门的科研机构和广大科技人员参加这一重大课题的研究。综合运输研究所作为这个项目的主持、牵头单位，负责项目的总体设计（提出20个子课题及其主要研究内容）、会议组织、各研究单位的协调、编辑出版《交通运输技术政策研究通讯》和《中国技术政策——交通运输卷》，直接承担“建立综合运输体系”“发展能源运输”“集、散、联运输”“计算机与交通运输管理现代化”等课题研究，并对各课题研究成果进行综合，撰写《交通运输技术政策要点》。该项研究历时两年，取得了重大科研成果，受到国家科委、计委、经委的高度重视，并将《交通运输技术政策要点》上报国务院，经国务院批准作为国家技术政策下达各有关部门实施。同时，国家科委以蓝皮书形式正式发布。这项研究引起各地方、各部门的高度重视，并对理顺交通运输与国民经济的关系，加强交通运输基础设施建设；加强各种运输方式的协调，发挥各自优势，形成合理运输结构，建立综合运输体系；促进能源运输、重载运输、快速运输、集散联运输和运输工具及管理现代化等，均发挥了重大作用，带来巨大的经济、社会效益，对我国交通运输发展产生了深远影响。该项目获1987年国家科技进步一等奖，是改革开放后首次获得国家级科技进步一等奖的软科学项目。由于综合运输研究所在交通运输技术政策研究及组织中的突出贡献，成为全国技术政策研究项目中唯一的获此奖项的单位。

第三节
综合运输体系的理论研究与建设

综合运输是一门新学科。综合运输研究所在致力于研究运输生产和建设实际问题的同时，不断开拓综合运输学科，发表了大量的学术论文，出版了许多学术专著或文集，取得了较大建树。经过多年的探讨和经验总结，综合运输研究所对综合运输体系进行定义，突破了苏联关于综合运输即各种运输方式综合利用和综合发展的界定，提出综合运输的科学概念——综合运输体系，或者叫综合的交通运输体系，它是各种运输方式在社会化运输范围内和统一的运输过程中，按其技术经济特点组成布局合理、分工协作、有机结合、连接贯通的交通运输综合体。综合运输体系的框架大致包含三个系统：

（1）具有一定技术装备的综合运输网及其结合部系统，各种运输方式衔接，方便旅客和货物快速、门到门运输。

（2）运输生产系统，即联运系统，以实现运输高效率，经济高效益，优质服务为目标，体现为组织各种运输方式实现全程运输和综合利用。

（3）综合运输组织、管理、协调系统，既实行宏观调控，统筹规划，又发挥市场对运输资源配置的基础作用。

上述关于综合运输体系的理论概括得到政府、企业和社会各界的普遍重视、赞同和接受，认为是对综合运输体系最具有权威性的解释，使有关综合运输的争论得到认识上的统一。

综合运输体系理论上的进展，不仅进一步推动实际问题的研究，还形成国家关于交通运输发展的指导方针，就是要在不断提高经济效益和社会效益的前提下，在我国建立和完善铁路、公路、水运、航空和管道各种运输方式协调发展、优势互补的综合运输体系，以适应经济和社会发展、改革开放和国防建设对交通运输日益增长的需要。全国、各省（市、区）、各地市在五年或十年经济社会发展计划中，都普遍以建立综合运输体系为目标来部署交通运输建设。综合运输体系不但得到国家领导的赞同，而且从20世纪80年代末期开始，“综合运输体系”均被列入党和国家的主要文件。建设综合运输体系已经成为我国交通运输业发展的目标和指导方针。

交通运输的创新驱动，要围绕“四个交通”目标，把智慧交通建设作为主战场，把云计算、大数据、物联网等现代信息技术的研发、推广、应用作为主攻方向，争取在一系列关键技术上取得重大突破，以信息化智能化引领交通运输现代化。要实现这一目标，交通运输系统各级领导干部要强化互联网思维，注重通过信息流、物流、资金流与各种传统业态的融合发展，推动新兴业态发展壮大，为交通运输这个传统产业插上创新创意的翅膀，带动综合交通、绿色交通、平安交通提质上档。同时，实施创新驱动战略，一靠人才，二靠机制。交通运输系统科研教学单位，要围绕交通运输创新主战场和主攻方向，加大创新人才培育培养力度，加快完善科技创新体制机制，着力构建企业为主体、市场为导向、产学研相结合的创新体系，促进科技成果产业化、市场化，提高科技创新对交通运输发展的贡献率，使科研真正成为创新驱动的重要推动力量。

一、综合运输理论研究的主要方面和对交通运输大发展的主要贡献

交通运输的大发展是在相关交通运输理论研究和成果的基础上，由政府部门形成相应的发展认识、决策、政策所推动的，同时，交通运输的建设与发展又进一步推动和丰富了理论研究。这一时期交通运输理论非常活跃，综合运输体系理论不断得到充实和逐渐完善，为交通运输的大发展提供了较强有力的科学决策基础。

1. 与综合运输体系理论有关的主要研究

（1）进一步根据工业化、城市化的发展以及经济全球化的发展趋势，对交通运输与国民经济的关系、交通运输发展战略、现代综合运输体系的概念和内涵、符合中国国情的综合运输体系框架构建进行了相应的研究。

（2）进一步研究了各种运输方式新的技术经济特征、各种运输方式在综合运输体系中的地位和作用、未来交通运输需求和发展要求、各种运输方式的中长期发展规划、综合交通网规划。

（3）进一步研究了交通运输管理体制改革、各种运输方式的投融资体制和机制创新、投（筹）融资渠道拓展、农村交通以及公益性基础设施投资建设方面的政策。

（4）进一步研究了区域经济一体化发展的交通运输规划、全国交通网络运输枢纽布局与建设、城市交通发展等。

2. 理论研究对推动交通运输大发展的主要贡献

（1）构建现代综合运输体系的理论以及对满足人均 GDP 达到 3000 美元以上随经济社会持续平稳较快发展而不断增长的多样化、个性化交通运输需求的研究，为进一步加强各种运输方式的发展和建设高技术质量水平的骨干网络提供了有力的理论支持。

（2）对新技术应用和更高网络化水平的各种运输方式的技术经济特征进行了进一步细分研究，以及形成了综合运输大通道理论，有力地推动了大通道交通基础设施的建设和组合发展，同时也对各种运输方式在区域城际交通中的功能组合提供了理论支撑。

（3）对以构建符合我国国情的现代综合运输体系为总目标的各种运输方式的发展规模、布局框架、质量结构的规划研究和制定各种运输方式中长期发展规划，进一步推动了各种运输方式持续快速发展，对加快完成大发展过程起到了重要的理论指导作用。

（4）投融资体制、机制以及政策研究，对各种运输方式加快发展的建设资金筹措提供了思路和决策基础。

二、综合运输体系的综合集成系统方法论

1. 综合交通运输系统可分为区域综合交通运输系统和城市综合交通系统

对区域综合交通运输系统进行基础性研究的目的，是运用系统工程理论、经济学原理、交通运输工程学方法等多学科基础理论，建立综合交通运输系统分析基本思路和逻辑框架，以科学发展观的思想审视综合交通运输系统的结构和发展，研究综合交通运输系统发展的基本规律。

基于综合交通运输系统的复杂性，对于综合交通运输系统的研究，主要从以下三个方面进行。

（1）对综合交通运输系统及构成进行了研究，分析界定了综合交通运输系统的概念及演化，阐述综合交通运输系统的基本构成关系，研究比较

了不同运输方式系统构成要素的特征，并对国内外理论研究进展进行评述。

（2）对综合交通运输系统发展进行了研究，分析了综合交通运输发展的基本规律和系统演化关系；研究了综合交通运输系统与社会经济系统的基本关系，从适应性角度出发，分析论述综合交通运输资源的时间配置和空间配置理论；研究了运输通道形成发展及特征。

（3）对综合交通运输需求进行了理论分析，在综合交通运输需求的一般特性和影响因素分析的基础上，提出综合交通运输需求理论分析框架。

综合运输的实践效果日益凸显，对综合运输的理论探讨和研究正在逐步深入。随着综合交通的提出，其发展备受学者关注。学者们通过各自的研究为综合运输提供发展的新的思路，并提出政策意见。

综合交通运输体系是一个开放的复杂巨系统，20 世纪 80 年代后期，钱学森在以往实践研究的基础上，从系统的概念出发，对系统本身进行了深入研究。其中总结了像社会系统、经济系统等系统的几个共同的特征：①系统所包含的子系统很多，成千上万，甚至上亿万，子系统间可以各种方式通信；并且子系统的种类繁多，各有其定性模型，有几十、上百，甚至几百种。②系统与其子系统不断与外界进行物质、能量和信息的交换。③系统中子系统的结构随着系统的演变而变化，则系统的结构是不断改变的。钱学森抽象概括了具备以上特征的系统，称之为开放的复杂巨系统（Open Complex Giant System，OCGS）。

构成综合交通运输体系的子系统数目繁多，如从运输方式来讲，有五种运输方式构成的独立交通系统，同时联运方式、交通枢纽等将这些子系统紧密结合起来；若按地区来划分，又有区域的交通系统。并且在大系统中的子系统都具有多层次的结构，子系统之间和子系统内部各个环节之间的关系很复杂。同时综合交通运输体系与国家政治、经济和环境有非常密切的交互关系，不断地发生着物质、信息和能量的交换。随着社会经济的发展和向科学的发展观的转变，综合交通运输体系的发展也经历着演变。因此，综合交通运输体系是一个开放的复杂巨系统。针对复杂巨系统（OCGS）问题，钱学森提出了从定性到定量的综合集成系统方法论。OCGS 问题以下也简称为复杂问题。

2. 综合集成系统方法论（Meta-synthesis System Approach，MSA）

从定性到定量的综合集成系统方法论的正式提出是在1990年，1992年钱学森又提出“综合集成研讨”（Hall for Workshop of Meta-Synthetic Engineering，HWMSE）的概念，强调充分利用信息技术的进步和革命，利用专家的经验和智慧，人机结合，以人为主。综合集成方法及研讨体系，之后又被提炼为“大成智慧工程”。自方法论提出之后，有关学者进行了研究。综合集成方法的实质是“通过将科学理论、经验知识和判断力（知识、智慧和创造性）相结合，形成和提出经验性假设（如判断、猜想、方案、思路等），再利用现代计算机技术，实现人机结合、以人为主，通过人机交互、反复对比、逐次逼近，实现从定性到定量的认识，从而对经验性假设作出明确的科学的结论”，简洁地讲，即是“大胆假设，小心求证”。

具体的综合集成方法包括三个方面：

（1）定性综合集成。由不同学科、不同领域专家组成的专家体系对所研究的复杂巨系统和复杂性问题，进行多学科的交叉研究，提出经验性假设，形成定性判断。

（2）定性定量相结合的综合集成。在定性判断的基础上，结合专家经验和知识分别建立不同假定下的系统模型，通过分析、仿真和实验，对经验假设的正确与否给出定量描述，从而增加了新的信息，这个过程可能反复多次。

（3）从定性到定量的综合集成。由专家体系对定性定量相结合的综合集成得到的结果进行综合集成，通过人、机结合，反复比较，逐次逼近，直到专家们认为定量结果是可信的，也就完成了从定性到定量的综合集成。如果定量结果否定了原来的经验性判断，那也是一种新的认识，又会提出新的经验性判断。

运用综合集成方法是综合—分解—综合的过程，在分解后研究的基础上，再综合集成到整体，实现“1+1>2”的飞跃，达到从整体上研究和解决问题的目的。

三、综合运输体系研究中综合集成建模策略或方法

不确定性是导致结构问题向非结构化问题转化或者演变为复杂问题的主要因素之一。我们期望通过多种建模方式研究综合交通运输系统乃至与之相关联的经济系统等复杂系统的不同侧面，找出或明确该系统的许多以前不为所知或者不确定的因素，为决策部门提供对综合交通运输系统建设或者运营中的问题较单一建模方式更全面的认识。

自 20 世纪 90 年代以来有关复杂性科学的研究成为热点，其中有 J. Holland 所提出的复杂适应系统。钱学森曾将复杂性研究看作是开放的复杂巨系统的动力学问题的研究。复杂适应系统（Complex Adaptive System，CAS）的一般定义是，系统结构能适应环境的变化，并能调整自身的结构，从而涌现出具有新的功能的系统，开放的复杂巨系统（OCGS）子系统种类很多并有层次结构，子系统之间关联关系又很复杂，且与周围环境有物质、信息、能量的交换。在定性综合集成的基础上，采用多智能体系统（MSA）仿真的方法对客运系统进行模拟，重点考察分析了铁路和公路在旅客运输方面的竞争合作关系，仿真结果印证了我们一些初步的假设，为深入研究客运提供了有用的信息。

建模是一种基本的手段，是定性定量相结合的综合集成过程中非常重要的一环。综合集成方法强调复杂问题求解或者复杂系统建模需要有多种视角（Perspectives），力求形成对问题的较为完整的想定（Scenario）。根据 Ackoff 所提出的建模基本原则，以及近年来复杂系统研究所采用的各种方法，概括总结了以下六种建模策略或者方法用于研究复杂巨系统问题：

（1）基于机理的建模（Modeling by Knowing Mechanism），如描述经济区的形成及其对流量和流向的影响的计量经济模型；从国民经济的预期发展、对各部门的产出要求出发探讨运量的变化的投入产出模型。

（2）基于类比的建模（Modeling by Analogy），如基于案例的推理，根据历史上社会经济发展水平相当的国家或者地区的交通运输体系建设的情况分析预测我国综合交通运输的发展。

(3) 基于规则的建模（Modeling by Rule），如基于 Agent 的建模；运用复杂适应系统理论分析个体行为基础上的群体的行为特征。目前已经有许多支持 MSA 的工具平台，著名的有美国的圣菲研究所开发的 SWARM，其他的还有 ASCAPE、REPAST、TNG-lab、AgentSheets 和 StarLogo。

(4) 基于数据的建模（Modeling by Data），如各种统计模型，系统重构模型等；在总项目中，存在大量的统计分析模型对运输流量进行预测分析等。

(5) 基于演化的建模（Modeling by Evolution），例如系统演化模型，也包括复杂性研究中的常用方法，例如混沌、分形、元胞自动机等。

(6) 基于学习的建模（Modeling by Learning），如基于数据挖掘和知识发现的各种模型，人工神经网络模型。本质上，基于学习的建模还是基于数据，但更强调从大量的数据中揭示出隐藏的知识；也强调人的参与，特别是建模过程中吸收专家的经验，改进基于纯数据而建立的模型。

四、综合运输体系研究中综合集成方法的应用

下面来看一下 MSA 在项目中的具体实践。根据“大胆假设，小心求证”的思想，首先运用研制的群体研讨环境对项目研究的内容、方法等专家群体讨论进行分析处理，对专家意见定性综合集成提供有效的计算机支持；在定性综合集成的基础上，通过基于规则的建模，建立铁路和公路两种运输方式客运系统模型，比较人们对两种运输方式变化的行为对策而导致运输系统的变化。关于 MSA 在综合交通运输体系研究中的应用，以 MSA 在旅客运输量变化分析中的应用为例。

旅客运输是交通运输系统中的重要组成部分，由铁路、公路、水运及民航四种运输方式共同承担。不同运输方式之间存在竞争和合作，旅客运输对象（即人）的行为又具有主观性、不确定性的特点，这种复杂的关系大大限制了人们对旅客运输量变化规律的认识。基于规则的建模，主要表现为多智能体系统仿真是研究该复杂问题的一个办法。多智能体（或主体，Agent）来源于对所研究具体对象实体的抽象，是一种自身具有主动行为的

“活”的个体。通过定义不同 Agent 的决策和行为规则，建立了由 Agent 聚集在一起形成的系统的模型，通过计算机上模拟，分析聚集的行为变化。近年来，多智能体建模和仿真在生产、环境、城市、社会、经济和交通等许多领域的研究中有了大量的尝试。

基于这种思想，我们构造了一个基于 Agent 的旅客运输量变化分析模型，并借助于 StarLogo 平台，开展了模拟实验研究。

1. 开发工具介绍

多智能体系统仿真的开发工具很多，SWARM 是这方面出现得比较早、影响比较大的一个软件，产生于美国的圣菲研究所（Santa Fe Institute，SFI），用来帮助科学家分析复杂适应系统；还有美国布鲁金斯学院研制的 ASCAPE；芝加哥大学社会科学计算研究中心开发的 REPAST；美国 OHIO 大学开发的 TNG-lab 以及 AgentSheets 公司开发的 AgentSheets 和麻省理工学院开发的 StarLogo。

每一个开发工具都有其各自的特点和作用，出于具体研究需要，我们选用的是 StarLogo 开发工具。StarLogo 是一个可以编程的建模环境，用来研究分散系统的运行机制。StarLogo 包括三个重要的组成部分：海龟（Turtles）是 StarLogo 世界里的居民，你能使用海龟代表任何类型的主体，如交通系统中的车辆，免疫系统中的抗体，空气中的分子等，同时，你可以为海龟增加很多特有的属性；碎片（Patches）是海龟活动的场所；观察者（Observer）能够观察和监控现有的海龟和碎片的活动，还能够创建新的海龟。利用 StarLogo，可以模拟现实中的很多现象，例如鸟类聚集、交通阻塞及市场经济等。

2. 研究概述

影响旅客运输的因素一般可以从交通系统外部和交通系统内部两方面来分析。社会人均收入水平、生产布局、产业结构、城镇化等属于系统外部因素；而交通系统信息化水平、服务水平、新技术含量和运输价格等是影响旅客运输量变化的重要内部因素。通过查阅相关资料和归纳总结，我们把系统内部因素概括为安全性、舒适性、方便性、快捷性、经济性五个方面。模型主要研究系统内部因素所引起的旅客运输量的变化，考虑的交通运输方式是铁路和公路。

3. 仿真模型设计

模型中，Agent 就是旅客运输服务的对象——人。因此模型设计需要解决与人的行为有关的几个问题：①人们在什么情况下会出行——刺激出行；②人们在出行的时候会选择哪一种运输方式——运输方式的选择；③出行的终止。

从 Agent 的思想出发，对交通运输系统旅客运输量的变化进行了初步探讨，主要分析了系统内部因素对铁路和公路旅客运输量的影响，通过对 Agent 进行仿真，对运输量变化的认识从定性的一些假设上升到一些定量的结论。仿真的结果对运输资源的合理分配、运输价格水平的制定等有一定的参考价值，进一步可得到容量的限制对运输系统设计与建设方面的一些启示。由于仿真平台的限制，模型的设计没有考虑更多的因素，如没有区别商业出行和私人出行。可以说，MAS 为我们分析复杂系统行为提供了一种途径，但真实的建模仍有一定的困难。在其他有关的建模中，围绕综合交通运输体系的效益和效率进行了计算与评价，为此，以构建我国综合运输体系评价指标体系为论题作了一些研究，建立了综合评价支持系统，试图为综合本专题的定性定量模型搭建一个平台。

此外，综合交通运输体系的建设和经营离不开系统评价，以构建我国综合运输体系评价指标体系为主题，从系统角度出发，引入了 Input-Output-Outcome 的结构，并综合考虑了经济、技术、社会、环境等方面的因素，广泛收集了相关的指标，搭建了评价支持系统的架构，并开发了计算机软件，以供今后进一步使用。

例如，综合评价支持系统。从评价系统行为的两个最主要的指标——效率（Efficiency）和效益（Effectiveness）出发，引入 Input - Output - Outcome（投入—产出—贡献）框架，建立对综合交通运输体系的评价指标模型。其中，Input 是系统的投入；Output 是系统的产出，从系统的产出水平来评价系统运行的效率；Outcome 是系统的贡献，也就是系统目标的实现，用系统的贡献水平来评价系统运行的效益。

首先是综合交通运输评价指标库。综合交通运输体系的投入（资源）可以分为人、财、物三部分，人力就是交通运输业所拥有的职工人数；财力就是用于综合运输建设的投资，具体包括基本建设投资、更新改造投资、用于购买运输设备的投资等；物力就是现有的综合运输体系的发展规模，具体来说有各种运输方式线路里程、运输线路质量、主要运输设备数量等。其次是综合运输体系的产出（效率），是相对投入和劳动对象而言的，对货物和旅客来说，产出就是客货在空间上发生的位移；对交通投资来说，产出就是新建成的国家基建项目、更新改造项目或新购进的运输设备数量等。最后是综合交通运输体系的贡献（效益），是综合运输体系的投入产出所带来的经济效益、社会效益、环境效益。从综合运输体系的投入、综合运输体系的产出和综合运输体系的贡献三个方面来分析和评价综合运输体系。①

综合交通运输体系评价指标库包括了两种评价指标分类方法，即根据投入—产出—贡献进行分类和根据运输方式的技术经济特点进行分类。每一条目包括该指标的定义，单位和评测方法。用户可浏览评价指标库，进行查询、增加、修改和删除指标等操作。综合运输体系评价指标包括综合运输体系投入指标、综合运输体系产出指标和综合运输体系贡献指标。

（1）综合运输体系投入指标。①人力投入指标。交通运输业职工人数等。②财力投入指标。交通运输业固定资产投资（基本建设投资，更新改造投资及其他）占全国固定资产投资比重，交通基建投资占运输邮电业基建投资比重等。③物力投入指标。道路线路长度，运输线路质量（铁路复线里程比重、等级公路比重等），民用航空航线条数，民用航班飞行机场数量，主要运输工具数量（民用汽车拥有量、民用运输船舶拥有量、铁路机车数量、民用飞机架数等），技术装备先进性水平，公路密度等。

（2）综合运输体系产出指标。产出指标：货运量及货运周转量，客运量及客运周转量，每万美元外贸额外贸货运量与港口吞吐量，我国每万元

---

① 聂锟，唐锡晋．关于我国综合运输体系评价指标的探讨［J］．管理科学与系统科学新进展，2003（8）：41.

国内生产总值的全社会货运量（客运量），客运密度，货运密度等。

（3）综合运输体系贡献指标。①经济贡献指标。交通运输业产值占GDP 比重，交通运输业增加值，交通运输业对其他部门（产业）的拉动或推动等。②社会贡献指标。新创造或提供的就业岗位数量，舒适性（每百万旅客人公里拥有座等）、安全性（交通事故死亡人数和受伤人数，交通事故损失折款）、便利性、直达性、准时性、流动性（反应速度、时间和服务的频率）等。③环境贡献指标。交通运输污染物排放量，遭受严重飞机噪声污染的人数，每吨公里（人公里）能源的消耗等。

指标库的建立是为了对综合交通运输体系进行评价。评价可结合不同的评价任务在不同层面展开，如综合评价，设置相应的指标参数值，通过收集相应数据，进行计算，得出一个有关我国综合运输体系发展状况的总体指数；也可分别对某一层面，如综合运输体系的投入、产出和贡献等单独评测，研究出我国综合运输体系发展中的薄弱环节，为国家运输部门就我国综合运输体系的调控、投资和资源分配提供决策依据。

上述过程体现了指标库所代表的综合交通运输体系本身随着社会的发展不断演化。面对评价的具体任务（问题），系统根据当前资源，提供相似案例，帮助用户得到评价任务的解决方法。同时，强调人机结合，以人为主，如利用专家知识。用户直接选择指标或者通过专家咨询获得评价方案。系统会提供定量评测或者定性定量相结合的评测方法，供用户使用；用户也可在系统之外寻找其他的方法（远程资源），满足当前任务的需求。有关方法与案例库实际上可视为属于模型体系，或者机器体系；咨询专家属于专家体系。这样在对评价问题的求解过程中，运用“性智”（专家和用户）和“量智”（支持系统中的指标库，案例库和方法库，以及外界资源等）的结合完成评价任务。将评价结果作为完整的案例保存在案例库中，有多种用途，如对同一问题在不同时期的评价做纵向对比，以考察评价对象的变化；也可对不同的区域的同一评价任务下分别计算进行横向对比。此外，可为今后研究提供素材。

五、综合运输理论研究的启发和思路

欧国立在其论文《三维（FSO）综合交通运输理论阐释》中提出了三维综合交通运输理论，即提出了包含功能维度、结构维度和运作维度的三维综合交通运输理论并对其经济内涵进行了解析，从经济学角度构建了综合交通运输的理论分析框架，提供了分析综合交通运输问题不同的思维角度。在对基于运作维度的一体化运输发展的分析中，提到了“准时化生产”（Just In Time，JIT）的概念，强调不同运输方式间的联合协作是决定运输效率的关键因素。“Just In Time”一词所要表达的本来含义为“只在需要的时候，按需要的量，生产所需的产品”，即追求一种无库存生产系统，或使库存达到最小的生产系统。事实上，“Just In Time”的理念在一体化运输中起着核心思想的作用。从字面上可以看出 JIT 主要强调的是“时间”，而且强调的是“适时”或“准点”，也就是在客户需要的时候正好将产品送达，不要提前送达，也不要提前生产，无需不必要的货物存储。例如，多式联运体现出一种对时间成本节约的追求，通过准点供货以满足生产企业和消费企业的“零库存”要求。在运输这一环节上，运输方式的衔接是至关重要的，无缝隙的运输链条是人们未来追求的运输服务。集装箱与多式联运的结合，即集装箱多式联运的出现和发展使这一追求的目标越来越成为可能。

荣朝和等在其论文《综合交通：到了从制度层面根本解决的时刻》中认为综合运输体系的发展除了必须克服体制障碍，还必须深化研究，尽快达成思想共识。目前经济和运输业发展的水平和状况，都已经到了必须从更高层次制定运输政策的阶段，即不仅考虑每种运输方式各自的系统效率，更要同时考虑综合交通运输、高效物流体系、城市化、全球化和可持续发展层面的问题，要求相应更高级别的综合管理部门发挥主导作用。运输业发展阶段性的转变已经提出尽快对运输业管理体制进行相应调整、制定综合性运输政策与规划、促进运输业协调健康可持续发展的强烈需要。①

① 荣朝和，谭克虎．综合交通：到了从制度层面根本解决的时刻［J］．综合运输，2008（1）：36.

笔者认为目前在综合运输领域除了体制性障碍，理性思考严重欠缺的影响也十分明显。综合运输体系的顺利推进，有赖于更有深度的理性认识和更加广泛的社会共识。现有理论与政策研究的滞后，使得相关问题未能得到正确认识，当然也难以提供必要的解释并为解决问题提供恰当思路。目前运输业发展中的问题对现有经济学、政策学、规划学、运输管理学、系统理论等都提出了挑战，要求对已有的理论分析框架进行重大改进和创新。如果不能从综合交通运输的基本概念、理论和体制上厘清问题，就难以从根本上扫清建立综合交通运输体系的实现障碍，就难免重复过去几十年只不断提口号，却找不到落实途径的怪圈。

另外，还有学者认为我国的综合交通运输需求理论发展处于起步阶段，新理论的发展需要有效地结合我国特殊的社会环境、经济环境以及政策环境。在快速发展时期，新的需求理论应当能敏感地反映运输系统和社会的变化，准确地评价政策对环境、能源及经济的影响。考虑到我国特色的行政体制，建立新的统计系统和信息共享平台成为新的需求理论在实践中能否应用的关键。①

通过对综合运输的研究和实践，得出以下五点认识。

第一，按照系统化目标建设综合运输体系，也就是交通运输体系的布局与结合要合理化，要充分发挥各种方式的比较优势，提供优质服务，降低成本消耗。同时要实现运输结构的调整，提高整个运输系统的供给能力，这也是从 20 世纪 90 年代以后，正在大力做的。

第二，实现运输全过程的紧密连接与一体性，包括交通基础设施与运输装备的适应性，运输组织与管理，运输管理体系，运输规则，运输市场化等的统一。还有就是交通运输的体系，包括设备、设施、装备、组织、信息的标准化。

第三，促进各种运输方式经济性不断进步和技术水平不断提高。要利用新科学技术武装交通运输业，要促进新交通运输技术的使用，兼顾各种运输方式及其内部采用先进技术的协调与统一，转变交通发展方式，提高

---

① 毛保华，彭宏勤，贾顺平．中国综合交通体系发展趋势研究［J］．交通运输系统工程与信息，2010（2）：10.

运输生产效率。

第四，实现可持续发展，节约资源和减少环境污染，根据资源的分布，合理有效地利用资源，积极发挥和使用低资源消耗的运输方式，例如轨道交通。广泛采用节约资源和减少污染的运输技术，实施有效地引导运输需求的政策。

第五，为全社会提供安全性、可靠性、及时性、便捷性、舒适性和个性化运输服务。最大地满足社会运输服务需求；统筹城乡、地区等运输服务；提供普遍性的公共运输服务；在合理引导运输需求下，提供个性化的运输服务条件。

对综合运输体系的一些理念和概念或者内涵，我国在计划经济和市场经济结合与转轨的不同环境中，走出了一条中国特色的综合运输体系建设道路，综合运输已成为运输界以及全社会的共识。由于综合交通运输体系是开放的复杂巨系统，在对该系统及其发展演变的认识中体会到系统方法的优越，同时也感到问题的复杂和困难，事实上，将综合交通体系作为不可分割的统一体，从不同的视角出发，对综合交通体系的关键问题进行系统、一体化理论研究和实践应用才刚刚开始，需要大量深入细致的工作，为推动资源有效配置的经济、高效型综合交通体系建设提供科学理论和技术支撑，为我国在 2020 年全面建设小康社会奠定理论基础。①

第四节
综合运输发展背景下交通运输立法需求分析

发展综合交通运输是适应我国经济社会发展新阶段、新形势、新任务的现实需要和长远需要，符合世界交通运输发展规律和发展趋势，是新时期加快转变交通运输发展方式的重要体现。综合交通运输体系是各种交通

① 欧国立．三维（FSO）综合交通运输理论阐释［J］．运输经济与物流评论，2010（7）：52.

运输方式在现代经济条件下共同组成的布局合理、优势互补、分工明确、衔接顺畅的运行系统和服务系统。在交通运输发展过程中，法律法规具有重要的引领、规范和稳定作用。在新形势下，研究制定综合交通运输的法律法规政策和标准规范，促进各种交通运输方式法律法规政策标准的衔接，建立有利于多种运输方式优势互补、相互协调的综合交通运输法规体系，对加快形成综合交通运输体系，提高交通运输业的供给能力和水平具有重要意义。

一、综合运输体系的构建及交通运输立法存在的问题

综合交通运输建设是一项复杂的系统工程，需要不断解决各种矛盾和问题。其关键在于通畅多种运输方式之间的衔接、统一标准、合理布局、促进整体优势和组合效率的充分发挥。而在大部制成立之前，除了短暂的历史时期以外，我国交通运输业长期实行分部门管理：原交通部主管水路运输和公路运输；原建设部负责指导城市客运；原民航总局负责航空运输；原国家邮政局管理邮政行业。在这种背景下，民航、邮政、城市公交和公路、水路交通部门处于分别管理的状态。在这一现实下，经过几十年的发展、积累，各部门基本形成了各自独立的立法体系，在解决综合运输发展的关键问题上，仍然存在一系列不足的地方。

1. 促进和协调综合交通运输的纲领性立法尚存空白

长期以来，我国交通运输立法都立足于独立的交通运输方式展开，主要规定各交通运输方式内部的相关制度，未能从宏观角度通盘考虑综合交通运输体系构建的相关问题，从而导致促进和协调综合运输的纲领性立法缺失。而综合交通运输建设涉及多个部门职责，需要不同系统单位和地区联动，需要通过专门立法建立一整套纲领性、宏观的、前瞻性的综合交通运输促进和协调法律制度，从整体上为不断推进综合交通运输体系的建设提供制度保障。

2. 综合交通运输的某些关键环节立法缺失

综合交通枢纽的建设管理、多式联运市场的培育和规范、多式联运承运人的民事法律责任等综合交通运输关键环节的方面，均涉及不同功能、不同部门和不同行业主体的关系的整合和协调，任何单一交通运输方式的法律制度都难以对其进行规范，需要确立特殊管理体制和机制。而长期以来，我国交通运输立法主要立足于规定各交通运输方式内部通道、枢纽和运输组织的相关制度，对上述综合领域缺少制度规范，不利于我国综合交通运输体系的构建。

3. 现有各交通运输方式自身立法还不完善

当前，公路、水路、民航、邮政交通工作的主要领域已基本实现了有法可依。但是，现有很多法规还是在计划经济时期或在由计划经济向市场经济转轨时期起草制定的，部分法规已不能适应社会主义市场经济发展的需要，即使后期制定的法规、规章也在一定程度上存在对行业发展规律认识不足的问题。例如，国内水路运输市场立法已经比较陈旧、航道法迟迟不能出台、城市交通立法仍是空白、通用航空立法难以适应通用航空事业发展要求等。

二、促进综合运输体系发展的关键立法项目建议

为充分发挥法律、法规的规范和引领作用，解决当前综合运输体系构建中的关键性问题，调整不同运输方式之间的衔接、配合和协调过程中的运输主体之间、政府主管部门与运输主体以及政府主管部门之间的关系，在今后一个时期，应着力加强跨运输领域立法，在以下几个立法项目上寻求突破。

1.《综合运输促进法》

鉴于我国综合运输体系建设所处的阶段，不同运输方式管理仍涉及多

个部门，跨行业运输及其管理仍处于摸索阶段，直接制定实质意义上的《综合运输法》尚不具备条件。但是综合运输体系建设和推进又迫切需要建立一整套纲领性、宏观的、前瞻性的综合交通运输促进和协调法律制度。因此，建议制定《综合运输促进法》，从协调管理、衔接配合和激励创新的角度促进综合运输发展：①我国综合运输发展的原则和目标，为我国综合运输的发展指明方向。②综合运输的协调机构及其工作机制，建立不同领域和部门的协调机构和工作机制，为综合运输的发展扫清体制障碍、提供机制保障。③各种运输方式的规划、建设项目和运力投放等的协调原则和制度。④综合交通运输信息服务的整合与协调原则。⑤发展综合运输的激励原则和机制，吸引各方力量，促进经营模式和运输技术创新，共同推动我国综合交通运输的发展。

2.《综合运输枢纽法》

综合交通运输枢纽作为连接不同运输方式主要客货运通道的结点，是综合交通运输基础设施的关键组成部分，其建设运行管理必须有效整合和协调不同功能、不同部门和不同行业主体的关系，任何单一交通运输方式的法律制度都难以对其进行规范，需要确立特殊的投资、规划、建设、运行和管理体制和机制。建议制定《综合运输枢纽法》，对综合交通运输枢纽设施的建设运行和管理予以规范，并指导重点枢纽城市综合交通运输体系的规划、建设运行等。

3.《多式联运经营条例》

多式联运作为一种新的运输组织方式，其组织模式不同于单一运输方式、活动的范围超出了现有各运输方式范围，当事人之间关系更为复杂，现有各单一运输方式法律制度规范难以有效规范多式联运活动。建议新立《多式联运经营条例》，根据多式联运的特征，建立新的法律制度体系，明确界定多式联运经营的内涵，统一运输组织标准规范，促进此种运输组织方式的发展。

三、坚持把推进法治建设作为交通运输加快发展的根本保障

法治体系是国家治理体系的骨干工程。加强交通运输法治建设，在法治轨道上推进交通运输改革发展，是交通运输行业兴旺发达的根本保障。

1. 加强顶层设计和整体谋划

认真贯彻落实中共十八届四中全会各项任务，制定全面推进交通运输法治政府部门建设的指导意见。

（1）要准确把握全面推进依法治国工作布局，围绕十八届四中全会提出的“建设中国特色社会主义法治体系，建设社会主义法治国家”的总目标，推进交通运输科学立法，加快形成完备的法律规范体系、高效的法治实施体系、严密的法治监督体系、有力的法治保障体系。深入贯彻交通运输部《关于全面深化交通运输改革的意见》，不断优化运输行业改革的顶层设计，明确改革的路线图和时间表，确保重点领域和关键环节改革尽快取得实质性进展。坚持整体推进和重点突破相结合，加快推进综合运输管理体制、公共交通管理体制、国际道路运输管理体制、客运线路资源配置、成品油价格补助、货运组织方式、汽车综合性能检测、营运车辆二级维护等方面改革，解决好制约行业发展的深层次矛盾和问题，把改革红利释放出来，把市场活力激发出来。

（2）着力加强行业信息化建设。要按照“整体规划、集中实施，统一接入、复制推广，重在主体、兼顾个体”的思路，全面推进运输管理信息系统建设，确保年内基本实现全国互联互通。要加快出租汽车管理信息化建设，加快客运联网售票系统、智能公交系统建设，统筹各种信息资源，方便人民群众出行。

（3）着力管控社会预期。要适应新常态要求，加强交通运输宣传，善于利用媒体推动工作，积极回应社会重大关切，努力争取人民群众的理解和支持。要加强交通运输政策营销，在一些重大政策措施出台前，政府先不要急于去说，先让专家去讨论，让新闻媒体去发声，待时机成熟后，政

府再出来说话，老百姓更能接受，也更有利于工作的推进。

2. 建立健全综合交通运输法律法规体系

颁布《关于建立综合交通运输法规体系框架的实施意见》《交通运输法规制定程序规定》，加强《航道法》的宣贯实施，推进《海上交通安全法》《城市公共交通条例》《收费公路管理条例》《快递暂行条例》《道路运输条例》等重点法律法规的修订与立法进程，建立健全规范性文件有效期制度和清理制度。

例如 2014 年，交通运输部坚持依法行政，深化法治政府部门建设。一手抓科学立法，一手抓严格规范公正文明执法。《航道法》表决通过，《城市公共交通条例（送审稿）》通过国务院法制办审核，《海上交通安全法（修订）》《收费公路管理条例（修订）》《快递暂行条例（送审稿）》《铁路交通事故应急救援和调查处理条例（修订）》正积极推进。全年共发布部颁规章 22 件，废止 37 件。印发《关于加强公路路政执法规范化建设的若干意见》，开展全国公路执法专项整改。严格执行“五个禁止”规定，深化海事政风建设。

3. 要准确把握全面推进依法治国重点任务，着力推进依法行政

加快建设交通运输法治政府部门，完善依法决策机制，深化交通运输行政执法体制改革，坚持严格规范公正文明执法，加强对交通运输行政权力的制约和监督，建立权责统一、权威高效的交通运输依法行政体制。稳步推进交通运输综合行政执法改革，减少多层执法、多头执法、重复执法。加强依法行政能力建设，进一步推进“三基三化”建设，开展执法评议考核，完善权责一致、行为规范、运转协调、科学高效的行政执法体制。探索建立政府法律顾问制度，规范行政复议案件办理程序，积极疏导涉法涉诉信访转入司法渠道解决。

例如 2014 年，交通运输部加强顶层设计，全面深化交通运输改革。研究制定《全面深化交通运输改革的意见》，部署 9 项改革试点任务，取消下放 26 项行政审批项目，将 12 项工商登记改为后置，建立管理权力清单制

度，加强事中事后监管。积极推进综合交通运输体制改革，着手编制《综合交通运输“十三五”发展规划》；稳步推进重点领域和关键环节改革，认真推进鼓励社会资本投资的19个交通示范项目，推进交通运输业“营改增”试点，在上海自贸区实施6项航运开放政策。

4. 要进一步增强全行业法治观念，深入开展法治宣传教育

把法治教育纳入精神文明创建内容，加强诚信体系建设，健全依法维权和化解纠纷机制，全面提高交通运输系统干部职工运用法治思维和法治方式深化改革、推动发展、化解矛盾、维护稳定的能力。到全面小康社会建成时，基本形成交通运输领域基础性制度体系，基本建成法治政府部门。

（1）要全面深化改革，把完善综合交通运输管理体制与运行机制、促进综合交通运输融合发展与协同发展，作为改革主攻方向；继续深化投融资体制改革，继续深化行政审批制度改革，加强诚信体系建设。

（2）要全面推进法治建设，加快形成完备的综合交通运输法治制度体系、高效的交通运输法治实施体系、严密的交通运输法治监督体系、有力的交通运输法治保障体系；基本建成职能科学、权责法定、执法严明、公开公正、廉洁高效、守法诚信的交通运输法治政府部门。

（3）要全面提升决策力、执行力，全面加强基层基础基本功建设、人才支撑能力建设、行业软实力建设。

第五章

新常态下综合交通运输体系的发展规划和愿景展望

交通运输业一般简称运输业，泛指从事货物、信件、旅客运送的社会生产部门，被誉为社会机体的“动脉”。虽然运输业并不创造新的物质财富，但却在连接社会各地区、各部门，促进物资交流和人员往来方面发挥着巨大作用。综合的交通运输体系是现代物流的基础，而我国的交通运输业还处于分割状态，因而将行业所有资源进行整合，特别是加强与铁道部的联系是交通运输业取得重大突破的关键。交通运输是物流体系的重要组成部分，但从目前的发展形势来看，还存在技术性和体制性的问题，需要加大行业关键技术的研究力度，国家各部门如交通运输部和铁道部也要加强协调，实现全国整体规划和空间布局一体化。

按照系统完善、配置合理、结构优化、关系协调、技术进步、紧密衔接的可持续发展目标，规划与建设全国交通运输系统，充分体现了综合运输的发展方向，完全符合以人为本、统筹协调、科学发展的国家战略。“交通规划”“交通网规划”主要是从运输工具运行的层面来研究分析和进行交通流、运行品质与交通基础设施网络的平衡。狭义的“运输规划”主要是在既有以及规划建设的交通基础设施网络的基础上，以提高运输效率、扩大服务范围和提高服务质量为目标，对运输工具配置、运输经营网络和站点布局、提高运输组织和管理水平、改善服务质量等进行规划。即其主要是从运输生产和客户服务的层面进行的规划。“综合运输规划”“综合运输体系发展规划”是从完成人和货物的位移需求的角度出发，根据各种运输方式比较优势、交通运输与国民经济和社会发展的关系、国家交通运输发展战略以及资源条件等，对交通运输总体结构、各种运输方式基础网络配置和布局、交通基础设施网络与交通流以及整个运行使用系统的平衡、一体化运输、发展政策等进行系统性研究和规划。

综合交通运输体系发展规划是国民经济和社会发展五年规划的重要组成部分。综合交通运输体系五年发展规划结合国民经济和社会发展的“五年规划”纲要进行编制，是国民经济和社会发展规划在交通运输领域的细化和落实。作为指导和组织综合交通运输体系建设和发展的纲领性文件，是有效配置资源、实现交通运输又好又快发展的重要前提。然而，当前中国缺少国家或行业层面的编制导则，使得各省市制定综合交通运输体系发展规划时，在工作形式、规划内容、规划步骤、规划成果要求等方面缺乏统一规范，容易造成规划编制深度不足、导向性不清晰、执行效果评估不连续等问题。

经济常态，通常是指在经济发展的某个特定阶段，由经济规律所主导的经济活动特征相对稳定的动态过程。就经济运行的宏观面而论，经济常态最终取决于某一段时期由技术、制度、人口与劳动供给和资本所决定的“潜在增长率”。2014 年 5 月，习近平总书记在河南省考察时指出，我国发展仍处于重要战略机遇期，要增强信心，从当前我国经济发展的阶段性特征出发，适应新常态，保持战略上的平常心态。经济发展进入新常态，是我国经济发展阶段性特征的必然反映，是经济规律、社会规律、自然规律作用的客观体现，意味着经济增速从高速增长转向中高速增长，经济发展方式从规模速度型粗放增长转向质量效率型集约增长，经济结构从增量扩能为主转向调整存量、做优增量并举的深度调整，经济发展动力正从传统增长点转向新的增长点。经济发展进入新常态后，我国经济工作中面临很多两难、多难问题。面对经济下行压力，拉动经济的“三驾马车”存在着投资增长乏力、新的消费热点带动不足、外需没有大的起色等突出问题。因此，要坚持以经济建设为中心充分发挥交通基础设施建设对稳增长的关键作用。

第一节
从交通运输发展规划到综合交通运输体系的发展规划

国民经济和社会发展计划是国家对一定时期内国民经济的主要活动、科学技术、教育事业和社会发展的规划和安排，是指导经济和社会发展的纲领性文件。分为长期计划（一般为十年或十年以上）、中期计划（一般为五年）和短期计划（又称年度计划）。其中，五年计划主要对全国重大建设项目、生产力分布和国民经济重要比例关系等作出规划，为国民经济发展远景制定目标和方向。

中国从 1953 年第一个五年计划开始，已经编制了十个五年计划。从“十一五”开始，国家将五年计划改为五年规划，一方面表达了遵循市场经济的思想；另一方面五年规划是纲领性文件，以未来五年发展重点和发展的主要方向为编制重点。

一、综合运输体系规划的特点和内容

1. 综合运输体系规划的特点

（1）衔接性。各种运输方式间的设施衔接；大交通与城市交通的设施衔接；信息系统的衔接；管理体制和法规政策的衔接。

（2）协调性。运输方式间的协调；交通设施与运输服务的协调。

（3）资源优化。运输网络结构的优化；运输组织系统的优化。

2. 综合运输体系规划的内容

综合运输体系规划的内容主要包括：综合运输需求与供给分析（总量与结构）；运输结构与社会运输总成本分析（现状及趋势）；规划与发展目

标的确定（定量与定性）；可供选择的基础设施（通道与枢纽）的空间布局方案；可能的运输服务发展规划方案（往往缺）；规划方案的评价标准及指标体系（往往缺）；建设方案的技术经济比较分析（往往缺）；规划方案的确立；规划工作流程；规划的实施政策与措施。

3. 综合运输体系中各种运输方式的协调

（1）作业程序上的协调。各种运输方式在技术作业程序方面的关系与联运过程中协调地使用运输工具及装卸设备有关。为了合理地、协调地使用各种运输工具及装卸设备，必须为整个联运工作和货物倒装工作制定技术作业程序。完善各种运输方式在技术作业程序方面的关系，目的在于尽量发展连续货流，合理利用运输工具和装卸设备，它不需要大量的人力财力的投资，是一种经济有效的措施。

（2）技术上的协调。各种运输方式在技术装备方面的关系是指，为保证先进的技术作业过程及送达服务过程的实现，在制造及完善运输工具及其他技术装备中尽量利用科学技术进步的成果，如制造专用车辆，建立统一的集装箱库，广泛实行运输工具、装卸设备、专用线、仓库、运输干线以及辅助设施的标准化、通用化。改善各种运输方式之间在技术装备方面的关系，要求制造和完善技术装备，它与制定合理的作业程序不同，需要大量的基建投资。

（3）经济上的协调。各种运输方式在经济计划方面的关系是指遵循经济规律，有计划地发展港口城市交通。其目的在于：确定各种运输方式发展的最佳结构并提供必要的资金保证；在各种运输方式之间合理地分配货运量及货物品种；制定评定、比较各种运输方式营运成果的经济指标。

二、从“一五”到“十五”的交通运输发展规划变化

交通运输业是国民经济发展的重要产业之一。从“一五”国民经济和社会发展计划开始，国家就将发展交通运输业作为国民经济和社会发展规划的重要内容。在改革开放方针指导和相关政策的支持下，原交通部提出

从“八五”开始，用几个五年计划的时间，实施“三主一支持”交通基础设施建设长远规划。经过“八五”“九五”，各种运输方式均得到较大发展，对国民经济和社会发展都产生了巨大影响，同时运输网络总体上还不完善，不能满足需要。因此，发展综合交通运输，推动各种运输方式加快发展和现代化建设，并在发展中合理配置资源、加强各种运输方式的有机衔接与配合，逐渐成为国家交通运输发展的基本方向。从“十五”开始，中国逐渐将公路、水运建设发展规划过渡到综合交通运输体系发展规划。

在国家五年计划中第一次正式出现“加快综合运输体系的建设”的提法，是1996年制定的“九五”（1996~2000年）计划。1997年《建设统一的交通运输体系》一文，提出“我国交通运输业应以铁路为骨干，公路为基础，充分发挥水运，包括内河、沿海和远洋航运的作用，积极发展航空运输，适当发展管道运输，建设全国统一的综合运输体系”。

在2001年制定的国家“十五”（2001~2005年）计划中，专门制定了《综合交通体系发展重点专项规划》。该规划中交通运输发展的长期战略目标是“以市场经济为导向，以可持续发展为前提，建立客运快速化、货运物流化的智能型综合交通运输体系”。

在2006年制定的国家“十一五”规划纲要（2006~2010年）“优先发展交通运输业”一节中明确提出“统筹规划、合理布局交通基础设施，做好各种运输方式相互衔接，发挥组合效率和整体优势，建设便捷、通畅、高效、安全的综合运输体系”，并要求加快发展铁路运输，进一步完善公路网络，积极发展水路运输和优化民用机场布局等。

在2006~2009年，我国的交通运输量增长超过了10%，客运量是12.7%，旅游周转量年均增长9.2%，货运量和货运周转量年均增长11%。这反映出我们的运输能力有了很大的提高，运输服务水平也有了很大的提高。至“十一五”期末，全国公路网总里程已达到398.4万公里，五年共新增63.9万公里。“十一五”期间，我国高速公路由“十五”期末的4.1万公里发展到7.4万公里。五年新增高速公路3.3万公里，“五纵七横”的国道主干线公路基本形成，比原计划提前了13年。民用航空运输机队总数达1610架，是2005年的近1.9倍。

“十一五”时期，交通运输发展取得了重大成就，完成固定资产投资7.97万亿元，比“十五”时期增长17.10%，运输能力紧张状况总体缓解，为服务经济社会发展发挥了重要作用。到2010年末，我国的交通基础设施网络，已经有了很大的规模，例如，铁路的营业里程达9.1万公里，公路的通车里程将近400万公里，其中高速公路74000公里，内河航道里程达12.4万公里，其中承担主要任务的三级主要航道有9000公里。我国建成的长输油气管道超过了70000公里，民用机场176个，另外我们城市运营的轨道有1400公里。

三、综合交通运输体系五年发展规划编制的现状分析

至此，从“十五”开始，直至当前的“十三五”，中国已编制四个五年综合交通运输体系发展规划。

“十一五”期间我国交通运输事业在取得巨大成就的同时，也面临交通拥堵等问题。我国交通运输各领域均取得了亮眼的建设成绩，然而面对日益增长的客货运输需求，以及各地交通运输发展不平衡，网络覆盖不足以及多种运输方式衔接不畅通的情况，交通运输领域的进一步改革仍旧迫切。

未来数年中，综合交通运输体系的建立与完善，无疑将成为破解这一难题的抓手。在《“十二五”综合交通运输体系规划》中，除对安全、布局和结构等问题提出要求外，深化交通运输领域管理体制改革以及完善政府运输监管等内容，也作为主要原则之一出现。“十二五”规划包含综合运输、公路交通、水路交通、民用航空、邮政服务以及城市客运管理等内容。

从“八五”计划至“十三五”规划，提取各五年规划的指导思想和发展目标中的关键词，可以明显看出五年规划对交通运输体系发展方向的引导性。“八五”计划注重公路运输效益，“九五”计划转向交通科技创新，“十五”计划提出扩大运输网络的要求，“十一五”到当前“十三五”规划则更多关注综合交通运输网络的信息化、智能化、区域协调和运行经济高效、资源节约和环境友好。

综合交通运输体系发展指标一般以公路、铁路、水路、航空和管道五

大交通子系统进行分类。总体上，从“十五”到“十三五”指标分类变化较大。其中，“十五”“十一五”主要发展指标以交通子系统来分类，而“十二五”“十三五”则采用新分类，“十三五”在“十二五”的分类基础上，又推出支撑全面建成小康社会的主要指标——“三通、三覆盖、两降、两提升”。“三通”即具备条件的建制村通沥青（水泥）路、通班车和通邮；“三覆盖”即综合交通网对城市的覆盖、城市公共交通的覆盖、综合交通信息服务的覆盖；“两降”即交通事故下降、交通运输碳排放量下降；“两提升”即客运和货运服务水平提升。

对各省市“十五”至“十二五”综合交通运输体系五年发展规划进行比较分析，发现在编制过程中存在以下问题。通过对 25 个省市“十一五”规划和 28 个省市“十二五”规划进行梳理，发现各省市未统一开展五年规划实施的后评估。只有北京、辽宁、山东、福建、甘肃 5 个省市（占 20%）的“十一五”规划开展了实施后评估，但这些省市在“十二五”规划中却没有继续开展；“十二五”规划开展实施后评估的是浙江、安徽、贵州、湖北、青海（约占 18%）。可见，不开展实施后评估，导致下一个五年规划的编制缺少一定的参考依据，容易出现规划目标跳跃、建设任务延续性差等问题，不利于综合交通运输体系持续发展和效率提高。

交通运输系统坚持可持续发展的原则已提出十多年，但是“十一五”和“十二五”期间开展环境影响评估的省市并不多。“十一五”规划仅有福建、重庆开展了环境影响评估，“十二五”规划中浙江、福建、广西、重庆、宁夏开展了环境影响评估。

以“十二五”规划为例，各省市编制规划的工作形式主要分为两类：①先编制五年规划研究报告，在研究报告基础上形成五年规划，进一步形成规划纲要；②省略五年规划研究报告的编制工作，直接编制五年规划。而相比之下，前一种三阶段工作形式形成的五年规划在深度性、系统性、丰富性和具体性方面明显优于后者。

由于规划工作形式的差异，各省市的五年规划对发展现状、发展目标、任务描述均存在较大差距。例如，上海、北京对于发展现状的描述较为丰富全面，发展目标更加明确，发展任务也更为具体；海南省在充足的前期规划研究基础上形成“十二五”规划，具有较强的系统性、丰富性和具体性。①

四、综合运输体系规划中应处理好的发展关系

作为发展和完善综合交通运输体系的基础，进行管理体制方面的改革并无争议，真正的难点在于协调和理顺内部多种关系。发展综合交通运输体系就是要在各种交通运输方式的优势互补上做文章，并最终在一个城市中实现多种运输方式的无缝衔接。目前公路、水路、铁路、航空、市内交通等由多个部门分别管理，分割的行政管理体制不利于运输资源的优化配置和综合运输体系的构建。

国外发达国家的综合交通运输系统发展目标也在不断调整，已从四五十年前的注重基础设施建设转化为强调高效、节能、智能、多式联运、设施一体化、经济高效、环境友好的综合交通运输体系建设。可见中国与其他各国综合交通运输体系发展目标和趋势有相似性，但同时也应该看到中国各城市的综合交通运输体系所处阶段有一定差异性。

要真正达到这一目标，管理体制的改革无法回避。要加快推进交通运输体制改革，并以此推进交通运输发展方式的转变，是构建现代化综合交通运输体系的重要途径和基本保障。世界各国在建立其综合交通运输管理体制过程中，虽然幅度和范围根据国情的不同各有差异，但“综合”都是唯一的趋势。各种交通方式在经过了快速的单一发展阶段之后，走向更加畅通、高效、安全的综合发展之路已是必然。

铁路领域的管理游离于外，交通运输部内部也仍存在各领域衔接不畅的情况。综合交通运输体系要最终发展至理想的状况，尚有很长的道路要走。在改革大方向没有争议的情况下，综合交通运输体制的改革重点是要处理好几种关系：①处理好各种运输方式专业管理和综合职能管理的关系。一方面要统筹各种运输方式的发展规划、政策等；另一方面要针对不同运

① 吴娇蓉．综合交通运输体系五年发展规划编制解析［J］．城市交通，2015（6）：12.

输方式各自的技术经济特征，对其安全、标准、监管等实施专业化管理。②处理好监管和行业管理的关系。监管要保持一定的独立性，但不能过于独立，要与行业管理有机结合。加强监管非常重要，例如美国在运输体制改革过程中，放松的也只是价格、准入、并购等经济性管制，而对安全等社会性监管，不仅没有放松，而且进一步加强。③还要注意处理好中央和地方的关系。随着改革不断深化，地方在铁路、民航等交通领域的作用越来越大。过去这些领域都实行高度集中的垂直管理模式，如今下放给地方一部分事权之后，如何合理划分中央与地方的职责，建立两者高度协同的管理协调机制，就显得非常重要。

长期以来，铁路是国家的重要基础设施、大众化的交通工具，在中国综合交通运输体系中处于骨干地位。从土地占用、能源消耗、环境污染、运输安全等多个方面分析各种交通运输方式，铁路的比较优势最为突出。中国地域辽阔、人口众多、资源分布不均，所以经济、快捷的铁路普遍占有更大的优势，成为一种受到广泛使用的运输方式。目前中国已经拥有全球第二大的铁路网以及全球最大规模的高速铁路网。

从三维看综合交通运输体系骨架，上是民航，中是铁路，下是公路。原交通部主要负责公路、水路、管道等运输方式的宏观管理，现在要其综合管理各种交通运输，从专业管理、综合平衡、战略发展等方面来看，显然有些单薄，担负起“大交通”这份重担可能还要更多力量。如以民航主导整个综合交通运输体系，那更是不现实。而铁路以其自身优势和特点，在综合交通体系中，本身就具有天然的主导地位。现实地看，以铁路管理力量作为交通运输部领导层主导力量，其形成综合性主政“大交通”的能力和速度要远胜过其他，对于行业发展、国家整体交通战略将更为兼顾和完善，其下可托底公路、水运、管道等运输，其上可够着民航运输。这种建构应该是一种管理设置和领导配置的常识。

解决前述的交通运输部国家层面的综合管理问题相对好办，最大的难点就是在区域、省市的综合交通运输综合监管方面，这需要将铁路、公路、民航监管纳为一体，进行系统优化。公路、水路、管道等的监管是以省级行政区交通厅这一架构设置的，而民航局是七个管理局设置的，国家铁路局是七个监督管理局设置的。民航、铁路长期实行垂直管理，公路、水路等是分级管理，地方政府对此的权重较大。如何将这些设置合并同类项，整合资源，在战略发展规划的前提下，形成最为科学的监督管理、综合协调、优化发展体系，的确是一重大难题。

综合运输体系主要由三个系统构成：①有一定技术装备的综合运输网及其结合部系统；②各种运输方式联合运输系统；③综合运输管理、组织和协调系统。对此，如果能以“大铁路”构建为先导，然后逐步推进，对整个综合交通体制进行系统优化，“挤”出各种交通方式结合部的问题，加以解决，“大交通”将名副其实，中国社会的总成本将由于综合交通系统的战略优化而得到极大降低。

为此，综合运输体系规划中应处理好以下 10 个方面的发展关系：

（1）交通运输发展理念与规划的关系。可持续发展、效率与公平相结合。

（2）交通运输与经济社会发展的关系。适应性、支撑或引导产业布局、城镇布局、综合运输发展阶段。

（3）交通运输供给与需求的关系。供给总量与结构、优化存量和扩大增量、引导交通需求。

（4）交通运输方式间和运输方式内协调发展的关系。发挥组合效率、各方式比较优势、综合运输系统优化和自系统优化。

（5）城市交通与大交通的关系。衔接的优化；综合运输枢纽发展。

（6）国际交通与国内交通的关系。支撑中国对外开放格局、全球经济一体化；国内交通与国际交通的有效衔接。

（7）科技进步与交通发展的关系。转变发展方式；提高效率；促进资源节约与环境友好。

（8）体制环境与交通发展的关系。中国特有的体制环境与中国特色的交通；体制环境对交通发展的可持续性。

（9）交通运输发展有关政府与市场的关系。管理主体与市场主体的职能定位；市场的基础性作用和政府的宏观调控作用；新形势下探寻交通运输发展的新动力。

（10）交通运输的外部性和交通运输发展的关系。正外部性对交通发展的促进作用；排放、占地、噪声等负外部性对交通发展的制约。

第二节
综合运输体系发展规划存在的问题和矛盾

各种交通运输体系从一开始的发展到壮大，需要一个专业化发展的过程，等达到一定的专业化和规模化之后，运输方式之间的融合将成为一种必然的趋势，这也就是构建综合交通运输体系的使命所在。各种运输方式的快速增长，影响的是中国社会整个体系的总体布局，涉及城市发展、自然生态、资源利用等诸多问题。

这种情况下，作为“大交通”的主管部委，还应该站在国家的高度，弱化部门利益，从结构上对各种交通运输的建设和运营进行前瞻性的优化和监管，少做“削长补短”的武断管理，多做“扬长避短”的战略建构。

在交通运输的布局中，对民航、铁路、公路、水运等运营线路、运营速度、建设标准、分布区域等进行科学优化，既要把民航的优势发挥出来，把铁路的突出特点体现出来，也要把公路的特点利用好，让多种交通方式在互补中提升竞争力，消除重叠，减少不必要的恶性竞争。

在布设机场、高铁、高速公路的地域时一定要坚持适度超前、综合兼顾的原则，对不该建设和配套的地方，绝不盲目上马，杜绝同质建设。盲目发展高速公路和支线机场，以增强民航和高速公路的竞争力不可取。

当然，在一些铁路运输与其他运输方式竞争力弱的铁路支线，可以综合研究，以其他运输方式为主发展，甚至可以拆除个别支线，发展高速公路、建设民航机场。

此外，铁路，尤其是高速铁路作为优质资源纳入交通运输部管理，交通运输部应该倍加珍惜。因为汽车工业走向市场失败、高速公路建设被市场绑架的教训无可挽回，但扬轨道交通之优势，应该必不可少。

一、综合运输体系发展规划面临的主要问题

交通运输这些年发展很快，也取得了一些成绩，但我们必须清醒地看到，当前交通运输正处在由粗放型向集约型加快发展的阶段，推进改革发展还面临不少困难。主要是：发展的质量和效益还不高，转变发展方式力度需要进一步加大，措施需要进一步强化；创新驱动能力还不强，建立和完善行业创新体系尚需付出艰苦努力；交通基础设施建设与养护资金不足的双重压力进一步凸显；东中西部运输发展不够平衡，交通运输服务均等化仍需努力；运输能力和服务品质亟待提高，现代物流发展比较滞后；体制机制障碍较多，综合运输体系建设任重道远；行业安全的基层基础工作依然薄弱；行业管理能力还不适应新形势新任务，交通执法中还存在着不规范现象；腐败现象还时有发生。对此，我们必须高度重视，认真加以解决。

我国综合运输体系存在的主要问题，主要包括以下两点：

（1）从总体来看，综合运输体系的数量和质量仍不能完全适应社会、经济发展的要求，运输结构和运输网络布局还需要进一步优化和调整；与全国其他行业改革和市场化进程相比，交通运输行业改革明显滞后，深度和力度不足；至今未能建立全国统一的行业主管部门，严重影响全行业的宏观调控和各种运输资源的优化配置；政企分开仍然是交通运输行业改革的主题；行业法规建设严重滞后。

1980 年我国还没有高速公路，到 2000 年底已建成通车 1.6 万公里，成为仅次于美国的高速公路第二长的国家。公路建设和等级的大幅度提高，正在从根本上改变我国公路运输网状况与功能，对综合运输体系建设和功能定位也带来了非常大的影响。

我国交通运输总体发展水平大幅提高，不仅表现在每种运输方式的数量和质量上，而且表现在各种运输方式发展在时间和空间上不断优化组合，合理匹配，主要表现有以下四点：

第一，公路运输在综合运输体系中的地位与功能发生重大变化，不仅

巩固了在中短途客货运输中的地位，在中长途快速客货运输方面也日益发挥出重要作用。

第二，铁路运输在客货运输中市场份额有所降低，但在客货运输周转量中仍占有较大比重，使其在长途客货运输和大宗货物运输中的优势和作用得到更好的发挥。

第三，坚持各种运输方式综合利用、联合协作的原则，建立和完善了重要物资和国际运输系统。

第四，以大通道的建设为重点，建成和投产了一大批具有全局意义的大型项目，优化和改善了全国干线运输网的总体布局。

（2）就全局而言，我国各种运输方式能力严重不足的矛盾已大大缓解，长期困扰社会和国民经济健康发展的运输瓶颈已基本解除，呈现了供需大体平衡局面。体制改革和市场化进程取得重大进展，表现在以下四点：

第一，交通运输行业不断加大改革和开放的力度与范围，在转变政府职能、转换企业经营机制、培育和发展运输市场、强化行业管理方面取得重大进展。

第二，初步改变了长期以来在传统体制下的封闭垄断局面，开放和竞争格局正在逐步形成。

第三，价格体制改革不断深入，以市场供求决定价格水平的运价机制正在逐步形成。

第四，在建设资金筹措和投资管理体制方面，基本改变了长期以来投资主体单一，中央负担过重、包揽过多等不合理局面，逐渐形成投资主体多元化，投资渠道多元化的良好局面。

构建和发展综合运输体系的思想已确立，但综合运输发展的总体战略目标、价值取向有待进一步明确；已具备较好的综合运输体系构建与发展基础，但缺乏统筹的系统性顶层设计。

我国交通运输已进入大发展阶段，但各种运输方式的建设发展与综合运输体系构建的关系处理紧密性不够；建设和发展综合运输体系已成为各级政府的重要工作目标，但在认识、推动机制、责任约束方面还存在较多问题。

二、管理体制衍生的发展规划问题

从目前来看，综合交通运输体系，基本还是各忙各的，略有合作而已。而实际上，真正的综合交通体系融合，需要打破这几种交通运输方式之间的壁垒，让人、财、物等能够自然流动，优化配置，以淡化行业界限，互相浸入。有了这种相互之间的打通，才有可能通盘发展，整体运行，让合作和竞争处于同一个可执行的愿景之下。

铁路、公路、水路、管道和航空这五种主要交通运输方式，此前分铁路、交通、民航三个部委管理，继 2008 年、2013 年两次国务院直属机构改制之后，全部纳入交通运输部管理，从形式来看，由此开启“大交通”模式。

早先，中国交通运输部正式挂牌代表着我国交通运输综合体系建设进入组织和制度层面的加速发展阶段。在交通运输部成立之前，各运输方式属于分散式管理体制，直接后果就是很难将五种运输方式的发展进行统一规划。各运输主管部门在制定发展规划时，往往是从本部门主管的运输方式来规划建设，很少考虑与其他运输方式之间的协调与配合。北京至天津的通道中，规划布局了 3 条高速公路（京、津、塘高速公路现双向 4 车道，远期规划 8 车道，京津第二通道 8 车道，还规划建设第三通道），2 条一级公路（103 国道一级公路，104 国道、105 国道规划改扩建至一级公路），2 条高速铁路（京、沪高速铁路，时速 350 公里的京津城际铁路），1 条 4 线的普通铁路（京山铁路现 3 线、规划 4 线）。如此规划，很明显造成了严重的重复建设和资源浪费。这种现象不仅出现在北京至天津段，而是出现在全国各地，其根本原因就在于分散型管理体制导致的缺乏系统性、统一性的战略规划。交通运输部是实行大部门制的试点和探索，其主要的目的在于健全决策权、执行权和监督权，既相互制约，又相互协调的权力结构和运行机制，而不是简单的合并。进一步转变政府职能、理顺职责关系，加强社会管理和公共服务，优化交通运输布局，以改变先前所存在的交通运输方式各自为政的局面，加强综合运输体系建设的步伐。尽管如此，铁道部依然独立于交通运输部，且铁路运输方式是我国主要的客货运输渠道之一。

2013 年 3 月 10 日，国务院机构改革和职能转变方案公布，国务院组成部门将减少至 25 个。最重要的一环是：中国实行铁路政企分开，组建国家铁路局和中国铁路总公司。这意味着，国务院机构改革和职能转变后，计划体制的最后一个“堡垒”——铁道部被撤。

在很多铁路人眼中，这是一个艰难的决定。具体的改革方式是：“将铁道部拟订铁路发展规划和政策的行政职责划入交通运输部。交通运输部统筹规划铁路、公路、水路、民航发展，加快推进综合交通运输体系建设。组建国家铁路局，由交通运输部管理，组建中国铁路总公司。”

当时的理由是：“为推动铁路建设和运营健康可持续发展，保障铁路运营秩序和安全，充分发挥各种交通运输方式的整体优势和组合效率，有必要实行铁路政企分开，加快推进综合交通运输体系建设。”

仔细分析改革路径，显然指向的是“加快推进综合交通运输体系建设”。综合运输体系是指各种运输方式在社会化的运输范围内和统一的运输过程中，按其技术经济特点组成分工协作、有机结合、连续贯通，布局合理的交通运输综合体，是由铁路、公路、水路、管道和航空等各种运输方式及其线路、站场等组成的综合体系。

三、实现运输“一体化”面临的发展规划问题

交通运输是一个非常复杂的庞大系统，具有极强的基础性和社会性特征。综合运输体系的形成必须依靠政府的力量进行推动，要在政策、规划、技术标准、信息传输、经营规则以及管理体制上进行统一的协调和宏观调控，避免各种运输方式或部门各自规划、分散建设、自成体系，最终导致系统效率低、成本高、资源浪费；尤其是对综合运输枢纽的建设以及信息化等技术标准的制定，更需要从综合运输体系的发展战略上进行统一的规划与指导。

综合交通运输枢纽，是多种运输方式实现一体化发展的全程“无缝”

物理连接和逻辑连接的关键，必须以战略的高度在规划综合运输网络的同时，对综合交通运输枢纽进行统一布局规划，加强包括各城市在内的各有关部门的协调，强调城间运输与城市交通的衔接配合。采取指定部门（单位）负责、联合建设、共同使用的方式，加快建设。

当前，发展交通运输既面临挑战，也有新的机遇。为了能抓住机遇，科学发展，我们要科学判断交通运输面临的新形势新任务，牢牢把握发展的趋势。

一是在实现国内生产总值和城乡居民人均收入两个“倍增”的进程中，经济社会发展基本面长期趋好，交通运输需求持续旺盛的长期趋势和基本面不会发生大的改变，安全可靠、经济高效、便捷舒适的价值取向更趋增强。

二是在促进工业化、信息化、城镇化和农业现代化同步发展的进程中，面对扩大内需、提高创新能力、促进经济发展方式转变的新机遇，交通运输供给能力总量不足、结构不优、效率不高、实力不强，与经济社会发展和人民群众不断增长的交通运输需求之间的矛盾仍然是发展的主要矛盾。

三是在推进生态文明建设的进程中，面对节约资源和保护环境的要求，着力推进绿色发展、循环发展、低碳发展，既是发展现代交通运输业的必由之路，也是交通运输产业转型升级的迫切需要。

四是交通运输一方面要适度超前、加快建设，进一步发挥在生产力布局、区域协调发展、城乡发展一体化中的先导性作用；另一方面要主动转型、加快转型，进一步发挥在扩大内需、加快转变经济发展方式、推进经济结构战略性调整中的基础性作用。

五是在加快推进交通运输现代化的进程中，深化改革、务实创新，解决交通运输发展不平衡、不协调、不可持续问题还需付出艰苦努力。以信息化智能化为引领，提升交通运输设施装备的现代化水平和运营效能，推动交通运输纳入创新驱动、集约发展的轨道，推进综合运输体系建设和现代物流业发展等，是亟须破解的重大课题。

四、综合运输体系规划需要确立的发展观念和思路问题

1. 综合运输体系规划中应倡导的交通运输主流价值观问题

首先，应倡导可持续发展的资源开发使用价值观。不能被大概念所迷惑和过于理想化，自己捆住自己发展的手脚，不能只发达国家发展，我们不发展，不能因此而造成落后。资源是为人类所用、为人类更好地生存和发展服务的，但要强调合理和有效地利用资源，有节制地开发使用资源。

其次，应倡导对交通运输系统构建和发展的价值观。拥有现代化交通运输系统的世界平等性，结构模式的国情性。要构建与发达国家技术水平相当的现代化交通运输系统，支持我国生产力水平的提升和人们生活水平的提高。以承担得起的资源和成本消耗为基础，在突出主导型运输方式发展的同时，增强多方式交通出行选择的提供。以普遍通达性、机动性满足居民基本出行权为基础，建造较广泛的干线快速化和部分主干通道高速化的交通运输系统。突出安全性和人性化。货物运输系统的构建应提升到国家经济战略的高度，以增强在经济全球化中的市场竞争力为主旨，充分体现经济性、时效性的要求。

最后，应倡导对交通运输消费的价值观。培养有节制地追求物质享受的生活价值观。引导人们自觉地调整交通消费行为和要求，对于交通网络规模、密度、连通度、高能耗的高速化，应重视社会成本代价和经济性选择。树立节约资源、保护环境的社会风尚；建立和完善相关配套制度，引导和鼓励人们树立避峰出行的理性选择；主动减少非必要性交通出行，发展和完善电子政务、电子商务以及现代通信技术等交流沟通方式。

2. 交通运输发展应坚持的基本方针

交通运输的发展应适应我国工业化、城镇化、区域协调发展的要求；应适应经济全球化、提高国际竞争力和主动利用国际资源的需要；应综合合理利用资源、提高资源效率，坚持可持续发展、保护生态环境；优化交

通供给结构，优先发展资源占用少、低能耗、低污染的现代化主导型运输方式，加强政策对需求选择的引导；坚持以人为本和体现社会公平。

3. 我国综合运输体系的结构模式选择

体现国家基本的经济发展战略，形成服务经济和社会的高效率综合运输体系，实现发展方式的转变应成为结构模式选择的基本原则。在具体选择方面应注重干线高速网络与普通网络之间的结构；区域间主要通道不同运输方式的配置结构；城市群内主要通道网络布局结构、配置结构。

4. 推进综合运输体系建设的方式

在综合运输体系建设过程中，应尽早明确如下问题：是尽快建成、完善，还是按阶段分步实施；是各种运输方式优先充分发展后，再着重解决综合运输问题，还是发展过程中综合运输体系结构目标强约束；是先完善网络布局，还是综合运输服务系统与网络布局建设同时推进，相互促进。

5. 推进我国综合运输体系发展的主要战略措施

包括完善顶层设计，提高规划的科学性和指导性；深化改革，完善管理体制、机制，加强制度保障性；以政府主导推动，加强宏观调控和资源配置引导；以加快发展和优势组合，促进综合运输体系结构优化；加强市场开放和制度建设以及行业整合，建设一体化的大系统；加强关键设施和薄弱环节的建设，促进综合运输服务系统的加快形成与完善。

所以从经济与服务的视角来认识综合运输体系，包括四个方面：①要合理发展与利用各种运输方式；②要有效利用和节约社会的资源；③不断提高运输服务质量，以满足运输服务需求；④争取社会效益的最大化和运输消耗的最小化。

在规划思想上，要充分体现社会的进步性，要将时间效率、便捷性、个性化需求作为重要的衡量标准，要考虑各种运输方式的互补和相互促进作用，要以实现整个大系统的高效率为目标。

公路方面。要形成层次结构合理的、完善的基础网络系统，骨架干线要高速化，次干线要快速化，支线要密集化。

铁路方面。铁路路网系统应着重于干线和通道，要形成与地理空间和大运量流向相适应的较完善的框架网络布局，而没有必要形成一个普遍的高密度的网络。

内河和沿海水运方面。要充分利用现有的江、河、海自然条件和结合水资源的综合开发利用，形成江、海运输大通道和水系运输网络。

远洋运输和港口方面。要建成具有较强竞争力的现代化船队和适应外贸进出口、沿海运输需要的、结构合理的现代化港口。

航空方面。要建成枢纽机场、干线机场、支线机场结构层次合理的机场布局。

管道方面。要逐步形成与油气资源开发地、进口点至加工地、消费地相适应的具有较好调配功能的输送管道网。

第三节
新常态下交通运输发展的机遇和挑战

我国经济发展进入新阶段，或称“经济发展新常态”。我国经济发展进入新常态的主要特点有：①经济增长内涵。增长方式从高速度向高质量转变。②增长动力变化。消费成为经济增长的主要动力，投资和出口对经济增长的拉动作用减弱。③经济结构优化。经济增长主体从第二产业向第三产业即服务业转变。服务业是未来我国经济发展的主要贡献产业。发达国家第三产业成为国家经济的主要增长主体（美国 78%、英国 79%、日本 73%、澳大利亚 71%、新加坡 75%）。我国增长主体已经发生变化，2012 年我国第三产业增速首次高于第二产业约 0.2 个百分点；2013 年我国第三产业增加值占 GDP 比重 46%，首次超过第二产业 2.2 个百分点，2014 年占比为48%，超出第二产业 5.4 个百分点。我国经济发展进入新常态，交通需求日益多样化、个性化，要求更高品质、更高效率的运输服务。

一、新常态下交通运输的特点

1. 新常态下交通运输的特点

作为经济社会发展的基础性先导性服务性行业，交通运输在新常态下正在呈现新的五个特点：

（1）从运输生产增速上来看，在经济增速转入中高速增长后，交通运输生产也在向5%~7%的中高速增长转变。2014年铁路、公路、水路、民航客运量增速约为3.7%，货运量增速约为7.2%。其中铁路货物发送量同比下降约3%。港口货物吞吐量增速继续放缓，预计全年规模以上港口货物吞吐量和外贸货物吞吐量同比增速分别回落4.1个和3.8个百分点。这一点与新常态下经济增速变化有较大的耦合性。

（2）从运输结构变化上来看，随着运输结构调整步伐加快，高附加值运输需求快速增长，特别是高端出行增长较快。2014年高铁、动车旅客发送量增长均超过30%，快递业务量增速超过50%，民航旅客运输量同比增长10%左右。这种变化体现了运输结构优化取得新的成效。

（3）从固定资产投资上来看，公路水路投资增速由“十二五”前三年的年均6%，提高至2014年的9.2%，其中公路投资预计增长11.4%，铁路投资规模和增速也在不断提高。新常态下固定资产投资仍能保持较高增速，说明在经济下行压力较大情况下，交通运输固定资产投资对稳增长作用依然重要。

（4）从发展动力上来看，受“三期叠加”因素影响，我国经济发展在新常态下呈现速度变化、结构优化、动力转换三大特点。交通运输门类多、潜力足、韧性好，随着“新四化”的推进、现代服务业的发展和新一轮科技革命带来的技术进步，加上“一带一路”交通基础设施互联互通，京津冀协同发展交通率先突破，长江经济带综合立体交通走廊建设等因素，交通运输在新常态下仍有充足的发展动力。

（5）从发展要素上来看，过去在交通运输短缺时期和规模不大的情况下，各种要素制约尚不明显，可以支撑较高发展速度和较大建设规模。新常态下各种风险逐步显现，资金、土地、资源、环境的刚性约束进一步增强，建设成本快速增长，资金筹措难度加大，企业债务风险增加，交通运输可持续发展面临严峻挑战。

从上面分析看出，我国交通运输发展既有新常态下经济发展步入中高速增长的一般特征，也有其自身的发展规律和不同特点。还要看到，新常态蕴含着新机遇，也伴随着新矛盾新问题。我们一定要根据经济社会发展的客观规律与交通运输自身发展的一般规律，全面认识新常态，抓住用好新常态蕴含的新机遇，趋利避害克服新常态带来的新矛盾新问题。

认识新常态、适应新常态、引领新常态，是当前和今后一个时期我国经济发展的大逻辑，也是交通运输判断发展大势、进行战略布局、安排当前和今后一个时期工作的基本前提。

2. 推动交通运输升级的关键

推动交通运输提质增效升级，关键是抓好四个环节：

（1）优化投资结构，补齐发展短板，通过投资政策引导，重点推进国家高速公路网建设，加大国省干线改造力度，加快“断头路”和“瓶颈”路段建设，加快干线铁路网、内河航道网和港口集疏运体系建设，尽快补齐“短板”。

（2）优化运输组织结构，促进各种运输方式深度融合，发挥各自比较优势，提升整体效益，支持铁路、沿海和内河水运等低成本、大运量的运输方式发展，加快综合运输枢纽、物流信息平台和物流园区建设，以多式联运为载体推进现代物流业发展，加快邮政和快递业与交通运输的全面融合发展。

（3）优化市场主体结构，在尊重经济规律前提下，依靠深化改革促进结构调整，为各类市场主体提供统一开放的大市场、公平竞争的大环境，加快形成一批规模化、集约化、网络化、品牌化龙头骨干企业。

（4）把智慧交通和绿色交通发展摆在更加重要的位置，充分运用经济、法律、行政等手段，彻底改变长期以来主要依靠规模扩张和资源消耗的传统路径，走出一条符合交通运输发展规律的质量效益型发展新路子。

二、“十二五”是建立综合运输体系的关键时期

交通运输是支撑、促进我国经济社会发展的重要基础设施和前提条件。随着经济社会的快速发展，我国运输需求，尤其是长距离运输需求日益增加，同时面临着运输基础设施拥挤日益加剧及生态环境的严重制约，如何建立高效、环保、节能的运输系统成为一个日益重要和亟待解决的问题。在微观层面，各地交通拥堵状况不断加剧，难以满足物流经济条件下企业即时生产、能动库存等要求。在宏观层面，国家总体物流成本和因安全、环保、节能等问题带来的社会成本居高不下，无法为提高国家整体经济竞争力和实现可持续发展提供保障。

综合运输的实质，就是通过组合不同运输方式的优势以达到有效降低社会成本的目的，而且运输距离越长降低成本的效果就越明显。在理论上，任何一种运输方式都可以独立实现位移服务，但针对不同的运输需求，在不同的运输条件下，不同的运输方式有各自的成本优势。发展综合运输，①可以合理配置不同运输方式，在供给侧形成各种运输方式生产力布局合理、能力相对充足、相互匹配的交通系统，在需求侧上为用户提供可供选择的空间以组合出更多的运输方案。而可供选择的空间越大，用户购买运输服务的成本也就越低。②能够促进各种运输方式之间有效衔接，降低“接驳”环节的成本。③通过提高专业化、市场化的服务能力和品质，能够有效集合分散的运输需求，进一步提高运输生产效率，降低单位运输成本，取得规模效益。因此，发展综合运输、建立综合运输体系已成为包括我国在内的世界各国的既定方针和目标。

“十二五”是我国交通运输发展最快的五年。经过五年的持续努力，综合交通运输体系已经初步建成，基础设施、技术装备和运输服务水平不断提升，多项主要交通指标位居世界前列，总体适应经济社会发展需要。“十二五”期间“构建综合交通运输体系”的目标基本实现。按照适度超前原则统筹各种运输方式发展，基本建成国家快速铁路网和高速公路网，消除

铁路主要干线紧张状况，提升交通运输系统服务水平；我国交通运输业满足了客货运输服务的基本需要，运输供求矛盾基本消除。

“十二五”时期是我国全面建设小康社会的关键时期，是深化改革、加快转变经济发展方式的攻坚时期，也是构建综合交通运输体系的重要时期。“十二五”时期，我国公路建设以国家高速公路网建设为龙头，加强省际连接线也就是“断头路”的建设。积极发展低碳交通运输体系，开展低碳交通城市试点工作，鼓励混合动力、替代燃料运输工具的发展。建设“公交都市”示范工程，缓解中心城市交通拥堵。

2012 年 6 月 14 日，国务院印发了《“十二五”综合交通运输体系规划》，结合“十二五”期间行业面临的形势，对道路运输业“十二五”发展的目标和任务进行了具体部署，将综合运输体系建设、现代物流业发展列为“十二五”期间现代交通运输业必须取得重大突破的关键任务。同时，提出了包括构建便捷的客运服务网络、推进城乡客运一体化、提升货运组织化水平、服务现代物流发展等九项重点任务。

《“十二五”综合交通运输体系规划》指出存在的主要问题有六个方面：①交通运输能力不足，难以有效适应经济社会发展需要。②交通基础设施网络尚不完善，技术等级、网络覆盖广度与通达深度有待提高，区域间、方式间、方式内等结构性矛盾仍然突出，存量设施系统效率偏低；各种运输方式之间的有效衔接尚未完全形成，综合交通枢纽和一体化服务发展滞后。③运输装备和整体技术与世界先进水平仍有差距，自主创新及产业化发展能力不强。④运输服务总体水平不高，基本公共服务能力薄弱；交通运输安全保障能力亟须提升。⑤能耗与排放水平仍未得到有效控制。⑥交通运输综合管理体制改革滞后，运输市场环境有待优化，政策、法规、标准、人才结构等仍需健全和完善。

三、“十三五”时期仍是交通运输发展的重要机遇期

“十三五”综合运输体系建设进入新阶段。交通运输供求关系发生新变化，即交通运输能力供给与社会对运输需求实现初步平衡。交通运输业发

展由主要解决运输供给矛盾转向关注运输需求矛盾，即以普遍提高运输能力转向按照运输需求提供服务。

“十三五”时期仍是我国交通运输发展的重要战略机遇期，长期向好的基本面没有变。从发展机遇来看，总体需求依然旺盛，发展空间不断拓展，动力转换逐步加快，改革红利持续释放。同时，面临的风险和挑战日益增大，转型发展任重道远，刚性约束持续增强，利益诉求趋于多元。交通运输发展机遇与挑战并存，必须攻坚克难，顺势而为，更好适应和引领新常态，推动交通运输科学发展。

在新常态下，我国经济呈现速度变化、结构优化、动力转换的基本特征。交通运输的结构性问题，突出表现为有效供给不足。在基础设施方面，供给总量不足的问题仍然突出；在运输服务方面，轻质化、高附加值、一体化的货运供给不足，快捷化、个性化的客运服务供给缺口较大；在运输装备方面，仍有较大改进提升空间。

交通运输是连接生产和消费的重要环节，交通运输供给的优劣，会传导到经济供给侧，进而影响经济发展质量和效益。提高供给质量效率、降低运输服务成本，既是服务国家供给侧结构性改革的应有之义，也是扩大交通运输有效供给的内在要求。

1. “十三五”综合运输服务总体思路

牢固树立创新、协调、开放、共享的发展理念，以提升综合运输服务为宗旨，以加强各种运输方式协同协作、竞合融合为主线。以推进一体化运输为着力点，通过深化改革，着力于优化运输结构，创新运输新组织模式，提升装备水平，强化科技完善治理体系，激发市场活力，加快构建衔接顺畅、优势互补、资源共享、安全可靠、经济高效、低碳绿色的综合运输服务系统，增进社会工作服务体验和获得感，努力打造移动互联网时代综合运输服务升级版。

2. “十三五”综合运输发展目标

全面提升综合运输能力，服务于经济新常态和全面建设小康社会；建设大容量、高速化、低碳绿色国家骨干经济走廊；积极推进城市群城际快速交通系统建设；提高综合交通枢纽一体化服务效率与水平；促进与周边国家互联互通的国际通道（交通基础设施）建设。

3. “十三五”综合运输发展途径

（1）进一步加强综合运输系统协调发展与一体化建设。统筹城乡、协调东中西；综合协调各种运输方式。

（2）实现交通运输增长方式从高速度向高质量转变。促进交通设施建设向运输服务提升转变；注重运输效率提升和运输质量改善。

（3）构建便捷客运、高效货运两大运输系统。

4. 完善综合运输“十三五”规划是发展前提

统筹研究编制基础设施建设与养护、综合运输服务、科技与信息化、标准化、节能环保、安全应急、法规体系等专项规划，调整修编《全国沿海港口布局规划》《国家水上交通安全监管和救助系统布局规划》，指导完善省级公路网规划，有序启动部分“十三五”规划项目的前期工作，为“十三五”开好局、起好步打下坚实基础。

5. “十三五”时期是全面建成小康社会的决战期

“十三五”时期是全面深化交通运输改革、推进综合交通运输体系建设的重要时期，做好《综合交通运输“十三五”发展规划》编制工作，对于服务经济社会发展和人民群众出行具有重大意义。“十三五”规划纲要草案列出了“十三五”时期高速铁路、高速公路、“四沿”通道、民用机场、港航设施、城市群交通、城市交通、农村交通、交通枢纽、智能交通十大方面的交通建设重点工程。

6. 从六个视角来看“十三五”时期的运输服务发展

①运输服务能力增强；②客运服务水平进一步提升；③货运转型升级步伐加快；④技术创新及应用取得新进步；⑤安全生产形势稳中趋好；

⑥技术创新及应用取得新进步。同样也指出了运输服务发展中存在的比较突出的五个问题：

（1）运输市场分割依然存在；统一开放、竞争有序的运输市场还未形成，旅客联程运输、货物多式联运市场隔阂突出。

（2）运输结构性矛盾依然突出；运输方式结构不合理，各种运输方式比较优势未充分发挥，区域间城乡间运输服务水平发展不平衡，中西部、贫困山区等运输服务水平比较低。

（3）运输枢纽服务功能依然薄弱；综合客运枢纽服务不适应社会需求，物流园区缺乏核心功能。

（4）运输装备水平与信息技术应用依然落后；运输装备标准化程度低；专业化及新能源运输装备比例偏低，厢式货运车辆推广缓慢。

（5）综合运输服务智力能力依然较低；综合运输法律法规和标准体系建设滞后，体制机制不顺，运输方式间政策不衔接不协调的矛盾普遍存在。

围绕全面建设小康社会目标，主动适应新常态，坚持需求与问题导向，遵循客观规律，以提升服务为着力点，充分挖掘基础设施巨大潜能，不断激发市场活力，加快由被动型转变成主动引领型，真正成为经济发展的先行官。

四、集中力量加快推进“四个交通”发展

安全、便捷、高效、绿色、经济是综合交通运输体系建设的主要方向。安全是综合交通运输发展的本质要求和基本前提。无论交通运输发展到什么阶段，都必须坚持人民利益至上，始终把安全放在首要位置，决不能以牺牲人民的生命为代价来换取所谓的发展。便捷、高效是发展综合交通运输的应有之义。构建综合交通运输体系，要求推进各种运输方式“零距离”换乘和“无缝化”衔接，提升联程联运的比例和效率，使群众出行更便捷，货物运输更高效。绿色是综合交通运输可持续发展的内在要求。构建综合交通运输体系，要求促进各种运输方式集约利用土地、岸线等资源，充分发挥水运、铁路等能耗低的比较优势，优化运输结构，提升整体能效。经

济是综合交通运输保持竞争力的优势所在。构建综合交通运输体系，要求充分发挥各种运输方式的比较优势，以最小的经济成本和时间成本最大限度地满足运输需求，以综合运输竞争力的提升打造我国经济竞争新优势。

“四个交通”是指综合交通、智慧交通、绿色交通、平安交通。

1. 关于综合交通

经过多年的建设，我国交通运输已经进入了各种运输方式融合交汇、统筹发展的新阶段。

（1）加快发展综合交通，是适应全面建成小康社会的必然要求，是加快转方式调结构、提质增效升级的重要内容，也是推进交通运输可持续发展的必由之路。

（2）加快发展综合交通，要义是坚持适度超前、改革创新，做到量力而行、尽力而为，与区域协调发展和新型城镇化要求相适应，合理布局不同区域、不同层次、不同方式的运输网络，合理配置和优化整合交通运输资源，发挥各种运输方式技术经济优势和交通网络整体效能。

（3）核心是从基本国情和国家战略出发，顺应新型工业化、信息化、城镇化、农业现代化同步发展的新需求，统筹规划铁路、公路、水路、民航以及邮政行业发展，建立完善与综合交通相适应的制度体制机制，提升服务水平、物流效率和整体效益。

（4）关键是通过综合交通战略规划、政策法规、标准规范促进各种运输方式深度融合，优化交通运输主要通道和主要枢纽节点布局，统筹各种运输方式在区域间、城市间、城乡间、城市内的协调发展，发挥组合效率和整体优势，实现各种运输方式从分散、独立发展转向一体化、集约化发展，加快构建网络设施配套衔接、技术装备先进适用、运输服务安全高效的综合交通系统。

2. 关于智慧交通

信息化智能化水平是衡量交通运输现代化发展水平的重要标志。

（1）加快发展智慧交通，是推进交通运输管理创新的重要抓手，是提升交通运输服务水平的有效途径，也是推动交通运输转型发展的重要支撑。

（2）加快发展智慧交通，要义是坚持面向发展、开放协同，重点突破、全面提升，以信息化、智能化为牵引，推动现代信息技术与交通运输管理和服务全面融合，实现交通运输设施装备、运输组织的智能化和运营效率、服务质量的提升。

（3）核心是以重大科技突破牵引交通运输转型升级，围绕支撑重大工程建设、提高存量资产使用效能和提升运输服务品质，抓好重大科技研发，协调推进原始创新、集成创新和引进消化吸收再创新，推动基础性、前瞻性和共性关键技术突破与工程化产业化发展，加快建设市场导向、企业主体、产学研结合的行业技术创新体系，促进科技成果转化为交通运输生产力。

（4）关键是完善全行业开放协同创新机制，注重以信息化智能化引领提升交通运输管理效能，促进现代信息技术在行业监管、运行管理和服务领域的深度应用，全面提升交通运输供给能力、运行效率、安全性能和服务质量，实现交通运输持续创新发展。

3. 关于绿色交通

交通运输是国家节能减排和应对气候变化的重点领域之一。

（1）加快发展绿色交通，是建设生态文明的基本要求，是转变交通运输发展方式的重要途径，也是实现交通运输与资源环境和谐发展的应有之义。

（2）加快发展绿色交通，要义是坚持政府主导、法规约束，示范引领、制度创新，把绿色循环低碳发展理念贯穿落实到交通运输发展的各个领域和各个环节，在发展中保护、在保护中发展，加快建设资源节约型、环境友好型交通运输行业，实现经济效益、社会效益和环境效益的有机统一。

（3）核心是以资源环境承载力为基础，以节约资源、提高能效、控制排放、保护环境为目标，加快推进绿色循环低碳交通基础设施建设、节能环保运输装备应用、集约高效运输组织体系建设，推动交通运输转入集约内涵式的发展轨道。

（4）关键是在规划、建设、运营、养护等各个环节集约节约利用资源、保护生态环境，更加注重优化交通基础设施结构、运输装备结构、运输组织结构和能源消费结构，更加注重提升行业监管能力和企业组织管理水平，充分挖掘结构性和管理性绿色循环低碳发展潜力，提高交通运输设施装备节能环保水平，提高土地、岸线等资源利用效率，建成以低消耗、低排放、低污染、高效能、高效率、高效益为主要特征的绿色交通系统。

4. 关于平安交通

防止目前阶段安全事故“不可避免论”，牢固树立加快发展平安交通，是以人为本的本质要求，是服务民生的最大前提，也是实现交通运输科学发展的基础条件。

（1）加快发展平安交通，要义是把安全发展理念贯穿于各领域、全过程，特别是基层和一线，坚持底线思维和红线思维并不断拧紧螺丝扣，把保障人民群众出行安全放在首位。

（2）加快发展平安交通，坚决守住安全是底线、安全是红线的思想防线和责任防线，强化安全治理体系和治理能力建设，提高交通运输安全发展的防、管、控能力。

（3）核心是坚持管行业必须管安全、管业务必须管安全，重心下移、工作下沉，健全完善科学规范、运行有效的安全生产责任体系，焊牢企业主体和行业安全监管的责任链，加强督促检查、严格考核奖惩，对有章不循、有章不依的问题不放过、严查处，切实把安全责任落实到一线、落实到岗位、落实到个人。

（4）关键是坚持常、长二字，夯实基础、补齐短板，大力提高交通运输安全应急处置能力，推进安全生产长效机制建设，建立隐患排查治理体系和安全预防控制体系，强化重点时段、重点地区、重点领域、重点环节的安全监管，不留死角、不留盲区，不打折扣、不走过场，确保安全监管全覆盖，安全隐患零容忍，有效防范和坚决遏制重特大事故的发生，实现交通运输持续安全发展。

总之，综合交通是核心，智慧交通是关键，绿色交通是引领，平安交通是基础，“四个交通”相互关联，相辅相成，共同构成了推进交通运输现代化发展的有机体系。通过“四个交通”的协调发展，交通运输服务经济社会发展的基础性、先导性作用更加突出，公众出行将更加安全便捷、舒适满意，为实现交通运输强国目标打下坚实基础。加快推进“四个交通”发展，根本还是要通过全面深化改革来实现。各级交通运输部门要按照中央统一部署，抓紧研究制定分类推进改革的实施方案，不断推进交通运输治理体系和治理能力现代化。当前和今后一个时期，要以重点改革带动全面深化改革的顺利推进。

五、落实创新、协调、绿色、开放、共享、可持续发展理念

面对复杂的国际国内新形势，面对新常态下加快推进结构性改革的新要求，“十三五”时期交通运输发展将牢固树立和贯彻落实创新、协调、绿色、开放、共享的发展理念。

(1) 坚持创新发展，培育交通运输发展的新动力。要创新理论政策、创新体制机制，以治理体系和治理能力现代化为目标，以推动综合交通运输体系深度融合、协同发展为主攻方向，以稳定交通运输资金保障为重点，深化体制机制改革，激发交通运输发展的内生动力。更加注重补齐交通基础设施短板，着力提高投资的有效性和精准性，强化交通扶贫脱贫攻坚，推动形成区域、城乡、城际及国内国外交通基础设施供给的平衡结构，打通“最后一公里”，加快建成综合交通基础设施网络，加快推进交通运输基本公共服务均等化，提高网络化水平和运行效率。更加注重运输装备提档升级，改造提升传统比较优势，提高运输装备的现代化水平，推进货运车型、船型及多式联运等装备设施标准化，积极发展新能源和清洁能源运输装备，引导高端化、智能化的先进运输装备推广应用。更加注重提升运输服务品质，增加高品质、快捷化、差异化、定制化的客运服务供给，扩大更加经济、高效的多式联运货运服务供给，鼓励和引导交通运输新技术、新业态、新模式加快发展，重点发挥互联网平台整合市场零散运输资源、提高供需匹配效率的关键作用，不断提升服务的集约化规模化水平，提高

供给质量和效率，更好适应运输需求新变化。

(2) 坚持协调发展，形成交通运输平衡发展的新格局。更加注重各种运输方式协调发展，研究相应的引导机制，加强各种运输方式的深度融合与有效衔接，更好发挥铁路运输和水运在大宗货运中的比较优势，大力发展多式联运，提高中转效率，发挥好综合交通运输的组合效率，降低运输成本。要促进区域协调，推动东、中、西部地区交通运输协调发展，交通运输资源更多地向革命老区、民族地区、边疆地区、贫困地区倾斜。要促进城乡协调，加快城乡交通一体化。要促进综合运输体系内部协调，实现各种运输方式之间的合理分工、有效协作和一体化服务。要促进交通运输建管养运协调，推动物质文明和精神文明协调，推动交通运输与国防建设融合发展。

(3) 坚持绿色发展，探索交通运输可持续发展的新模式。要通过结构调整拓展绿色发展空间，优化交通基础设施布局，实行公共交通优先。要通过技术进步推动绿色发展，推进绿色循环交通基础设施建设。要通过制度设计引导绿色发展，形成推动绿色交通发展的长效机制。要打造绿色交通，把生态文明建设融入交通运输发展的各方面和全过程，大力推进结构性、技术性和管理性节能减排，加大新技术新能源应用；大力推进生态保护，建设生态型基础设施，落实行业大气污染、水污染防治任务；大力推进资源全面节约和高效利用，推行适应节约土地要求的工程技术，提升土地和岸线等资源利用效率；大力推进管理能力建设，加强交通运输节能环保管理与统计监测。

(4) 坚持开放发展，开拓交通运输发展的新空间。要服务国家对外开放新格局，加快推进交通基础设施互联互通和大通道建设，开辟多式联运跨境交通走廊，提升对“一带一路”倡议的支撑力。要推动交通运输“走出去”，积极参与国际交通运输治理，逐步扩大中国交通在世界舞台的影响力和话语权。交通运输要服务国家对外工作大局，连通道路、畅通水路、优化航路，积极完善对外开放布局、积极服务“一带一路”倡议、积极参与全球交通运输合作，把中国和世界更紧密地融合起来。要从注重沿海对外开放向全面对外开放转变，加强内陆沿边地区口岸和交通基础设施建设，开辟跨境多式联运交通走廊；从注重引进向推进双向开放转变，全面实行准入前国民待遇加负面清单管理制度，促进国内国际交通运输要素有序流动、高效配置。要加强交通规划、技术标准体系对接，抓住关键通道、关键节点和重点工程，加快口岸基础设施建设和港口合作建设，促进国际运输便利化，推动形成国际物流大通道，逐步形成连接亚洲各次区域以及亚欧非之间的交通基础设施网络和安全高效的陆海空通道网络。要深度参与国际规则和标准制定，完善交通运输双边、多边合作机制，深化国际科技合作，开展海上交通执法和搜救等合作，加强航行安全保障等合作，共同维护国际运输通道安全。

（5）坚持共享发展，让人民群众共享交通运输发展的新成果。要努力建设人民满意交通，多办贴近民生、服务群众的实事好事。要聚力交通运输扶贫脱贫攻坚，提升交通运输基本公共服务均等化水平。要提升交通运输服务品质，不断增加人民群众的获得感，使交通运输发展成果更多更好地惠及全体人民，更加注重保障改善民生。交通运输既是经济领域，也是民生领域。交通运输工作必须把促进社会公平正义、增加人民福祉作为出发点和落脚点，让发展成果更多更公平地惠及全体人民，实现包容性发展。要大力推进交通运输基本公共服务均等化，发挥好交通运输“保基本、兜底线”的作用，发挥交通运输行业作为生产性服务业吸纳就业的有利条件，进一步拓展交通运输促进就业的社会功能，为稳定就业做出应有贡献。

（6）坚持可持续发展。破解当前制约交通运输科学发展的各种硬约束，实现实实在在和没有水分的增长，必须更加注重可持续发展，下大气力推进绿色发展、低碳发展、循环发展。以前我们讲的可持续，侧重生态环保层面多些。在新的形势下，要将可持续发展理念贯彻到规划、设计、建设、养护、运营、管理的全过程，做到生态环境可持续、经济可持续和社会可持续。实现生态环境可持续，就是要大力发展绿色交通，按照节能减排、环境保护和应对气候变化的要求，推进绿色循环低碳交通运输体系建设，形成节能减排降碳的监测、评价、准入、退出制度，建立健全绿色交通发展的长效机制。实现经济可持续，既要在财税体制改革框架下，建立稳定可靠的交通运输投融资机制，积极争取财政性资金投入，吸引和规范民间资本投资交通运输建设，有效防范企业债务风险，同时还要切实提高基础设施耐久性，保证工程建设质量，加大养护管理力度，延长使用寿命，提高交通运输资金投入产出效益。实现社会可持续，就是要积极回应公众关切，大力推进政府信息公开，加强宣传舆论引导，确保行业形势总体稳定。

第六章

城镇化进程中综合运输体系的发展策略

改革开放近40年来，我国国民经济的快速增长，人民生活水平的不断提高，城市化进程的迅速推进，既为交通运输带来了巨大需求，也为其快速发展创造了有利条件。国家和地方政府也投入巨额资金，既有效地解决了交通“瓶颈”，也促使交通运输产业自身得到了极大发展。构建网络设施布局完善、技术装备先进适用、运输服务安全高效的现代化综合交通运输体系，是交通运输领域落实科学发展观的重要举措，也是区域经济一体化、新型城镇化发展的必然要求。

综合交通运输系统可分为区域综合交通运输系统和城市综合交通系统。就城市综合交通系统而言，据预测，随着信息技术的发展，未来的城市交通模式也将发生根本性改变。城市空间从无到有，交通走廊成为城镇化的首要区域。从世界城市化发展历程来看，道路交通系统的调整和交通方式的变革对城市形成、规模结构、城市形态、城市用地和城市扩展等起到了不可替代的作用。因此，城市发展，交通先行。当前新型城镇化也对综合交通运输体系建设提出了更高的要求。

以公路为例，公路建设规模大，需要资金多，因此，发展公路建设的首要问题是解决公路建设资金。20世纪80年代初期，综合运输研究所在《加快公路运输发展的紧急建议》中就提出了“建立公路建设基金，专用于国道建设，由交通部根据规划，统一安排”“为了多途径集资，在有条件的地区，可允许贷款或集资建设一些收费桥梁和路段，用所收取的费用偿还”。20 世纪 90 年代以后，又进一步对公路建设非传统融资方式进行研究，提出了实行燃油税、重车税，发行公路建设债券、股票上市、建立投资基金等，以扩展资金来源渠道，支持公路建设。这些建议得到了政府部门的重视，对增加公路建设资金起到了积极的作用。

第一节
交通运输对城市发展的影响

从古至今，人类历史上的城市空间从无到有，经历了从绝对分散到相对分散以及绝对集中到有机集中的发展演变，而交通走廊成为城市化的首要区域。回顾历史上城市的发展过程，道路交通系统的调整和交通方式的变革对城市形成发展、规模结构、城市形态、城市用地和布局扩展等都起到重要的作用。在交通（包括高速公路）对城市发展影响的研究中，可以从三个规模尺度来衡量：一是站在宏观层面的角度，从区域层面探讨交通与城市空间结构和体系的相互关系。二是站在中观层面的角度，探讨交通对个体城市空间发展形态和发展方向的影响。三是站在相对微观的角度，探讨交通与城市用地布局结构的关系。

一、交通与城市空间结构和体系的相互关系

从区域宏观角度来看，城市不过是区域的一个点或者块。可将城镇区域空间构成要素中的城市、交通和区域比作区域景观形态中的斑块、廊道和基质。以城市群为主体，从地域结构的角度来看，其构成因素可分为节点、结区和廊道。廊道即各级交通网络，是城市群扩展和演化的基本轴线。为此，交通的宏观层面影响重点在点、线与面之间的相互关系上。

（1）交通影响城市的形成。各国城市发展史已经反复证明，交通是城市形成的主要前提，又是支撑城市经济发展的重要基础。这也就是城市在古代多半诞生于江河湖海之滨，到近现代则多形成于铁路、公路沿线的重要原因。平原是城市之母，河口是城市的摇篮，这是早期城市兴起的一般条件和规律。在近代机械动力交通取代自然动力交通的进程中，城市形成区位的选择也逐渐转移到铁路和公路枢纽。

（2）交通条件决定了城市的发展规模。不同的交通方式影响着城市不同的合理范围。在步行阶段，城市和原始文明都诞生于人类容易行走的平原地带，世界的四大文明古国和古代大城市多诞生于河流谷地以及平原地区。据统计，1983 年我国的 266 个城市中，仍然有 70%集中于黄河、长江、珠江、辽河和海河等流域。在水运时期，沿河沿海城市发展迅速，例如，在京杭大运河发展时期，扬州和聊城等沿河城市都得以发展，成为全国性大城市。由于海运时期的辉煌，我国的泉州和广州都曾经是世界级港口，特别是泉州港，还成为当时世界上最大和最为著名的海港。在铁路发展时期，郑州等城市借助铁路的运输速度和能力而迅速发展。而目前，拥有国道和高速公路的城市成为空间发展潜力较大、拓展迅速的地区。我国著名地理学家阎小培通过对广州城市的研究，提出了交通方式改进对城市空间规模的变化影响，在家庭汽车时代，依靠高速公路的交通延伸，城市的理论空间规模达到 314~707 平方公里。

（3）交通影响区域的城市体系结构，进而影响到城市群的形成。交通方式影响到城市体系结构的演化，进而影响到城市群的发展。交通网络的发展是城市群日趋完善的最重要条件。一个地区内的城市间如果没有发达的交通运输条件，其城市群的形成演化是不可能的，特别是当代社会，交通网络更为重要。由于每一个城市所处的地理位置不同，所处的地区资源丰度和经济实力也有差异，其城市的发展方向也有差别，因此每个城市都有其优势与劣势。在城市群发展过程中，每个城市都遵循一定的内部机制，因地制宜、扬长避短，逐渐形成各自的特色，在一定的地域内担负着某方面的功能。特别是在城市形成发展的漫长过程中，每一个历史阶段都是与交通工具的革新密切相关的。在现代生产力水平支配下，城市之间要彼此合作，形成各有特色的劳动地域分工，构成整个地区的功能体系，都需要发达的交通运输网作为依托，并作为城市的政治、社会和文化活动的联结枢纽，交通网络的发展是城市群日益发达的基本条件。

二、交通对个体城市空间发展形态和发展方向的影响

如果说城市功能是内容，是城市的生命和活力所在，那么城市形态则是形式，是生命和活力的载体和依托。形式与内容统一，才是一个完整的城市概念。城市形态是城市社会经济活动在空间上的投影。因此，它具有动态发展性，以其不断的变化直接反映了城市过去、现在以及未来发展的进程。交通技术的每一次创新都将促进、推动城市的空间扩展和改变城市的外部形态。20 世纪以来，汽车与公路的快速发展，改变了 19 世纪前期城市原始的生态组织结构，城市的发展规模、外在形态和内部结构都发生了明显变化。可以说，不同的历史时期，不同的地理区位，具有不同的交通模式。而不同的交通模式决定了不同的城市发展空间形态模式。

有一种理论认为交通系统的历史是一个动力发展的过程，交通充当城市发展的驱动因素，交通工具的进步引起城市形态的演变。不同的交通走廊模式决定了不同的城市空间形态。19 世纪中期以来，世界上城市交通经历了五次较大的变化，每次变化都在城市空间形态方面留下了深刻的印记。

（1）马拉有轨车时代（1832~1890 年），城市星状形态的出现以及环形结构的重建；

（2）电车时代（1890~1920 年），城市扇形模式的出现；

（3）市际和郊区铁路发展阶段（1900~1930 年），城市扇形模式的强化以及串珠状郊区走廊的形成；

（4）汽车阶段（1930~1950 年），郊区化的加速与同心环状结构的再次重建；

（5）高速公路与环形路快速发展时期（1950 年至今），城市形态多核心模式的出现。

国外有学者将城市空间形态的发展划分为三个不同的阶段：

（1）传统的步行城市（人类历史时期开始至1850年）。其特征表现为人口的高密度，土地的复合利用，出行目的地均可在半小时内到达，城市范围很少有超过5公里的。

（2）公交城市（1850~1949年）。由于火车和电车的出现，人们的出行距离大为增加，城市限制在20~30公里，人口表现为中密度，由于工业和居住倾向于布局在城市中心或者铁路旁，所以城市的形态表现为高度紧凑。

（3）第二次世界大战后的汽车城市。城市范围扩展到50公里以外，低密度的人口，低密度的土地利用为其基本特征。卡车的出现使任何拥有通车道路的距离市中心又不是太远的地方都有可能成为工业用地的布局场所，而家庭轿车的出现导致住宅区的城郊化转移，这都导致城市空间的膨胀和结构的变化。可以说，公路重塑了城市。

三、交通与城市用地布局结构的关系

城市空间扩展过程中最核心的问题是城市功能特征的变化引起城市用地结构的演化。在整个城市发展中，城市土地利用的演变是城市用地与交通一体演变的过程。过度的土地利用，必将导致拥挤的交通，从而要求高运载能力的交通方式与之对应，例如公共交通。反之，则可能导致自由方式的交通。城市土地利用模式与交通模式之间存在着一种客观的互动反馈关系。这种关系自20世纪以来就受到城市研究学者的关注。有的学者指出：影响交通行为的土地利用方向的四个主要因素是：①规模（人口、住房和职工的规模）；②密度、设计（土地利用结构）；③商业服务设施的可达性；④布局（土地利用结构、职员/动力平衡、城市结构、中心的布局及特性以及沿交通走廊区域的居民和雇员）。实际上，交通与土地利用之间关系的本质就在于它们之间在这些方面的互动关系。

从土地利用的角度来看，交通的发达改变了城市结构和土地利用形态，使得城市中心区的过密人口向城市周围疏散，城市商业中心更加集中，规模加大，土地利用的功能划分更加明确。例如，交通的发展促使新的商业区出现，其发展过程可分为四个阶段：①第二次世界大战后住宅发展阶段；②工业变化和商业扩展阶段；③房地产产业引起的投机阶段；④零售商业由于功能和价格等变化后的再发展阶段。胡佛研究了一个地方土地市场的布局，表明土地的通达性对某些产业的重要性胜过其他一些产业，运输成本是一大关键要素。他引用了芝加哥的例子，指出对那里的工业区而言，较高的通达性首先局限在沿河一带，之后拓展到接近铁路的地方，直至最后才部分地演变成接近卡车运输。

交通条件影响土地利用的若干方面，进而影响到土地利用布局。美国规划官员协会提出的一份研究消费者从居住地去工作地的出行报告，认为消费者最为关心的不是他们的住所和工作地的距离，而是他们走这段距离所要花费的时间。由于交通方式的变化，城市土地利用呈现圈层变化。城市中心用地从以工业为主开始转变。有研究表明，济南市城市土地利用结构具有明显的圈层和扇形结构特征，自内而外可分为三个圈层：①内圈层以居住和商业金融服务为主，且居住用地比例偏大；②中间圈层土地利用的空间结构比较均衡，随时间变化较平稳；③外层土地利用的时空变化明显，工业用地比例较大。

四、城市交通研究回顾

城市交通是交通运输的重要组成，也是综合运输研究所长期关注的重点。建所之初综合运输研究所就极为重视城市交通问题研究。1959～1960年，综合运输研究所与北京市城市规划局共同研究提出了《北京市交通规划方案》《全运会车、客流集、疏、散方案》和《改善西直门铁路道口方案》等报告，提出了解决当时交通问题的意见，也为综合运输研究所深入开展城市交通问题研究奠定了基础。

面对我国城市交通拥堵的严重情况，综合运输研究所从 20 世纪 80 年代以来连续对城市交通问题从宏观上开展研究。例如，1995 年进行的《我国大城市交通发展方向及对策研究》，在总结多年研究成果的基础上，结合私人小汽车的发展趋势，提出国家要坚持公共交通优先的方针，重点支持公共交通发展，加强城市道路基础设施建设，小汽车交通与道路基础设施协调发展等建议。又如，综合运输研究所在20世纪80年代就大城市交通问题提出要发展地铁、轻轨等大容量的轨道交通。近年来，综合运输研究所开展的《我国大城市轨道交通及城市铁路发展问题》研究，论证了轨道交通是大城市经济、社会发展的需要，是满足客运需求的最佳运输方式，是交通运输可持续发展的必然选择，进一步提出“大城市交通要以公共交通为主，公共交通要以大容量快速轨道交通为重点”的基本思路，建议积极发展城市铁路，结合现有铁路系统加快解决城市交通问题。并且，提出轨道交通应超常规发展，以及技术装备国产化等建议，对我国城市轨道交通发展具有重要意义。原国家经委副主任郭洪涛同志特将此研究成果送建设部领导审阅。建设部俞正声部长在回郭老的信中写道："关于充分发挥城市铁路的作用，从综合运输系统的观念重视它在解决城市交通和铁路运输中的双重功能是非常必要的。我们完全赞同该文阐述的观点。"

20世纪80年代后期，由于经济的快速发展，交通运输出现了全国性的紧张，货物发不出，旅客走不了，交通运输一度成为全国上下最为关注的焦点。根据国家计委领导的安排，综合运输研究所参加了计委工业综合一司组织的“缓解交通运输紧张”的调研工作，并负责撰写了《关于缓解交通运输紧张状况的应急措施》的报告，提出要搞好运输分流，发挥综合运输能力；完善设备配套，打通主要通道，扩大运能；改善运输组织，挖掘潜力，提高效率以及实施必要的经济政策，由计委上报国务院批准实施，为渡过交通运输难关做出了较大贡献。此外，综合运输研究所还一直关注挖掘运输潜力问题。20世纪60年代，综合运输研究所就开展了天津等港口挖掘运输潜力的研究；20世纪90年代中期，按照中央提出的“两个转变”精神，从交通运输增长方式由粗放型向集约型转变的角度，再次对挖掘运输潜力问题展开研究，编写出《充分挖掘现有交通基础设施潜力的对策》研究报告，提出“新建与挖潜并重，将挖潜工作放在首位”的指导方针，以及加快交通运输科技进步的对策。这些观点对交通运输业的发展具有深远意义。

为了及时掌握交通运输发展状况，综合运输研究所从 1994 年开始连续六年对运输生产、交通建设和体制改革等主要方面进行跟踪分析，按季度分析、评价交通运输生产情况、特点和存在的问题，预测交通运输发展形势，并提出相关的措施和建议，及时为计委领导和有关部门提供交通运输综合信息服务。

交通运输形势分析年度报告充分反映出该年度、季度交通运输变化的特点。20 世纪 90 年代之后，大量的农民工进入城市，使原来就极为紧张的春运更加雪上加霜，成为交通运输的最大难点。交通运输形势跟踪分析课题组及时对春运工作情况进行分析和总结，包括：当年春运期间运输特点、各种运输方式完成的运输量、不同地区的客流变化情况等，综合反映了各种运输方式开展春运工作的基本情况。例如在 1994 年、1995 年，面对突然来临的“民工潮”，课题组进行了深入分析，提出了可行的对策建议。又如，1995 年研究报告通过分析运输需求变化的情况，首次提出了运输供求状况好转，运输紧张状况将出现逐步缓解的观点，这一认识现在已经得到了各方面人士的赞同；对实行双休日引发旅游热，造成短途客流大幅度增加，建议交通运输部门对此应予以重视，加快制定相关对策；同时，提出运输企业的经营难度大，亏损较严重，应引起各级有关部门的特别关注；等等。运输形势分析报告提出的各种观点得到了国家计委等有关领导和部门、交通运输界人士的重视和引证。在 20 世纪 90 年代中期，季度分析报告的不少信息和观点被计委上报中央办公厅、国务院办公厅和中央财经领导小组办公室，并多次被中办、国办以信息形式报送中央和国务院领导审阅。

面对信息技术的发展，综合运输研究所于 20 世纪 90 年代初成功地开发了交通运输信息系统，建成“全国交通运输经济信息网”，通过电信远程传输、软盘、快讯等方式向全国发布公共交通信息，受到了众多政府部门、有关机构和企业的欢迎。此后，又进一步开发建成“中国交通运输分析数据库”，并于 1998 年以《中国交通信息》（*Trans China*）进入国际互联网，每年发布交通信息数十万条，成为我国交通运输界有一定影响的专业化信息传播网。

五、积极借鉴国外交通发展经验

交通运输的发展既依赖于经济、社会、科技和文化等动态化因素，还取决于一定的地理和资源环境因素，因此交通运输发展具有复杂性，不存在放之四海而皆准的统一模式，必须从多个维度进行分析研究。

例如，TOD（Transit Oriented Development）是美国郊区化进入新阶段的产物，建立在新城市主义思潮基础上，以区域公交发展为导向贯彻精明增长（Smart Growth）理念。TOD 一般被认为是遏制城市空间蔓延增长的有效手段。从 20 世纪 90 年代以来，国内在轨道交通沿线土地开发过程中引入 TOD 的理念。根据轨道周边地区的开发特点、规划条件及需求，有针对性地制定相应的规划控制标准，保障开发建设的顺利进行，塑造具有特色的空间形象。近年来，TOD 又开始与低碳城市、宜居城市、紧凑城市、城市综合体等新型概念结合起来。国内城市如深圳市在 TOD 发展方面推出了诸如建立与交通规划、城市规划相协调的 TOD 框架体系，确定 TOD 站点的空间尺度范围、对用地功能进行划分和控制、对城市设计与环境要素进行指引（主要包括开放空间、地下空间和标识系统）以及对交通设施、接驳方式进行规划控制等措施。

交通运输业需要从推进供给侧结构性改革这个大势中找准定位，以新理念、新方式、新路径谋划发展。例如，景观铁路是一种兼具交通、旅游属性的高端供给产品，对沿线经济社会发展的品质提高具有明显带动作用。能够优化交通业及旅游业业态；带动沿线发展，促进精准扶贫；提供与老龄化社会相适应的交通旅游产品；提升边远中小城市品质及竞争力。国外已有很多成功范例，可以借鉴的成功经验主要包括从线路选择到细节设计等力求“画中游”效果；铁路场站位置和形式注重人性化；以通票形式对乘坐景观列车者给予优惠等。国内也有发展景观铁路的基础和潜在需求，应将景观铁路建设作为交通供给侧结构性改革的一个新着力点，综合考虑经济、交通、旅游资源、区位特点等因素，试点先行，有序推进。

我国的综合运输体系建设要着力于完善综合运输体系，把铁路、水路和公路诸多运输方式合理地组合起来，寻求一种资源节约、运行高效的服务方式。下面以德国综合运输体系为例，我们可以借鉴其成功和有益的经验与做法。

货运中心是德国大力倡导、扶持发展的集约运输组织形式。它依托一定的经济区域，以可供选择的多种运输方式，快捷的运输网络，周到的运输服务，把传统分散经营的运输企业及运输服务企业吸引到一起，使生产—运输—消费市场紧密衔接，使一个区域向不同方向流动的货物和其他不同方向流动到一个区域的货物，经过货运中心进行分拨、配载，再选择适宜的运输工具迅速地输送到目的地。

综合运输的政策是长距离运输以铁路、水路为主，两头的衔接与集疏以公路为主。货运中心在德国的发展是近 10 年的事情。德国经济学家和交通运输专家经过长期的研究认为，一个重要的因素是生产贸易国际化、自由化的迅速发展，有赖于人员、物资、信息的及时、有效的流动与供给。在产、运、销的链条上，运输业生产既涉及加工、包装、装卸、运输，又涉及管理、经营与服务，还涉及土地资源利用、环境保护和生态平衡等。因此，把如此多的运输环节经济合理地组合起来，寻求一种资源节约、运行高效的运输服务，便成为德国货运中心兴起与发展的内因。另一个重要的因素是，德国着力于完善综合运输体系，这是推动货运中心发展的政策条件。为了减少不断提高的摩托化程度对交通与环境的压力，特别是控制载重汽车对环境与生态的负面影响，德国综合运输政策的目标是长距离运输以铁路、水路为主，两头的衔接与集疏以公路为主。发展货运中心，可为实现这一目标提供畅通的、便利的、有利可图的方式，从而减少载重汽车的投放和空驶。

着眼于巨大的社会效益，由联邦政府统一规划、建立和发展货运中心，由州政府负责按规划进行建设，并采取相关政策，扶持其发展。建立货运中心，德国着眼的是巨大的社会效益。从运输经济本身来看，货运中心是通过提供必要的服务设施和服务条件，合理组织物资集散，达到物流经济快捷而资源充分利用的目的；从社会效益来看，货运中心能发挥减少空驶，减轻道路拥挤压力的作用，从而减少噪声和环境污染，有利于保护环境；

从地区经济发展来看，货运中心能吸引办厂，为一个区域的经济繁荣注入新的活力，创造较多的就业机会，并且增加税收。

德国规划建设货运中心与规划建设交通干线、主枢纽统筹考虑。在广泛进行生产力布局、货物种类、流量、流向调查的基础上，根据各种运输方式衔接的可能，确定货运中心的规模与发展。德国规划到 2010 年左右建设 30~40 个货运中心，目前已建成 20 个。

货运中心选址一般考虑三个方面：①至少有两种以上运输方式连接，特别是公路和铁路；②选择交通枢纽中心地带，使货运中心网络与运输枢纽网络相适应；③经济合理性，包括运输方式的选择与利用、环境保护与生态平衡以及在货运中心经营的成员利益的实现等。

政府在规划建设货运中心的基础上，将货运中心的场地向运输企业或与运输有关的企业出租，承租企业则依据自身的经营需要建设相应的库房、堆场、车间，配备相关的机械设备和附属设备，以中心为基地，把服务触角伸向广阔的市场。在货运中心，有运输、装卸、仓储、包装等众多的成员，成员各有其联系的客户和货源渠道，彼此间的联系是自愿而松散的，各自独立经营。不来梅市货运中心有 50 家运输企业和运输服务企业，从业人员 3000 多名，如宠物饲料运输公司、零担货运公司、综合运输公司、冷冻食品运输公司、邮政包裹运输公司及公铁联运站等。

政府兴办，民间经营，为成员企业提供信息，不具有行政职能。德国的货运中心由政府兴办但却实行民间经营管理方式。不来梅市货运中心自身的经营管理机构采取股份制形式。市政府出资 25%，货运中心 50 户经营企业出资 75%，由经营的企业选举产生咨询管理委员会，推举经理负责货运中心的管理活动，实际上采取了一种企业“自治”的方式。货运中心的职能主要是为成员企业提供信息、咨询、维修等服务，代表 50 家企业与政府打交道，与其他货运中心加紧联系，不具有行政职能。提供良好的公共设施和优良的服务，是货运中心全部活动的宗旨。因此，货运中心一般都兴建有综合服务中心、维修保养厂、加油站、清洗站、餐厅等，有的还开办驾驶员培训中心等实体，提供尽可能全面的服务。这些实体都作为独立的企业实行经营服务。

第二节
我国新型城镇化的交通发展策略

交通运输是国民经济的基础性、服务性产业，交通运输的发展关系到我国经济社会发展的全局，关系到城市现代化建设的进程。为此，迫切需要尽快建立能力充分、组织协调、运行高效、服务优质和安全环保的运输系统，构筑布局协调、衔接顺畅、优势互补的现代综合交通运输体系。

根据国家发展规划，我国交通事业的总体目标是：在未来 10 年，我国交通运输基础设施能力明显增加、网络结构基本合理、质量和效益显著提高，基本形成符合我国市场经济要求的交通运输市场体系。交通科技创新能力明显增强，交通增长方式转变取得明显进展，资源利用、环境保护的水平明显提高，初步走出资源、环境与交通运输协调发展的新路子。

一、科学合理编制交通规划

人的需要和以人为出发点的价值衡量是一切建设工作成功的关键。所谓观念决定行动。最大的节约是规划的成功，最大的浪费是规划的失败。美国学者怀特（Whyte，1958）在半个世纪前就认识到，美国洲际公路将彻底改变美国的城市形态，同时相信通过合理的规划，交通系统、土地开发和开敞空间保护三者可以得到协调。以公路为导向的大都市交通系统的建设，将是解决大都市交通问题的最有力的工具，而这一工具运用得成功与否，极大地依赖于规划与区域协作。为此，未来的城市交通运输规划要站在科学发展观、区域整体观、空间发展观与城乡统筹观的角度，对自然、经济、资源、生态环境、区域规划和人口聚居等各种因素全面考虑、反复权衡，将交通规划的不同方案加以遴选、评价和修改，通过科学的程序，产生最佳方案。同时，加强交通规划与区域规划、土地利用规划、城市总体规划及详细规划等的密切配合与协调，促进规划的有机结合。

二、促进各种交通方式的协调和优化

无论是在城市化建设方面还是在交通建设方面，政府的主导作用都不可忽视。因此，要充分发挥政府在各个层面的宏观调控作用，通过法律、政策、经济和宣传等各种调控手段，统筹规划、合理布局各类交通基础设施，做好各种运输方式的相互衔接，根据时代发展和技术进步的要求，不断优化交通结构，保证交通运输整体效益的最大化。同时，结合各种运输方式的技术经济特性，调整优化交通结构，统筹基础设施建设、养护与运输服务的协调发展，杜绝交通运输的恶性竞争。例如，铁路要发挥长距离、大批量、低成本、快速干线运输的优势，继续提高速度，增强对远程客货的吸引能力。又如，在高速公路的建设中，要实现投资、建设、运营管理分离，保证宏观调控的有效性。

三、调整产业结构，完善城市综合交通体系

“城市化是社会经济发展的必然产物，也是经济社会发展的有机组成部分和有力的推动器。”在 21 世纪，城市化仍然是我国的重点发展战略。城市化的发展进程，同时也是我国工业化程度继续深化的进程。产业结构仍然是城市空间结构优化的主导因素。产业结构的调整不仅能强化城市的辐射功能，而且还会引起城市功能系统在空间分布格局上的巨大变化。当城市产业结构由第二产业主导型向第三产业主导型发生转变时，生产方式也会相应地由劳动密集型向资本、技术密集型过渡，这种经济结构上的根本性转变将带来交通需求规模和结构的巨大变化。因此，优化城市的产业结构和用地布局与协调发展，对城市内外的交通影响巨大。在交通布局上应当响应城市作为区域中心的集聚和扩散，不仅促进产业在城市内部的重新分布，调整城市土地结构和运输结构，而且促进区域整体的发展。

四、建立多元化的交通投资

提高交通运输的规模和质量，充足的资金是重要的保障。要善于运用BOT、TOT等多种形式，继续坚持“国家投资、地方筹资、社会融资、利用外资”的良好机制，建立多元化交通建设投资体系。首先应稳定政府资金投入，保持中央和地方政府在交通基础设施建设方面长期、稳定的资金来源和投资强度。要保持车购税、港建费政策的稳定性及使用的专项性。依法明确界定中央与地方的交通建设职责权限，完善中央与地方联合建设交通设施的机制，按照职责加大地方财政性资金投入交通建设力度。其次应进一步扩大交通运输建设项目直接投融资比例，鼓励符合条件的企业通过发行企业债券等形式筹集建设资金。最后应继续发挥银行贷款等间接融资渠道的功能，保证银行资金的连续性，尽可能为交通建设筹集更多的建设资金。研究制定吸引各方面资金进入交通领域的政策。加快研究老车站及老港区等功能转换政策，通过各种优惠政策鼓励企业发展。

五、促进交通技术的引进推广和人才培养

世界经历了空前的工业技术发展，技术惊人地影响着城市以及城市规划和建筑的实践，新的科学发现和技术革命不仅日益提高着生产效率，而且逐渐拉近了社会生活各领域间的空间距离。科学技术是第一生产力，是推动人类文明进步的革命力量，同样也是推动交通运输发展的主要力量。实践也证明，每一次交通技术的突破，必将引发全球城市化发展的革命性变化。为此，应继续进行提高科研能力、改善科研条件和整治科研环境的建设，建立适应交通现代化要求和符合交通科技自身发展规律的创新体系。着力解决交通建设养护中的关键技术问题，大力开发应用交通信息化技术、运输管理技术、交通安全技术和环保技术；加强交通决策支持研究和先进适用技术的推广应用，取得一批拥有自主知识产权和具有世界领先水平的科技成果；加强交通科研教育基础设施建设；初步形成一个适应交通现代

化要求，政府主导与市场机制相结合，创新能力强、创新效率高，符合交通科技自身发展规律的创新体系。同时，应牢固树立人才是第一资源的思想，加强交通行业创新文化建设，努力形成尊重知识、尊重人才、尊重创造的良好氛围，坚持把发现、培养、使用和凝聚优秀科技人才作为交通科技发展的重要任务。逐步建立起鼓励优秀科技人才脱颖而出的机制，积极调整科技发展的相关政策。高度关注尖子人才在科技发展中的重大作用，以选拔凝聚科技尖子人才为重点，带动整个科技队伍建设。

六、促进城市内外交通的有机衔接

城市和区域是不可分割的统一整体。作为现代城市发展规划的奠基人，霍华德·盖迪斯（Howard Gidez，850~1928）倡导综合规划的概念，又提倡“区域概念”，即周密分析地域环境的潜力和限度，对居住地布局、交通系统和地方经济发展的相互关系，突破了城市的常规范围，强调以自然地区作为规划的基本框架。

因此，交通运输的规划建设，也不能离开所在的区域和城市。强化区域交通系统共建已经是时代的必然要求。要强化区域内不同交通设施的协调建设。要强化城乡之间的交通系统协调，充分发挥城市的集聚和扩散效应，扩大城市发展的腹地。同时，要强化城市内部交通的协调，实现内外交通的畅通。

第三节
新城市群规划视角下的综合交通体系建设

交通作为经济社会发展的基础和纽带，对城市群的形成和发展有重要的支撑和引导作用。城市群内各城镇的对外交通条件、内部交通环境对产业布局和城市宜居水平具有重要影响，进而影响各城镇的功能定位与综合竞争力。通过完善城市群综合交通网络，缩短核心大城市与周边中小城市的时空距离，促进产业的合理布局与有序转移，引导城市群的空间形态良性发展和大中小城市协调发展。

目前我国城市群交通网络还不完善，发展还不平衡，在一定程度上影响着我国城市群的形成与发展。东部三大城市群综合交通骨干网络的框架初步形成，但部分通道通而不畅，交通紧张。中部城市化地区的交通通道正在建设，网络尚未形成。西部绝大多数城市化地区的交通通道处于起步建设阶段。

一、我国城市群交通的多元需求

近几年，随着我国经济社会的高速运转和不断转型，我国交通运输行业也迎来了自己的变革，在“十一五”和“十二五”期间，我国在公路和城市轨道交通建设等方面均取得了较大进展。但是从长远规划来看，交通运输行业距离现代化的转型还存在较大差距，在交通网路铺设、运输体系建设等方面仍需要进一步完善，从而推进整个行业的不断升级。

从交通运输行业的发展背景来看，投资始终是带动行业前行的最大因素。据了解，自2009年以后，我国交通固定资产投资已占到全部固定资产投资的12%，而这一比例还将不断提升。具体来看，2013年1~11月，我国全社会（铁路、公路、水路）共完成交通固定资产投资19090亿元，同比增长5.3%，增速较前10个月回落0.3个百分点。其中，公路完成投资12446亿元，同比增长8.5%，增速较前10个月放慢0.2个百分点；铁路完成投资5114亿元，同比增长0.9%；水运完成投资1376亿元，同比增长1.2%。可见，公路投资金额最高，铁路其次，水路和民航投资较少。

但值得注意的是，早在十几年前我国公路建设就进行了市场改革，完全开放的投资建设，催生了多样化的投资行为。所以尽管公路投资的规模巨大，却没有获得如铁路投资那样的市场反响，但是公路建设却实实在在地带动了工程机械等行业的增长。

除了固定资产投资的推动，交通运输的客运量和周转量更是反映行业发展状况最重要的指标之一。2013 年 11 月，全社会完成客运量 33.2 亿人、旅客周转量 2386 亿人/公里。其中，铁路旅客发送量增长 11.3%；公路客运量增长 4.9%。全社会完成货运量 40.0 亿吨、货物周转量 16918 亿吨/公里。其中，铁路货物发送量增长 3.0%；公路货运量增长 12.1%。

从数据上来看，我国客货运量均有所增长，但是从市场需求与运营能力上分析，这一增长幅度明显偏小。尤其是近几年，我国铁路客货运量始终处于徘徊不前的状态，当然这并不是由于铁路需求动力不够，而是由于铁路运送能力长期短缺，导致了铁路需求不能释放。所以在未来快速推进中高速铁路的发展将势在必行。

综合来看，我国城市群交通主要有以下四个明显的需求特征：

（1）高密度性。客货运输需求总量大，强度高。城市群是人口密集、工业化和城镇化发展水平相对较高的区域，在主要产业带和城际通道上，客货运输需求总量大，强度高，要求提供大运量、高密度的运输服务。随着城乡居民生活水平的不断提高，旅客运输尤为突出。

（2）高增长性。内部客运量增长速度将明显高于区域客运量增速。目前中短途是我国旅客运输的主力，也是未来客运量发展最快的客流。据统计测算，200 公里以内的客运量占全社会旅客运量的 95%。今后较长时期内，以城市群为主体形态的城际客运量将大幅增长，预计 2020 年中短途客运量将达 650 亿人次。

（3）多样性。客运以通勤为主，潮汐特征明显；货运以小批量、多批次为特点，门到门依赖性更强。城市群交通尤其是以大城市为核心的都市圈范围，一般为 25～150 公里的中短途距离，以通勤客流为主，潮汐特征明显，要求提供大站快车、站站停靠等多样化的运输组织模式。

（4）无缝化。对便捷换乘和无缝换装要求更高。发展综合交通枢纽是实现城市群内外、各种运输方式无缝衔接的有效途径。要求具有城际功能的综合客运枢纽布置在中心城区，并与城市交通系统同站衔接。

在我国综合交通网布局中，大通道和枢纽建设都已经有了一定的发展基础，但介于区际交通和城市交通之间的城市群交通缺乏系统科学的网络规划，仍面临诸多亟待解决的问题。因此，应当系统研究、超前谋划城市群综合交通运输网络布局和建设问题。

二、完善城市群综合交通体系建设

根据《中长期铁路网规划（2008 年调整）》，中国将规划建设“四纵四横”客运专线。“十二五”以来，我国加快推进以“四纵四横”高速铁路为骨架的快速铁路网建设，国家快速铁路网基本建成，国内“四纵四横”快速铁路网主骨架初具规模。根据我国中长期铁路网规划，以“四纵四横”为主骨架的高速铁路网是：

“四纵”：①北京—上海客运专线，包括蚌埠—合肥、南京—杭州客运专线，贯通京津至长三角东部沿海经济发达地区。②北京—武汉—广州—深圳客运专线，连接华北、华中和华南地区。③北京—沈阳—哈尔滨（大连）客运专线，包括锦州—营口客运专线，连接东北和关内地区。④上海—杭州—宁波—福州—深圳客运专线，连接长三角、东南沿海、珠三角地区。

“四横”：①徐州—郑州—兰州客运专线，连接西北和华东地区。②上海—杭州—南昌—长沙—昆明客运专线，连接华中、华东和西南地区。③青岛—石家庄—太原客运专线，连接华北和华东地区。④上海—南京—武汉—重庆—成都客运专线，连接西南和华东地区。

2012 年《“十二五”综合交通运输体系规划》提出，“十二五”时期初步形成以“五纵五横”为主骨架的综合交通运输网络，基本建成国家快速铁路网和国家高速公路网。“五纵五横”是指：黑河至三亚、北京至上海、满洲里至港澳台、包头至广州、临河至防城港五条南北向综合运输通道；天津至喀什、青岛至拉萨、连云港至阿拉山口、上海至成都、上海至瑞丽五条东西向综合运输通道。

《国家中长期综合交通规划》提出的“五纵五横”综合交通大通道与城镇化“两横三纵”的五条轴线基本吻合，能够有效覆盖“两横三纵”主体功能区规划中提出的优化开发区域和其他重点开发区域。围绕“两横三纵”的城市化战略布局，我国综合交通体系建设应该满足中国工业化和后城市化经济发展的要求，满足城市群的多经济中心、政治中心及文化中心和谐发展的需要。着眼于城镇化未来发展的战略全局，按照城市群区域空间布局要求，规划综合交通体系建设，引领、保障和推动城镇化可持续发展。具体思路如下。

（1）适应持续发展的城镇化需要，规划发展综合交通体系。截至2011年年底，我国铁路网密度为0.97公里/百平方公里，仅相当于美国的40%；公路网密度为42.77公里/百平方公里，仅相当于美国的61%；机场密度为0.19个/万平方公里，仅为美国的1/3。这就要求在科学规划的前提下，对综合交通体系的网络规模、运输能力和衔接节点都进行适度超前规划和建设，以适应城镇化快速发展的需求。坚持新型城镇化发展模式，发挥综合交通系统对城市发展的引导作用。

（2）合理布局综合交通网络，不断优化城市群空间结构。充分发挥交通运输的引导作用，优化城市及城市群空间布局，以适应组团式城市发展和都市圈城市群发展需要。围绕城镇化发展“两横三纵”的主骨架和若干个城市化地区以及城市群内的大中小城市和小城镇，合理布局、逐步推进城市群之间的区际通道，城市群内部的城际网络以及城市内部、城乡一体的交通设施建设。

（3）提高综合交通网络运行效率，适应集约高效城市群发展需求。对产业布局、城镇分布形成的客货运输需求进行分析，科学确定基础设施的合理规模、技术标准和建设时序，各种运输方式的综合衔接配套，做到各城市间通道“快速、畅通”、中心城区与各卫星城间通道“便捷、高效”、城市与小城镇间通道“广覆盖、全通达”，交通网络节点衔接“顺畅、无缝化”。

（4）建设绿色低碳的综合交通，适应生态城市群发展需要。节约集约利用资源，在规划、建设、运营、养护等各个环节提高土地、线位、岸线、空域等资源的综合利用水平。优化运输结构，根据城市群、城市交通需求特点，大力发展轨道交通，积极发展市区、市郊及各城市间公共交通。发展循环经济，推进绿色交通系统建设，鼓励发展新能源、低排放的私人交通工具。

（5）因地制宜发展综合交通，适应多元形态城市群发展需求。我国地域辽阔，不同地区自然地理条件差异大，经济社会发展不平衡，人口分布不均衡，导致城市群在发展阶段、规模水平、空间形态等方面存在差异。不同城市群的发展定位有明显区别，要发挥各种交通方式的技术经济优势，统筹推进铁路、公路、水运、航空、管道和城市交通基础设施建设规划，建设现代国家综合交通体系，支撑和引导中国城镇化持续健康发展。

三、加强交通运输综合管理的措施和策略

以综合运输体系的构成及其内涵的分析为基础，总结围绕有关要素产生的社会关系的类型和特征，根据法律调整的客观需要和规律，提出综合运输体系建设的立法项目及其规范对象和主要制度建议。

（1）深化交通运输体制改革，加快法制化、制度化建设。深化交通管理体制改革，探索建立适合运输发展的综合交通运输管理体制。进一步理顺各级政府在公路养护管理、路政管理、高速公路运营管理中的关系。改革铁路管理、空域管理体制。按照市场经济发展的要求，根据我国综合交通运输体系建设新形势发展的需要，研究提出并制定《综合交通运输法》。

（2）建设区际交通网络。交通运输要适应经济社会发展需要，区际综合运输通道是区域间最重要的交通连接，是国家综合运输网络的主要方式。随着经济的快速发展，产业结构的不断升级，大宗商品和货物运输需求也稳步增长，旅客对运输需求将呈现出不同的需求，对运输的安全性、便捷性、舒适性、时效性提出了更高要求。要求区际综合运输通道连通各主要经济体，并对区域经济发展起到引领作用。因此，要优化结构、完善通道、提升能力，建成纵横东西南北的综合交通运输大通道，形成覆盖区际的交通网络。

（3）完善城际快速网络。目前是我国城镇化发展的重要时期，要以轨道交通、高速公路为骨干，以国省主干线公路、内河水运、航空为补充，扩大基础设施规模，统筹城乡综合协调发展，进一步提高覆盖城乡的运输服务能力。加快推进城市之间多层次城际快速交通网络规划，适应快速城

镇化发展目标。快速完善的交通运输系统，不仅可以加强沿线各地区、城市之间的联系，使其交通地位得以提升，而且促使区域间的发展发生巨大的变化。应建设以轨道交通为主的城际交通网络；在城市与城市之间，加快高速公路改扩建工程；在中小城市与城镇之间及城镇分布较为密集的经济带上，根据运输需求，加密高等级公路网络、提升省道等级或以城市快速路的形式建设快捷通道，并注重与主干线运输网络的衔接。

（4）加强城市公共交通。随着一些大城市、特大城市交通拥挤情况日益严重，城市交通问题成为城市发展必须破解的难题。城市交通系统要统筹综合交通运输体系和各城市具体情况，协调城市布局和战略发展方向。大力实施公交优先发展战略，逐步建设规模合理、结构优化的城市公交系统，网络完善、有效衔接的城市交通系统，满足市民基本出行和生活需求。完善公共交通和城市道路基础设施，推动多种交通方式协调发展，加快智能交通建设，合理引导需求，提升城市综合交通承载力。提高站点覆盖率和线网密度，积极发展多种形式的大容量公共交通，构建安全快捷、方便可靠、经济适用的公共交通系统。

（5）加快农村交通建设。要统筹城乡交通一体化发展，加快农村交通基础设施建设，提高农村公路覆盖率。继续实施以通沥青路为重点的通达、通畅工程，形成以县城为半径，覆盖乡镇、村的农村公路网。实施县乡道改造、贯通工程，完善农村公路网络水平。具备条件的乡镇和建制村要加快通硬化路、通客车。完成农村贫困人口脱贫任务，坚持精准扶贫脱贫，因人因地施策，解决好通路等问题，加强农村公路的标识、标线、护栏等安全设施建设，切实落实农村公路的养护和管理。

（6）提升运输服务水平。综合交通运输体系对国民经济和社会发展的支撑作用最终体现为它所能提供的综合运输服务水平。完善综合交通运输体系，需要统筹考虑综合运输服务体系与交通基础设施网络体系的发展。按照“零距离换乘”和“无缝化衔接”的要求，全面推进综合交通枢纽规划，加快全国性综合交通枢纽建设；坚持以市场需求和国家安全需求为引领，合理选择装备配备种类和规模，提升技术装备水平，促进技术装备的现代化；提高交通运输的信息化、智能化水平，加强综合交通运输公共信息平台建设；鼓励运输企业开展一体化运输服务，创新运输组织模式，大力发展甩挂运输、多式联运的一体化运输服务方式，提升运输服务水平。

(7) 综合交通运输要强化节约资源保护环境。我国面对日趋紧张的环境资源，节能减排、绿色低碳将是交通运输的重要任务，因此只能加快转变交通运输发展方式，优化运输结构，提升运输装备技术水平，改善运输方式，才能实现交通综合运输节约化、集约化发展。

四、提高交通运输系统的综合运输能力

铁路、水路、公路、航空和管道五种现代化交通运输方式共同组成我国的交通运输大系统，担负着国民经济发展的运输任务。交通运输系统要适应国民经济发展，不仅要在发展的规模、结构、速度以及在空间地域分布上相适应，同时，更要在系统综合运输能力上协调，形成适应国民经济发展和地区经济开发需要的系统综合运输能力。我国交通运输大系统综合运输能力的形成包括两方面的要求：

1. 干支线综合运输能力的形成

在交通运输系统中，各种运输方式都有其具体的技术经济特征，担负着不同的运输任务，其中包括：干线运输、支线运输、长途运输（跨区域)、短途运输。要使交通运输网畅通，担负起国家和地区的旅客、货物运输任务，则必须形成全系统的综合运输能力，既要有符合国家需要的担负干线和长途运输任务的铁路、沿海和内河水运干线的运输能力，同时还必须有相应的担负支线、短途运输任务的公路、内河航运的能力。否则，如果只有交通运输网的骨架——干线，而无联系中小城市、厂矿企业和广大农村的短途运输网，则必然造成枢纽、车站和港口的堵塞，客流、货流的中断，必然要影响国民经济的发展和人民的交往旅行。一国或一个区域交通运输系统的综合运输能力应包括以下内容：

(1) 要建成一个全国交通运输网的主干，这个运输网是以铁路、水运

干线为主体的。它连接国家大中城市和主要海港、河港和工业基地，构成全国运输网的基础，形成相互协调的干线系统综合运输能力。

（2）要建成与全国交通运输网主干相衔接的、深入到全国中小城市、地区工矿企业和广大农村的支线和短途运输网（包括地方铁路、公路、内河航道等），并要形成与干线集散货物相适应的系统综合运输能力，保证短途运输的畅通。

（3）一个经济区或一个省区，为适应区域经济的发展，应在全国交通运输网构架的基础上，结合各经济区或省区的经济、自然条件，逐步地建立起本区地方交通运输网，形成符合地区经济发展所需要的、各种运输方式相结合的各具特点的地方交通网。它既要完成本区的运输任务，同时，它又是全国交通运输网的组成部分。

综上所述，一个国家或地区只有建立起完整的、干支相连、水陆相接、联系各地的四通八达的交通运输网，并形成全系统的综合运输能力，才能适应国民经济发展和人民旅行的需要，提高交通运输的经济效益。

2. 各种运输方式综合运输能力的形成

组成全国交通运输系统的各种运输方式，都应该形成各自的综合运输能力，并在此基础上，进一步形成全国交通运输的系统综合运输能力。

以铁路运输为例，提高每一条铁路线系统综合运输能力，应包括以下内容：

（1）进行科学的客货运量预测，明确既有铁路线近期、中期、远期所需要的输送能力，确定其系统综合运输能力分阶段发展的规模。

（2）既有铁路线系统综合运输能力方案的确定，要通过系统分析，妥善处理好该线与地区运输大系统间的关系，安排好该线路网上相关铁路线的合理分工与协调。

（3）根据计算期间既有铁路线系统综合运输能力的分阶段发展规模，通过调查研究，摸清其系统综合运输能力的现状，对组成系统综合运输能力的各项设备能力和运输组织工作，进行系统分析，找出各相关设备在该系统整体上存在的问题。

（4）根据既有铁路线相关设备整体上存在的问题，以及国家要求该线路应具有的系统综合运输能力，编制技术设备改造方案。通过投资效益，措施期限，运输条件与服务水平等方面的技术经济论证，选定最优方案与分阶段过渡措施。根据系统综合运输能力的最终目标，对相关设备分期进行改造，保证各相关设备能力互相协调，同步发展，加速系统综合运输能力的形成。

第四节 综合运输能力的形成

就铁路、公路、水运、航空、管道来看，都要注意形成各自系统的综合运输能力。公路系统综合运输能力要重点解决好道路网规模、标准，要与汽车运输相适应；航空运输系统综合运输能力要解决好航空港的建设、布局，要与航线的开辟、使用飞机的类型相互协调；管道运输要安排好管线建设与泵站系统的协调。

在安排一条既有铁路系统综合运输能力的改造与加强时，还需要解决好以下五个方面的问题。下面以铁路系统和水运系统为例来分析。

一、加强“点”系统综合运输能力

在改造既有线路时，应根据计算期要求的运能，对“点”系统的能力进行协调，以便于该铁路线形成最佳的系统综合运输能力。“点”系统的能力，包括枢纽内个别设备、技术站、机务段、客运、货运、供电等各项设备的能力。“点”系统能力的协调是以计算期确定的运量为目标，对该“点”上各项设备的能力进行综合平衡，使其相互适应，同步建设。在协调时应使“点”上各项设备的能力保持一定的关系，不能一刀齐。对某些牵涉面广，对提高能力具有关键作用的设备可一次建成，允许其能力留有富余，以利于发展，对某些上马容易而改建时对运营影响不大的设备，其能力只要能满足当前运量的要求即可，以节省投资。“点”系统能力的协调因地而异，在非铁路枢纽处的区段站，应以该区段站为中心，对该站范围内的各项设备进行协调，以得出该“点”的系统综合运输能力。在铁路枢纽内，能力的协调可分两步走：第一步以编组站为中心，对编组站各子系统（解体、编组、出发）的能力进行综合，得出该站的综合能力。枢纽内有两个以上编组站时，在分别按站综合以后，还应按衔接方向将其办理的列车数进行汇总；第二步对枢纽内各有关设备的能力进行综合，得出该枢纽的最佳综合能力。“点”上客运设备能力的协调，可按与客运作业有关的设备（如枢纽内客运站、机务设备、客车整备设备等）单独进行综合平衡。“点”上货运设备能力的协调，可按与货运作业有关的设备（如场库货位、装卸搬运设备等）单独进行综合平衡，并以每昼夜发送和到达吨数来表示。“点”系统综合运输能力，应按一昼夜接发该点衔接各方向的客货列车数来表示。

加强“点”系统综合运输能力的主要途径有下列五个方面：

（1）车站通过能力和改编能力方面。增铺到发线，采用新型电气集中、疏解咽喉进站线路，采用现代化设备装备驼峰，在峰尾修建子场或箭翎线，调车机车内燃化等。

（2）机务能力方面。采用长交路，轮乘制，实行专业化修理和集中修理，延长机车定检公里，制定合理的整备检修作业流程。

（3）客货运设备能力方面。增设客车到发线和整备线，扩大客车编组，实行客车车底套跑，货场专业化，发展专用机械化装卸设备，发展集装箱和托盘运输等。

（4）枢纽能力方面。修建环线和联络线，修建第三正线或线路所，修建直径线等。

（5）给水供电能力方面。根据蒸汽机车牵引需要安排好给水点的布局和能力，对电力牵引则应根据供电需要扩建和增建中间牵引变电所，增设串并联补偿设备等。

上述各种加强措施，应根据当地的现有设备、客货流性质、城市规划等情况，因地制宜予以选用，并应进行多方案比选，以节约投资。

二、加强“线”系统综合运输能力

铁路“线”系统能力包括线路区间、牵引动力、大型桥梁、受控制地段的隧道等各项设备的能力。“线”系统能力应以计算期运量为依据，以区间能力为中心，并应按区段和方向进行协调。“线”系统的能力应以每昼夜平行运行图开行的列车对数来表示。铁路“线”系统能力的加强应当以路网规划的客、货运量为基础，充分考虑现有设备条件、自然条件、能源及改造前后对环境的影响、工程投资、改造后的运营条件、运营费用等因素，结合既有线在路网上和所在地区的地位与作用以及该线最终是否发展成为复线等，合理确定既有铁路线改造的技术标准、分阶段改造方案及分期施工计划。确定改造方案时，除应满足对客货运量的基本要求，使“线”系统能力与铁路其他各系统能力互相协调、同步发展之外，还要考虑国防要求和对货主、旅客全面服务的要求。在超限坡较集中的地段，可以采用补机、双机或多机牵引，也可以在全区段采用大型机车甚至改变牵引类型，以提高列车重量和速度。

特别在地形地质条件复杂、限坡较陡、落坡困难的既有铁路线上，应优先考虑牵引动力的改造措施。采用这些措施时，要建设一系列的配套工程，如交路和乘务制度改革；检修、整备、转向等设备的改建与扩建；必要时机务段设置地点也要重新安排；到发线等有效长度要相应延长；轴重和速度提高应相应改善桥涵及隧道等级；采用电力牵引时，要相应改造桥隧及其他建筑物，以满足建筑限界的要求。信集闭设备是投资少、见效快的提高线系统通过能力，保证安全的重要技术措施。各种闭塞方式都有规定的通过能力，应当根据各运营阶段各区段线系统通过能力的要求，比较确定。在边远地区职工生活条件较困难的单线区段，可采用调度集中措施；单线区段能力接近饱和并有继续增长趋势，而修建复线还为时过早，地方作业量不大的区段可采用双线插入段与调度集中相结合的方案。对地方作业量较大，最终要发展成复线的既有铁路线，不应采用调度集中作为提高区间能力的过渡措施。双线插入段可以在能力受限制的区间延长站线以缩短运行图周期，或者同时向车站两端延长站线以提高通过能力，也可以在全区段铺设均匀的双线插入段，以便组织不停车会车。

当在个别区间铺设双线插入段后只余两三公里的单线区间时，则可以在全区间拉通第二正线，即成为局部复线。有少量陡于限制坡度的地段，可以采用削减超限坡的措施，有充分根据时也可采取修建绕线或长隧道等措施以达到落坡提高牵引重量的目的。既有线改造有充分根据时，也可采用动能闯坡，保留个别超限坡地段。在一个牵引区段内各区段运转时分显著不平衡的旧线上，增设中间站和线路所，可以缓和限制区间能力的紧张状况。但设站过密会产生旅速下降、司机超劳、运营费增加等缺点。且设站并办理客货运业务后，即使将来既有线发展为复线，也不易撤销，所以应慎重考虑。在采取技术措施提高线系统通过能力时，还应注意选择适当时机，不能等到能力利用达到饱和时才进行施工。应当按规定留存一定的储备能力。

三、一定要注意“点”“线”系统能力协调

铁路运输过程的突出特点是“线长点多”，因此在既有线的技术改造中应特别注意“点”“线”系统能力的协调问题，必须将“点”系统的能力和“线”系统的能力进行综合平衡，使二者保持一定的比例关系，互相适应，同步发展，既不使点系统的能力过小而限制了线系统能力的利用，也不致使点系统的能力过大而造成浪费，以充分发挥国家的投资效益。

“点”“线”系统能力的协调，应以设计计算期内的运量为既定目标，认真分析客、货流的规律，摸清“点”“线”上各项设备的现有能力，找出薄弱环节，制定出改造措施，使二者满足计算期运量的要求。“点”“线”系统能力的协调，关键在于枢纽、编组站的能力与区间能力的协调。

我国铁路建设中一直存在着重“线”能力轻“点”能力的弊病，使得许多营业线区间能力的发挥受枢纽、编组站能力的限制，因此，在既有线的改造中，应把增强枢纽、编组站的能力放在首位，并应使各计算期内枢

纽、编组站特别是路网性编组站的能力稍大于区间的能力，以保证区间畅通无阻，并适应区间能力大幅度增长的要求。

为了满足运输不均衡性的要求，无论是“点”还是“线”的能力都必须要有一定的贮备，不能满打满算。为了充分保证车站不间断车的可靠性，对区间起“蓄洪”调节作用，点能力的贮备应不少于线能力的贮备，以便不延误列车进站，使整个运输取得主动。在“点”“线”系统能力协调时，区间能力按一昼夜各区段平行运行图能铺画的最大列车对数，点上能力按一昼夜接发衔接区段平行运行图最大的列车对数进行综合平衡，但“点”“线”系统都必须扣除规定的贮备能力。

四、路网综合运输能力的提升

任何一条铁路都是全国交通运输大系统和全国铁路网的组成部分。为此，提高每一条铁路线的系统综合运输能力还要进行路网系统分析。通过全面研究安排好每条铁路线与其相连接和相关铁路线能力间的协调，从而形成全路网的系统综合运输能力。每一条铁路都是路网的组成部分，从路网上来看，每一条铁路的功能基本上分为两方面：一是完成路网上相关铁路线间的客货运输任务，保证路网上客流、货流和车流的畅通；二是要满足线路经由和服务地区的客货运输需要。为此，要通过路网系统分析，在保证路网上客流、货流、车流畅通的前提下，选定每一条铁路线的主要技术标准，即：线路最小曲线半径、限制坡道、车站股道有效长、牵引动力机车类型与牵引定数、通信信号等各项设备的技术标准以及技术站在路网上的分布。进行一条铁路线的路网系统分析，具体步骤：首先，应通过分析明确每条铁路线的路网上的功能和性质，如主干线路、开发线路、给养线路、腹地线路或企业线路。其次，应从客流、货流、车流上分析该线与其相关的接头线、连接线以及近中期计划修建的相关新线间的关系，根据运输能力的协调要求，做好该线与路网相关铁路线间的技术标准上的协调，经济合理地确定该线的主要技术标准。再次，应重视对于连接大型海港、河港的担负疏港任务的铁路线的修建与改造，应该与其相关港口的建设进行总体规划，把铁路线与港口的集疏运系统同步建设协调发展，形成铁路线与港口的综合运输能力。最后，要把准备修建与改造的铁路线与地区其他运输方式发展结合起来，做到合理分工，协调发展。

五、港口系统综合运输能力的提升

就水运来看，要形成其系统的综合运输能力，同样要解决上面所谈到的铁路系统综合运输能力中的"点""线"，"点""线"结合以及网络问题。结合水运的特点，则提高港口的系统综合运输能力尤其重要，主要包括以下两方面。

（1）提高港口的通过能力，它是港口最重要的营运性能指标之一，反映着港口在一定生产组织下，在一定时期内（年、季、月、日）利用其劳动力、设备所能装卸货物的最大数量。港口一定时期的货物吞吐任务与通过能力相适应，则是完成货物吞吐量的前提。如果港口通过能力不足，则吞吐任务就难完成。港口吞吐能力是由担负各货种流向的泊位通过能力之和所构成的，而一个泊位或几个同类型的泊位的通过能力，是由岸线通过能力、库场通过能力、车辆装卸通过能力、后方机械通过能力以及装卸能力相互协调而形成的。其中一个环节（如岸线）通过能力不足，则其他环节的通过能力也不能充分发挥，也就限制了泊位通过能力。同样，如果库场通过能力不足，也将限制其他环节通过能力的发挥。所以，各环节之间是互相制约、不可分割的一个系统。泊位越多，港口能同时进行装卸货物的船舶艘数也越多，这是减少船舶停泊时间的前提。在新港口的建设上，应采取大、中、小相结合的原则。同时，新建泊位要有足够大的库场，要有多种集疏运渠道。在具体建设中要考虑优先安排专用泊位，以适应运输需要。同时还要在货源组织和集疏运安排统筹规划的基础上，大力增建集装箱泊位，以适应国内外集装箱运输的发展。要重视中、小泊位的建设，使码头、泊位适应水运发展的需要。

（2）加强港口集疏运系统，提高港口集疏运能力，以适应港口通过能力的要求。港口货物主要通过铁路、水运、公路和原油管道进行集疏运输。

港口的通过能力要有相应的集疏运能力才能形成港口系统的综合运输能力。加强港口集疏运系统的建设是提高港口综合运输能力的重要措施。

中国沿海港口分为两大类：一类是河口港，如上海、黄埔和天津等港；另一类是海湾港，如大连、秦皇岛、青岛、连云港、湛江等港。河口港可以充分利用运输能力大、成本低的内河水运集疏大宗物资，便于组织河海直达运输。对这类港口应该加强水运集疏能力的建设。海湾港则主要靠铁路、公路进行集疏，其中铁路运输更是集疏的重要方式。要形成港口系统的综合运输能力，就必须加强港口集疏运能力的建设，为此，要把港口通过能力的建设发展与该港的集疏运能力结合起来，统一考虑全面安排，避免在建设发展中相互脱节，互不适应，造成某些能力的积压和浪费。港口通过能力和该港集疏运能力的施工建设，要根据港口预期达到的系统综合运输能力的规模，进行协调安排，同步建设，达到港口建成就能形成其系统综合运输能力。在港口通过能力与港口集疏运能力的平衡上，港口集疏运能力规模应稍大于港口通过能力。其原因主要是港口集疏运系统的建设涉及的部门多，建设周期长，一经建成再行改建、扩建难度较大。此外，还要充分合理地利用各种运输方式，提高集疏运能力，促进港口发展。为此要提高港口后方铁路的能力；提高公路的输运能力；充分利用水运，扩大水上过驳作业。

第七章

综合运输体系建设中的多式联运发展

作为运输业基础与内生变量的运输技术及其进步，支持和推动着运输业乃至经济与社会的健康发展。因此，从工程技术哲学规范出发，具体剖析运输技术及其发展趋势，对于完整地把握产业技术体系的内在联系与结构，促进运输业与国民经济的持续发展，都具有重要的理论和实践意义。运输是社会经济活动的重要环节，早期的运输活动还兼具信息传递、文化交流、支撑机动作战等多重社会功能，因而很早就为先哲前贤所关注。早在2100多年前，司马迁就记述道："汉兴，海内为一，开关梁，驰山泽之禁，是以富商大贾周流天下，交易之物莫不通，得其所欲，而徙豪杰诸侯强族于京师。"

以铁路运输为例，铁路重载运输在提高运能和劳动生产率、降低运营成本、提高铁路货运市场份额等方面发挥积极作用，受到各国的重视。经过多年的实践，我国发展重载运输取得了巨大的成绩，但同时，在重载运输技术设备和运营组织管理上也存在不足。铁路重载运输的铁路重载货物列车的开行，是铁路挖潜、提效、扩能的一项重要举措。世界上发展重载运输较早的国家如美国、澳大利亚、加拿大、南非、巴西、俄罗斯等国的运营实践证明，铁路重载运输在提高铁路运输能力和效率，提高劳动生产率、降低运输成本、增强市场竞争力上发挥着巨大作用。

多式联运作为一种集约高效的运输组织方式，能够充分发挥各种运输方式的比较优势和组合效率，多式联运对提高运输效率、减少货损货差、降低物流成本有非常重要的作用，对于推动交通运输行业转型升级、支撑经济提高质量降低成本增效意义重大。随着产业布局加速优化，区域合作日益紧密，新兴技术广泛应用，运输服务需求提档升级，我国多式联运发展迎来了大有可为的重要机遇期。

经过多年发展，我国交通运输基础设施不断完善，实现了由“总体缓解”向“基本适应”的重大跃升，以铁路、公路、水路、航空和管道为主体的多层次立体综合交通运输网络基本形成。同时，交通运输大部门体制初步形成，实现了对铁路、公路、水路、民航、邮政的统筹规划。综合运输管理体制机制的不断完善，为我国发展多式联运在更大程度上、更广范围内发展提供了基础条件。但与此同时，各种运输方式分散发展，缺乏有机衔接，运输结构不够合理，综合运输多式联运系统发展缓慢，影响整体物流效率，增加成本。

首先不可忽视的一点是，目前我们对多式联运的概念并不清晰，分不清楚综合运输、综合交通运输、多式联运、联程运输、联合运输以及一体化运输等概念。那么首先我们来了解一下什么是多式联运。

第一节
多式联运的相关概念

多式联运是指由两种及以上的交通工具相互衔接、转运而共同完成的运输过程。多式联运可以充分发挥各种运输方式的整体优势和组合效率，为货主提供无缝衔接的门到门服务，代表着综合运输发展方向。与多式联运相关的一个概念是联合运输。

由于体制、环境和视角的不同，各个国家对于多式联运内涵的界定不尽相同。虽然 Multimodal Transport 和 Intermodal Transport 翻译成中文均为“多式联运”，但是在不同的背景下却有着微妙的差异。目前，比较有代表性的多式联运定义有三类：

第一类，也是最普遍采用的定义，将涉及两种或两种运输方式以上的复合运输统称为多式联运，该定义强调各运输方式之间的无缝衔接，具有代表性的有美国的《冰茶法案》、中国发改委等九部门《关于促进我国现代物流业发展的意见》等。

第二类，将多式联运定义为货物由一种且相同的装载单元或道路车辆装载，相继以两种或多种运输方式，并且在更换运输方式的过程中没有产生对货物本身进行操作的一种货物流动，联合国欧洲经济委员会主要采用这种观点。

第三类，是指根据多式联运合同，使用两种或两种以上的运输方式，由联运经营人（MTO）组织完成的全程连续运输，该定义强调全程服务是由多式联运经营人来完成，《联合国国际货物联合运输公约》《合同法》等采用这类定义。

我国《物流术语》（GB8226—2006）将多式联运定义为：联运经营者受托运人、收货人或旅客的委托，为委托人实现两种以上运输方式或两程以上运输的衔接，以及提供相关运输物流辅助服务的活动。随着经济活动对于货物运输的时效性和经济性要求越来越高，货物采用多种运输方式进行运输的现象越来越普遍。但是，本研究认为并不是所有涉及两种或者两种以上运输方式的运输活动都可以称为多式联运。

多式联运要具备三个基本要素：①采用两种或者两种以上的运输方式；②使用标准的单一运载工具，在运输过程中仅对标准化的运载工具进行处理，不对货物本身进行再次处理；③由一个多式联运承运人一票到底、全程负责。其中，只满足前两个要素的可以称为广义的多式联运，而狭义的多式联运要同时满足以上三个基本要素。国际多式联运由于对保险和责任的划分要求更高，所以特别强调由一个多式联运承运人负责组织全部运输过程。随着装备技术和运作模式的不断创新，多式联运的外延在不断扩展，出现了滚装、驮背、甩挂等不同的组织形式，但是其基本内涵要求不变。

一、联合运输的基本特征和形式

1. 不同运输方式的概念

（1）分段运输。承运人仅限于在自己的业务范围内独立组织完成某一段运输任务。

（2）全程运输。货物从起运地到最终目的地的完整运输过程。

（3）联合运输。是指货方只要与一个机构或经营人订立一份全程运输合同，一次交付费用、办理一次保险就可以实现货物的全程运输。

（4）多式联运。指根据单一的联合运输合同，使用两种或两种以上的运输方式，由联运经营人组织将货物从指定地点运至交付地点的全程连续运输。

2. 联合运输的基本特征

（1）全程性。手续适用于全程、负责全程、保证全程。

（2）简便性。一次委托、一份合同、一次结算、一票到底。

（3）通用性。商务活动模式与规则，运输所依据的国际、国内法规、合同的性质作用，使用的单证文件等都具有通用性。

（4）代理性。联运企业与货方订立承运合同，负责全程运输，但其不具有全程运输所需运输工具，自己不担负各段运输工作，而是委托各运输企业来完成运输任务，表现出代理人性质。

（5）协同性。不仅体现在运输组织和管理上协调一致（软件上），而且也体现在技术装备的协调发展（硬件上）。

3. 联合运输的形式

（1）货物、旅客全程运输中使用两种或两种以上运输工具（方式）的运输衔接。

（2）货物、旅客全程运输中使用同一种运输工具（方式）两程或两程以上的运输衔接。

（3）货物、旅客全程运输中使用一种运输方式，由多家经营和多种运输方式联合经营的组织衔接。

（4）货物全程运输所涉及的货物生产、供应、运输、销售企业的运输协作组织。

联合运输的具体形式则包括水陆干线联运；江海河联运；地方干专联运；产、供、运、销一条龙运输；水路、公路联运；市内短途的联合运输；等等。

二、多式联运的概念和特点

1. 多式联运的概念

多式联运是由两种及以上的交通工具相互衔接、转运而共同完成运输过程的复合运输，我国习惯上称之为多式联运。《联合国国际货物多式联运公约》对国际多式联运所下的定义是：按照国际多式联运合同，以至少两种不同的运输方式，由多式联运经营人把货物从一国境内接管地点运至另一国境内指定交付地点的货物运输。而中国海商法对于国内多式联运的规定是，必须有种方式是海运。就是说，国际贸易意义上的多式联运，不光是要有这样的前提，而且要有"多式联运提单"——也就是"多式联运"合同。而我们平常所做的虽然是这样的事实，但拿到的一般只是海运提单，而非"多式联运提单"，这样，虽有多式联运之实，但不符"多式联运"之定义。

2. 多式联运的特点

（1）根据多式联运的合同进行操作，运输全程中至少使用两种运输方式，而且是不同方式的连续运输。

（2）多式联运的货物主要是集装箱货物，具有集装箱运输的特点。

（3）多式联运是一票到底，实行单一运费率的运输。发货人只要订立一份合同，一次付费，一次保险，通过一张单证即可完成全程运输。

（4）多式联运是不同方式的综合组织，全程运输均是由多式联运经营人组织完成的。无论涉及几种运输方式，分为几个运输区段，由多式联运经营人对货运全程负责。

3. 多式联运的优点

多式联运的优点主要体现在如下方面：①统一化、简单化。②减少中间环节，提高运输质量。③降低运输成本，节约运杂费用。④扩大运输经营人业务范围，提高运输组织水平，实现合理运输。

4. 多式联运的构成要素

多式联运的构成要素较多，主要包括：①多式联运经营人。②发货人。③契约承运人和实际承运人。④收货人。⑤多式联运合同。⑥多式联运单据（票据）。

5. 多式联运的业务程序

多式联运的业务程序主要包括以下六个阶段。

（1）货主（发货人）提出委托书（或亲自上门）办理货运委托手续。

（2）联运服务公司根据货主委托书，在规定的时间、地点派车取货或由货主亲自送货，货物在联运服务公司仓库集结。

（3）联运服务公司办理货物票据手续及核收运杂费。

（4）根据货主的要求，组织制定运输方案。

（5）在各衔接点处办理货物中转业务等。

（6）办理货物到达票据手续和到达运杂费结算，组织交货。

6. 多式联运的作用

多式联运的作用主要体现在六个方面。

（1）有利于发挥综合运输的优势。

（2）有利于提高经济效益和社会效益。

（3）有利于挖掘运输潜力，加速货位周转，提高运输效率。

（4）有利于形成以城市为中心、港站为枢纽的综合运输网络。

（5）有利于无港站的县、市办理客货运输业务。

（6）有利于交通运输管理体制的改革。

三、多式联运的分类和组织方法

1. 多式联运的分类

根据不同的原则，对多式联运可以有多种分类方法。但就其组织方式和体制来说，基本上可分为协作式多式联运和衔接式多式联运两大类。

（1）协作式多式联运。协作式多式联运是指两种或两种以上运输方式的运输企业，按照统一的规章或商定的协议，共同将货物从接管货物的地点运到指定交付货物的地点的运输。

协作式多式联运是目前国内货物联运的基本形式。在协作式多式联运下，参与联运的承运人均可受理托运人的托运申请，接收货物，签署全程运输单据，并负责自己区段的运输生产；后续承运人除负责自己区段的运输生产外，还需要承担运输衔接工作；而最后承运人则需要承担货物交付以及受理收货人的货损货差的索赔。在这种体制下，参与联运的每个承运人均具有双重身份。对外而言，他们是共同承运人，其中一个承运人（或代表所有承运人的联运机构）与发货人订立的运输合同，对其他承运人均有约束力，即视为每个承运人均与发货方存在运输合同关系；对内而言，每个承运人不但有义务完成自己区段的实际运输和有关的货运组织工作，还应根据规章或约定协议，承担风险，分配利益。

根据开展联运依据的不同，协作式多式联运可进一步细分为法定（多式）联运和协议（多式）联运两种。

1）法定（多式）联运。它是指不同运输方式运输企业之间根据国家运输主管部门颁布的规章开展的多式联运。铁路、水路运输企业之间根据铁道部、交通部共同颁布的《铁路水路货物联运规则》开展的水陆联运即属此种联运。在这种联运形式下，有关运输票据、联运范围、联运受理的条件与程序、运输衔接、货物交付、货物索赔程序以及承运之间的费用清算等，均应符合国家颁布的有关规章的规定，并实行计划运输。

这种联运形式无疑有利于保护货方的权利和保证联运生产的顺利进行，但缺点是灵活性较差，适用范围较窄，它不仅在联运方式上仅适用铁路与水路两种运输方式之间的联运，而且对联运路线、货物种类、数量及受理地、换装地也做出了限制。此外，由于货方托运前需要报批运输计划，给货方带来了一定的不便。法定（多式）联运通常适用于保证指令性计划物资、重点物资和国防、抢险、救灾等急需物资的调拨。

2）协议（多式）联运。它是指运输企业之间根据商定的协议开展的多式联运。例如，不同运输方式的干线运输企业与支线运输或短途运输企业，根据所签署的联运协议开展的多式联运，即属此种联运。

与法定（多式）联运不同，在这种联运形式下，联运采用的运输方式、运输票据、联运范围、联运受理的条件与程序、运输衔接、货物交付、货物索赔程序，以及承运人之间的利益分配与风险承担等，均按联运协议的规定办理。与法定（多式）联运相比，该联运形式的最大缺点是联运执行缺乏权威性，而且联运协议的条款也可能会损害货方或弱小承运人的利益。

（2）衔接式多式联运。衔接式多式联运是指由一个多式联运企业（以下称多式联运经营人）综合组织两种或两种以上运输方式的运输企业，将货物从接管货物的地点运到指定交付货物的地点的运输。在实践活动中，多式联运经营人既可能由不拥有任何运输工具的国际货运代理，场站经营人、仓储经营人担任，也可能由从事某一区段的实际承运人担任。但无论如何，他都必须持有国家有关主管部门核准的许可证书，能独立承担责任。

在衔接式多式联运下，运输组织工作与实际运输生产实现了分离，多式联运经营人负责全程运输组织工作，各区段的实际承运人负责实际运输生产。在这种体制下，多式联运经营人也具有双重身份。对于货方而言，他是全程承运人，与货方订立全程运输合同，向货方收取全程运费及其他费用，并承担承运人的义务；对于各区段实际承运人而言，他是托运人，他与各区段实际承运人订立分运合同，向实际承运人支付运费及其他必要的费用。很明显，这种运输组织与运输生产相互分离的形式，符合分工专业化的原则，由多式联运经营人“一手托两家”，不但方便了货主和实际承运人，也有利于运输的衔接工作，因此，它是联运的主要形式。

在国内联运中，衔接式多式联运通常称为联合运输，多式联运经营人则称为联运公司。我国在《合同法》颁布之前，仅对包括海上运输方式在内的国际多式联运经营人的权利与义务，在《海商法》和《国际集装箱多式联运规则》中做了相应的规定，对于其他形式下国际多式联运经营人和国内多式联运经营人的法律地位与责任，并未做出明确的法律规定。《合同法》颁布后，无论是国内多式联运还是国际多式联运，均应符合该多式联运合同中的规定，这无疑有利于我国多式联运业的发展壮大。

2. 多式联运的组织方法

（1）协作式多式联运组织方法。

组织关键：成立联运办公室。

主要特点：实行统一计划、统一技术作业标准、统一运行图和统一考核标准，要求将各参加企业调整为一个“统一”整体。

运用范围：主要应用于大宗、稳定、重要物资运输。

与此同时，要有规范的工作流程。

（2）衔接式多式联运组织方法。

组织关键：全程运输组织业务（尤其是商务活动）是由多式联运经营人（多式联运企业，即 Multimedel Transport Operater，MTO）完成。

主要特点：承担各区段货物运输的运输企业的业务与传统分段运输完全相同；一切商务及协调工作由 MTO 或其代理人完成。

运用范围：国际货物多式联运的主要组织方法。

与此同时，还要注意合理的工作流程。

四、多式联运的发展阶段

作为集约高效的现代化运输组织模式，多式联运产生于 1960 年前后，在20世纪80年代随着集装箱技术的成熟开始快速发展。欧美国家经过20世纪80年代的大力发展，已经在设施装备和运输组织规则等方面形成了比较完善的体系。

1. 初级发展阶段（20世纪60年代初至70年代末）

运输需求：多批量、小件、复杂性强、要求高。

主要特点：①联运代理网络初步形成或尚未形成；②集装箱联运体系尚未形成；③联运发展的软环境相对薄弱。

2. 成熟阶段（20世纪80年代初至90年代初）

运输需求：多品种、小批量、灵活多变、迅速。

主要特点：形成了多式联运经营网络；集装箱运输体系进入成熟期；联运发展的软环境已经成熟。

3. 综合物流阶段（20世纪90年代以后）

运输需求：①对速度经济的追求促使多式联运业介入其他物流环节，向综合物流业方向发展；②运输企业自身扩张做强的要求。

主要特点：多式联运网络更加完善。

发达国家十分重视综合运输体系的建设，尤其是将多式联运作为推进综合运输体系建设的重要内容，集装箱多式联运、铁路驮背运输、水陆滚装运输都得到普遍发展。在德国，政府规划货运中心选址的首要原则就是实现两种以上运输方式的无缝衔接，具有联运功能。德国已形成基于标准化的运载工具体系，出台了一系列行之有效的扶持政策，例如：政府给予物流园区中的联运设施财政补贴，对从事多式联运的卡车给予优惠政策，包括放宽总重限值、免缴公路使用税、车辆不受周末禁行限制、对多式联运经营亏损给予适度补贴等。此外，政府还对一些涉及多式联运的技术研发、设备改进、公共基础设施平台建设等项目直接进行投资。这些政策对促进多式联运发展、完善综合运输体系发挥了重要作用。

与欧美国家相比，我国的多式联运主要集中在集装箱多式联运、整车滚装运输，铁路商品车（主要是轻型车）运输、半挂车水路滚装运输在局部地区有所发展但范围较小，而半挂车铁路驮背运输、卡车整车铁路滚装运输、公铁两用挂车运输等形式，目前还处于“零”的状态。应该说我们国家现在还没有真正意义上的多式联运。多式联运的发展形式单一，相关标准缺失，多式联运运输规则不统一。

五、我国发展多式联运的条件

虽然我国的多式联运早在 20 世纪 70 年代就已经开始起步，但是受各种因素的制约，总体的发展步伐十分缓慢。近年来，随着各种运输方式基础设施的不断完善以及交通大部制改革的完成，多式联运快速发展的基础设施、技术装备、运输组织和政策保障的各项条件均已经具备和成熟，多式联运将迎来腾飞的战略机遇期。

1. 交通大部制改革的完成提供了制度保障

2013 年，新一轮国务院机构改革实施后，交通运输部将初步具备统筹规划铁路、公路、水路、民航发展职能，交通运输大部制改革基本落实到位。交通运输大部门体制的建立，为各种运输方式的资源整合、结构优化创造了条件，通过统筹综合运输布局规划、政策法规和标准规范，充分发挥各种运输方式的整体优势和组合效率，将为现代多式联运高速发展提供制度保障。

2. 经济发展的转型升级巩固了需求基础

改革开放近 40 年来，我国经济保持了持续高速增长的势头，同时也带来了货运行业的繁荣发展。但是，粗放的经济增长方式带来的问题越来越突出，调整经济结构、转变发展方式将是未来我国经济发展的必然选择，同时也对货物运输的集约化和绿色化提出了更高的要求。随着我国经济体制改革的不断深化，货物运输一方面要迎合小批量、个性化、门到门的新趋势，另一方面要满足高效、低碳、便捷的新取向，多式联运在集约化的经济发展模式下有着广阔的需求前景。

3. 铁路货运的市场化改革缓解了关键制约

铁路一直是制约我国多式联运发展的关键因素之一。发达国家的公铁、海铁联运是其主要的联运方式，而我国虽然国际吞吐量居世界第一，但受铁路运力的制约限制，海铁联运发展严重滞后。中共十八大确立了铁路市场化的改革思路，并且铁路总公司在货运领域进行了运价动态调整、改革货运受理和组织方式、提供“门到门”全程服务等积极的尝试。随着铁路市场化改革的不断深入，铁路运力将得到大规模释放，有利于提高运输组织效率和经营管理水平，大大促进集装箱海铁联运的发展。

4. 丝绸之路战略的推进创造了外部机遇

习近平总书记提出了共建“丝绸之路经济带”和“21 世纪海上丝绸之路”的战略构想，中共十八届三中全会通过的《中共中央关于全面深化改革若干重大问题的决定》明确提出：“加快同周边国家和区域基础设施互联互通建设，推进丝绸之路经济带、海上丝绸之路经济带建设，形成全方位开放新格局”，体现了国家经略周边和西向转移的发展战略取向。丝绸之路经济带跨度大、距离长、国家多，其推进和实施需要高效的运输组织作为依托。同时，多式联运通道设施和服务网络也是丝绸之路经济带建设的主要内容。“丝绸之路经济带”和“21 世纪海上丝绸之路”战略的推进为我国多式联运的发展提供了难得的历史机遇。

六、集装、散装、联合运输研究回顾

1. 集装箱运输研究

集装箱运输是运输现代化的重要标志。20 世纪 60 年代初我国就开始对集装箱规格、型号进行研究。改革开放以后，追踪世界集装箱运输的发展趋势，大力提倡开展我国的集装箱运输，并对发展集装箱运输的政策、集装箱运输系统建设和国际集装箱多式联运等进行了开拓性研究。例如：在交通运输技术政策中提出要大力发展集装箱运输，并明文将发展海上国际集装箱运输、开展集装箱联运、建立集装箱运输体系等作为国家指导政策；进行了上海等港口集装箱腹地运输研究，以及对北京、天津、上海、广州、济南、南昌等地集装箱中转站建设进行前期研究，对促进我国集装箱运输发展起到一定作用；综合运输研究所还参加了交通部主持的“国际集装箱运输系统（多式联运）工业性试验”项目，对有关政策问题进行研究，其研究成果作为项目的组成部分之一，在工业性试验中运用，对建立和发展我国的集装箱多式联运系统起到了一定的作用。

2. 散装运输研究

散装运输是对某些传统的袋装货物采用散装运输方式，以提高其运输效率及经济性。综合运输研究所从 20 世纪 80 年代初期进行货物散装运输研究，并主持了交通运输技术政策中的散装运输研究，制定出水泥、粮食等主要袋装货物实行散装化运输的基本政策。10 多年来，综合运输研究所在散装运输领域一直进行持续的研究，提出了许多有价值的建议，对散装运输发展做出了积极的贡献。例如，与有关部门合作开展了“我国水泥散装运输发展战略及对策”“农村散装水泥运输”等课题研究，论证推广水泥散装运输的可行性与经济合理性，提出水泥由袋装改为散装的对策和措施，得到内贸部门的采纳。“我国水泥散装运输发展战略及对策”研究成果还荣获 1996 年国内贸易部科技进步三等奖。随着水泥散装运输政策的实施，我国的水泥散装运输比重逐步提高。

粮食是实行散装运输的另一大货源。20 世纪 90 年代初期，根据东北地区玉米、大豆粮食生产和外运出口增长趋势，综合运输研究所与日本三菱公司合作研究发表《东北地区玉米、大豆外运方案》，首次按照粮食散装运输模式的要求，对东北地区的玉米、大豆从生产地至出口港口的运输系统及方案进行了科学的分析，论证了从仓储、运输至港口装卸全部实现散装化的可行性和经济效益，提出积极推行粮食散装运输并建设一条粮食散装运输线的具体建议。这是我国粮食运输技术进步的一项重大措施，得到国家计委和吉林、黑龙江等省的采纳，建成了东北地区的粮食散装运输系统，为东北地区粮食基地的产品外销产生了巨大效益。

3. 联运研究

综合运输研究所建所之初就开展了联运研究。20 世纪 60 年代初发表了《淮（南）—裕（溪口）—申（上海）煤炭铁水联运方案》《徐（州）—浦（口）—申（上海）煤炭铁水联运方案》，对铁路和长江水运运力配置、联合运输组织形式进行深入调查研究，编制联运运行图和组织实施方案，并进行运行实验，在加快煤炭中转装卸、提高车船效率、加速货物送达等方面都取得明显效果，深受运输生产部门的欢迎，1964 年获得中国科学院红旗奖。之后，针对北煤南运问题，又发表了《阳（泉）—青（岛）—申（上海）煤炭水陆联运方案》《大（同）—秦（皇岛）—申（上海）煤炭水陆联运方案》，均编制联合运行图，制定车船对口、货不落地、车船直取方案，使联运组织更加科学化。这项研究由原国家经委批转有关单位参照实施，直接为国民经济生产服务。

为推动联运工作的发展，综合运输研究所还积极参与制定联运规章制度，先后起草《关于进一步开展联合运输的通知》《联合运输工作条例》《干、支线货物联运工作条例》等文件，由原国家经委交通局审定，由国家经委、计委、财政部、铁道部、交通部联合下发执行，对全国联运工作的开展起到了积极的推动作用。目前，我国的联运企业遍布全国，一个新兴的运输代理行业正在不断发展和正规化。

第二节
国际多式联运的特点和发展现状

国际多式联运简称多式联运，是在集装箱运输的基础上产生和发展起来的，是指按照多式联运合同，以至少两种不同的运输方式，由多式联运经营人将货物从一国境内的接管地点运至另一国境内指定交付地点的货物运输。国际多式联运适用于水路、公路、铁路和航空多种运输方式。顾名思义，对于集装箱多式联运来说，应该至少运用两种不同的运输方式。也就是说，水路、公路、铁路、航口、管道五种运输方式至少有两种需要利用到才可以。因此要发展国际集装箱多式联运，完善的基础运输设施是关键，只有形成一个完善的发达的交通网，才能保证国际集装箱多式联运得以畅通实施。

一、国际多式联运的特点

1. 国际多式联运的定义、特点和主要业务

（1）定义。国际多式联运是按照国际多式联运合同，以至少两种不同的运输方式，由多式联运经营人将货物由一国境内指定接管货物的地点运到另一国境内指定交付地点。

（2）特点。①国际多式联运是一种更复杂、更高级的运输组织形式；②均采用集装箱货物运输方式进行；③均采用衔接式联运机制；④多式联运经营人选择路线和最佳运输方式组合完成运输任务。

（3）主要业务。①接受托运申请，订立多式联运合同；②空箱的发放，提取及运送；③出口报关；④货物装箱及接收货物；⑤定仓及安排货物运送；⑥办理保险；⑦签发多式联运提单、组织完成货物的全程运输；⑧运输过程中的海关业务；⑨货物交付；⑩货运事故处理。

2. 构成国际多式联运的条件

构成国际多式联运必须具备的条件如下：

（1）货物托运和多式联运经营人接收的货物是国际间的货物运输；

（2）至少两种不同运输方式的连贯运输；

（3）发货人与负责全程运输的多式联运经营人订立相关的多式联运合同；

(4) 由与发货人订立相关合同的多式联运经营人对货物全程运输负责；

(5) 由多式联运经营人签发一份全程多式联运单据，且应满足不同运输的需要；

(6) 全程运输使用单一运费率。

3. 国际多式联运的主要特点

由多式联运经营人与托运人签订一份运输合同，实行运输全程一次托运、一单到底、一次收费、全程负责，以及统一理赔的一种国际货运组织形式。

4. 国际多式联运经营人

(1) 国际多式联运经营人分类如下：承运人型——既负责货物全程运输，又承担某些区段的货物运输；无船承运人型——不承担具体的运输任务，只是负责组织货物的全程运输。

(2) 国际多式联运经营人经营的基本方式如下：企业独立经营方式；两企业间联营方式；代理方式。

(3) 多式联运经营人的组织业务（具体工作）如下：宣传与揽货工作组织；汇总合同，制定运输计划；组织各项计划的实施；计划执行情况的监督及计划的调整；组织交货、事故处理及集装箱回运工作。

二、国际多式联运的主要组织线路

国际多式联运具有其他运输组织形式无可比拟的优越性，因此这种国际运输新技术已在世界各主要国家和地区得到广泛的推广和应用。

1. 海陆联运

海陆联运是国际多式联运的主要组织形式，也是向欧洲、远东、北美方向开展国际多式联运的主要组织形式之一。目前主要有班轮公会的三联集团、北荷、冠航和马士基等国际航运公司以及非班轮公会的中国远洋运输公司、台湾长荣航运公司和德国那亚航运公司等组织和经营远东/欧海陆联运业务。这种组织形式以航运公司为主体，签发联运提单，与航线两端的内陆运输部门展开联运业务，与大陆桥运输展开竞争。

当前，世界上规模最大的三条主要集装箱航线是：远东—北美航线（太平洋航线）；远东—欧洲、地中海航线；北美—欧洲、地中海航线（大西洋航线）。

2. 陆桥运输

陆桥运输是指采用集装箱专用列车或载货汽车，把横贯大陆的铁路或公路作为中间“桥梁”，使大陆两端的集装箱海运航线与专用列车或载货汽车连接起来的一种连贯运输方式。

在国际多式联运中，陆桥运输起着非常重要的作用。它是远东/欧洲国际多式联运的主要形式。严格地讲，陆桥运输也是一种海陆联运形式。只是因为其在国际多式联运中的独特地位，故在此将其单独作为一种运输组织形式。

小陆桥运输：是指比大陆桥运输少一段海路运输，即穿过大陆到达沿海的地方的一种连贯运输方式。

微陆桥运输：与小陆桥运输相似，交货地点在内陆地区。

陆桥运输的特性：缩短运输里程；降低运输费用；加快货物送达；简化运输手续；保证运输安全、简化货物包装。

3. 海空联运

海空联运又被称为空桥运输。在运输组织方式上，空桥运输与陆桥运输有所不同：陆桥运输在整个货运过程中使用的是同一个集装箱，不用换装，而空桥运输的货物通常要在航空港换入航空集装箱。不过，两者的目标是一致的，即以低费率提供快捷、可靠的运输服务。

海空联运方式始于 20 世纪 60 年代，但到 20 世纪 80 年代才得到较大的发展。采用这种运输方式，运输时间比全程海运少，运输费用比全程空运便宜，20 世纪 60 年代，将远东船运至美国西海岸的货物，再通过航空运至美国内陆地区或美国东海岸，从而出现了海空联运。当然，这种联运组织形式是以海运为主，只是最终交货运输区段由空运承担，1960 年底，原苏联航空公司开辟了经由西伯利亚至欧洲航空线，1968 年，加拿大航空公司参加了国际多式联运，20 世纪 80 年代，出现了经由中国香港、新加坡、泰国等至欧洲的航空线。

国际海空联运线主要有以下几条：

（1）远东—欧洲：远东与欧洲间的航线有的以温哥华、西雅图、洛杉矶为中转地，也有的以中国香港、曼谷、海参崴为中转地，还有的以旧金山、新加坡为中转地。

（2）远东—中南美：远东至中南美的海空联运发展较快，因为此处港口和内陆运输不稳定，所以对海空运输的需求很大。该联运线以迈阿密、洛杉矶、温哥华为中转地。

（3）远东—中近东、非洲、大洋洲：这是以中国香港、曼谷为中转地至中近东、非洲的运输服务。在特殊情况下，还有经马赛至非洲、经曼谷至印度、经中国香港至大洋洲等联运线，但这些线路货运量较小。

总的来讲，运输距离越远，采用海空联运的优越性就越大，因为同完全采用海运相比，其运输时间更短。同直接采用空运相比，其费率更低。因此，从远东出发将欧洲、中南美以及非洲作为海空联运的主要市场是合适的。

三、西伯利亚大陆桥

西伯利亚大陆桥是指使用国际标准集装箱，将货物由远东海运到俄罗斯东部港口，再经跨越欧亚大陆的西伯利亚铁路运至波罗的海沿岸港口（如爱沙尼亚的塔林或拉脱维亚的里加等），然后再采用铁路、公路或海运运到欧洲各地的国际多式联运的运输线路。该大陆桥自 1967 年开始试运营，1971 年正式运营。

西伯利亚大陆桥于 1971 年由苏联对外贸易运输公司正式确立。全年货运量高达 10 万标准箱（TEU），最多时达 15 万标准箱。使用这条陆桥运输线的经营者主要是日本、中国和欧洲各国的货运代理公司。其中，日本出口欧洲杂货的 1/3，欧洲出口亚洲杂货的 1/5 是经这条陆桥运输的。由此可见，它在沟通亚欧大陆，促进国际贸易中所处的重要地位。

西伯利亚大陆桥运输包括“海—铁—铁”“海—铁—海”“海—铁—公”和“海—公—空”四种运输方式，由俄罗斯的过境运输总公司担当总经营人，它拥有签发货物过境许可证的权力，并签发统一的全程联运提单，承担全程运输责任。

至于参加联运的各运输区段，则采用“互为托/承运”的接力方式完成全程联运任务。可以说，西伯利亚大陆桥是较为典型的一条过境多式联运线路。

西伯利亚大陆桥是目前世界上最长的一条陆桥运输线。它大大缩短了从日本、远东、东南亚及大洋洲到欧洲的运输距离，并因此而节省了运输时间。从远东经俄罗斯太平洋沿岸港口去欧洲的陆桥运输线全长 13000 公里。而相应的全程水路运输距离（经苏伊士运河）约为 20000 公里。从日本横滨到欧洲鹿特丹，采用陆桥运输不仅可使运距缩短 1/3，运输时间也可节省 1/2。此外，在一般情况下，运输费用还可节省 20%～30%，因而对货主有很大的吸引力。

由于西伯利亚大陆桥所具有的优势，随着它的声望与日俱增，也吸引了不少远东、东南亚以及大洋洲地区到欧洲的运输，使西伯利亚大陆桥在短短的几年时间中就有了迅速发展。但是，西伯利亚大陆桥运输在经营管理上存在的问题如港口装卸能力不足、铁路集装箱车辆的不足、箱流的严重不平衡以及严寒气候的影响等在一定程度上阻碍了它的发展。尤其是随着我国兰新铁路与中哈边境的土西铁路的接轨，一条新的“欧亚大陆桥”形成，为远东至欧洲的国际集装箱多式联运提供了又一条便捷路线，使西伯利亚大陆桥面临严峻的竞争形势。

四、北美大陆桥

北美大陆桥是指利用北美的大铁路实现从远东到欧洲的“海陆海”联运。主要运送从日本经北美太平洋沿岸到大西洋沿岸和墨西哥湾地区的集装箱货运。该陆桥运输包括美国大陆桥运输和加拿大大陆桥运输。美国大陆桥有两条运输线路：一条是从西部太平洋沿岸至东部大西洋沿岸的铁路和公路运输线；另一条是从西部太平洋沿岸至东南部墨西哥湾沿岸的铁路和公路运输线。美国大陆桥于 1971 年底由经营远东/欧洲航线的船公司和铁路承运人联合开办“海陆海”多式联运线，后来美国几家班轮公司也投入营运。主要有四个集团经营远东经美国大陆桥至欧洲的多式联运业务。这些集团均以经营人的身份，签发多式联单证，对全程运输负责。加拿大大陆桥与美国大陆桥相似，由船公司把货物海运至温哥华，经铁路运到蒙特利尔或哈利法克斯，再与大西洋海运相接。

北美大陆桥是世界上历史最悠久、影响最大、服务范围最广的陆桥运输线。据统计，从远东到北美东海岸的货物有 50%以上是采用双层列车进行运输的，因为采用这种陆桥运输方式比采用全程水运方式通常要快1~2周。例如，集装箱货从日本东京到欧洲鹿特丹港，采用全程水运（经巴拿马运河或苏伊士运河）通常需 5~6 周时间，而采用北美大陆桥运输仅需 3 周左右的时间。

随着美国和加拿大大陆桥运输的成功营运，北美其他地区也开展了大陆桥运输。墨西哥大陆桥（Mexican Land Bridge）就是其中之一。该大陆桥横跨特万特佩克地峡（Isthmus Tehuantepec），连接太平洋沿岸的萨利纳克鲁斯港和墨西哥湾沿岸的夸察夸尔科斯港，陆上距离相当于 182 海里。墨西哥大陆桥于 1982 年开始营运，其服务范围还很有限，对其他港口和大陆桥运输的影响还很小。

在北美大陆桥强大的竞争力面前，巴拿马运河可以说是最大的输家之一。随着北美西海岸陆桥运输服务的开展，众多承运人开始建造不受巴拿马运河尺寸限制的超巴拿马型船（Post-Panamax Ship），从而放弃使用巴拿马运河。可以预见，随着陆桥运输的效率与经济性的不断提高，巴拿马运河将处于更为不利的地位。

北美地区的陆桥运输不仅包括上述大陆桥运输，而且还包括小陆桥运输（Minibridge）和微桥运输（Microbridge）等运输组织形式。

小陆桥运输从运输组织方式上看与大陆桥运输并无大的区别，只是其运送的货物的目的地为沿海港口。北美小陆桥运送的主要是日本经北美太平洋沿岸到大西洋沿岸和墨西哥湾地区港口的集装箱货物，当然也承运从欧洲到美西及海湾地区各港的大西洋航线的转运货物。北美小陆桥在缩短运输距离、节省运输时间上效果是显著的。以日本—美东航线为例，从大阪至纽约全程水运（经巴拿马运河）航线距离 9700 海里，运输时间 21~24 天。而采用小陆桥运输，运输距离仅 7400 海里，运输时间 16 天，可节省 1 周左右的时间。

微桥运输与小陆桥运输基本相似，只是其交货地点在内陆地区。北美微桥运输是指经北美东、西海岸及墨西哥湾沿岸港口到美国、加拿大内陆地区的联运服务。随着北美小陆桥运输的发展，出现了新的矛盾，主要反映在：如货物由靠近东海岸的内地城市运往远东地区（或反向），首先要通过国内运输，以国内提单运至东海岸交船公司，然后由船公司另外签发由东海岸出口的国际货运单证，再通过国内运输运至西海岸港口，然后海运至远东。货主认为，这种运输不能从内地直接以国际货运单证运至西海岸港口转运，不仅增加费用，而且耽误运输时间。为解决这一问题，微桥运输应运而生。进出美国、加拿大内陆城市的货物采用微桥运输既可节省运输时间，也可避免双重港口收费，从而节省费用。例如，往来于日本和美国东部内陆城市匹兹堡的集装箱货，可从日本海运至美国西海岸港口，如奥克兰，然后通过铁路直接联运至匹兹堡，这样可完全避免进入美国东部的费城港，从而节省了在该港的港口费支出。

五、新亚欧大陆桥的优势和作用

国际上通称的“大陆桥”，是指横贯大陆的铁路把两侧的海上运输线联结起来的便捷运输通道。它的主要功能是便于开展海陆联运，缩短运输里程。欧亚大陆桥为将欧洲与亚洲两侧海上运输线联结起来的便捷运输铁路。

《推动共建丝绸之路经济带和 21 世纪海上丝绸之路的愿景与行动》勾画出了“一带一路”的大框架，其中新亚欧大陆桥建设居于前列。当前我国提出把“一带一路”建设与区域开发开放结合起来，加强新亚欧大陆桥、陆海口岸支点建设。

1. 亚欧大陆的三条亚欧大陆桥

目前亚欧大陆有两条洲际大陆桥：①西伯利亚大陆桥，也称为亚欧第一大陆桥。这条大陆桥东起俄罗斯东部的符拉迪沃斯托克港口，西至荷兰鹿特丹，这条线路已有百年历史。②新亚欧大陆桥，也称为第二亚欧大陆桥。这条大陆桥东起我国连云港，通过陇海—兰新铁路，从新疆阿拉山口出境，穿越中亚地区，连接俄罗斯、德国等欧洲国家，抵达鹿特丹，开通于 1992 年。

第一亚欧大陆桥：也称西伯利亚大陆桥。从俄罗斯东部的符拉迪沃斯托克向西经欧洲各国最后到荷兰鹿特丹港的西伯利亚大陆，全长近 1.3 万公里。西伯利亚大陆桥运输是世界上最著名的国际集装箱多式联运线之一，通过西伯利亚铁路，把远东、东南亚和中亚地区与欧洲、中东地区联结起来。

第二亚欧大陆桥：东起我国的连云港，向西经陇海—兰新线到乌鲁木齐，再向西经北疆铁路到阿拉山口，进入哈萨克斯坦，再经俄罗斯、白俄罗斯、波兰、德国，西至荷兰的鹿特丹港，途经 7 个国家，全长近 1.09 万公里，其中在中国境内有 4143 公里。通向中国、中亚、西亚、东欧和西欧 30 多个国家和地区。

第二亚欧大陆桥，又称新亚欧大陆桥，是世界上最长的一条大陆桥。由于所经路线很大一部分经过原“丝绸之路”，所以人们又称之为现代“丝绸之路”。它的东端直接与东亚及东南亚诸国相连，并进而与美洲西海岸相通；它的中国段西端，从新疆阿拉山口站换装出境进入中亚，与哈萨克斯坦德鲁日巴站接轨，西行至阿克斗卡站与土西大铁路相接，进而分北中南三线接上欧洲铁路网通往欧洲。

新亚欧大陆桥已于 1992 年 12 月 1 日正式投入国际集装箱运输业务。现已开通郑欧国际铁路货运班列，首趟郑欧国际铁路货运班列于 2013 年 7 月 18 日运行，开启了中国与欧洲的“新丝绸之路”，短短近三年的时间，它共享了丝绸之路经济带建设的机遇，成功连通了中国和欧洲，服务的境内外企业也越来越多，是沟通世界的国际铁路物流大通道，标志着中国铁路物流行业的迅速发展，有力地推动了郑州建设国际物流中心的脚步。

第二亚欧大陆桥同第一亚欧大陆桥相比，有里程较短，经过的国家数量较多，常年可运营等优点。目前是亚欧大陆上最快捷的通道。新亚欧大陆桥的贯通不仅便利了我国东西交通与国外的联系，更重要的是对我国的经济发展产生了巨大的影响。据介绍，目前虽然第二大陆桥全长约 10800 公里，但俄罗斯为了吸引更多日韩及中国东部的货物走第一大陆桥，采取了低价策略，走第一大陆桥的运输费用要比第二大陆桥便宜一半左右。

战略构想中的第三亚欧大陆桥起点始于以深圳港为代表的广东沿海港口群，沿途由昆明经缅甸、孟加拉、印度、巴基斯坦、伊朗，从土耳其进入欧洲，最终抵达荷兰鹿特丹港，横贯亚欧 20 多个国家，全长约 15000 公里，比目前经东南沿海通过马六甲海峡进入印度洋行程要短 3000 公里左右。

2. 新亚欧大陆桥的优势

与西伯利亚大陆桥相比，新亚欧大陆桥具有以下明显的优势：

（1）地理位置和气候条件优越。整个陆桥避开了高寒地区，港口无封冻期，自然条件好，吞吐能力大，可以常年作业。

（2）运输距离短。新亚欧大陆桥比西伯利亚大陆桥缩短陆上运距 2000~5000 公里，到中亚、西亚各国，优势更为突出。从远东到西欧的货物，经新亚欧大陆桥比绕过好望角的海上运输线缩短运距 15000 公里，比经苏伊士运河的海上运输线缩短运距 8000 公里，比经巴拿马运河的海上运输线缩短运距 11000 公里，比经北美大陆桥缩短运距 9100 公里。

（3）辐射面广。新亚欧大陆桥辐射亚欧大陆 30 多个国家和地区，总面积达 5071 万平方公里，居住人口占世界总人口的 75%左右。其中，在我国境内长达 4100 多公里，横贯我国的苏、鲁、皖、豫、晋、陕、甘、宁、青、新 10 个省区，其腹地范围可扩大到全国 80%左右的地区。

（4）对亚太地区的吸引力大。新亚欧大陆桥吸引范围除我国（大陆）外，日本、韩国、东南亚各国，一些大洋洲国家和我国的台湾、港澳地区，均可利用此线开展集装箱运输。据悉它们对开展新亚欧大陆桥运输表现出浓厚的兴趣。西欧国家对此也很热心。俄罗斯、哈萨克斯坦、白俄罗斯、乌克兰等独联体国家因直接受益，也始终持合作的态度。

3. 新亚欧大陆桥发展的战略作用

（1）有利于促进沿桥国家和地区的经贸合作与繁荣。新亚欧大陆桥区域经济发展具有明显的互补性：一方面，对于日本和西欧等发达国家来说，这一区域是一个人口众多、资源丰富的巨大市场，是输出资金、技术的理想之地；对中国、中西亚和东欧国家来说，通过沿桥开放，可以更好地吸收国际资本、技术和管理经验，加快经济振兴。另一方面，亚太地区经济的迅速增长，越来越需要开拓欧洲市场；而欧盟为谋求发展，也需要到亚太地区寻求贸易伙伴，选择投资对象，亚太与欧洲的双向辐射越来越明显。因此，新亚欧大陆桥的发展，对于亚欧两大洲经济走廊的形成，扩大亚太地区与欧洲的经贸合作，促进亚欧经济的发展与繁荣，开创世界经济的新格局，具有重要意义。

（2）有利于促进我国区域经济的平衡协调发展。综观全国，在实行沿海、沿江、沿边开放的大格局下，能源、资源十分丰富的中原、西北大地成为一个对外开放相对滞后的巨大空间，致使区域经济发展的不平衡不断加剧。抓住大陆桥贯通的历史性机遇，推进沿桥地带的开发，对于加快沿桥地带的工业化和城市化进程，促进陆桥经济带的崛起，改变我国“T”字形的经济格局，使我国南方与北方、东部与中西部的协调发展和全国生产力布局的合理化，提高综合国力，都具有重大的战略意义。

（3）有利于开拓中亚市场。苏联解体后，中亚各国的对外经济贸易格局发生了根本性变化。目前，陆桥运输已进入中亚地区，充分利用交通优势和地缘优势，开拓中亚各国市场，对于扩大我国的对外经贸合作，有着不可忽视的重大作用。

（4）有利于提高我国大陆沿海港口体系的国际地位。我国大陆沿海港口处在日本、亚洲“四小龙”等国家和地区的世界著名大港形成的半环带包围之中。在这一半环带内，分布着神户、大阪、东京、名古屋、北九州、釜山、高雄、基隆、中国香港、新加坡等世界排名前20位的大港。我国大陆沿海港口无论从地理位置上，还是在港口政策方面，均处于不利地位。新亚欧大陆桥的开通与发展，将从根本上解脱环带制约，优化我国沿海港口区位，为开展国际贸易运输创造有利条件。

（5）有利于深化改革和完善社会主义市场经济体制。东部沿海经济带的发展实践表明，对外开放是推进改革和培育市场经济的催化剂。随着对外开放由沿海向沿桥地带的延伸，必将促进这一地带的改革进一步深化，加快建立社会主义市场经济体制的步伐。这对于我国扩大开放和建立社会主义市场经济体制有着重要的作用。

第三节
我国集装箱多式联运现状的分析

集装箱多式联运是一种以实现货物整体运输最优化效益为目标的运输组织形式。目前已成为世界国际物流全程运输的主要形式。近年来在经济发展日益辉煌的同时，我国的交通道路设施也有了长足的发展，特别是近年来公路的发展也很迅猛。我国的“五纵七横”国道主干线基本建成。铁路、水路、航空以及港站也都得到了发展。所有的这些交通基础设施的改善都极大地推进了我国集装箱多式联运的发展，然而现实中我国集装箱多式联运还面临一些迫切需要解决的问题。

一、集装箱多式联运优势分析

集装箱多式联运是以集装箱为运输单元，将不同的运输方式有机地组合在一起，构成连续的、综合性的一体化货物运输。在这个过程中，集装箱多式联运体现出了依靠单独一种运输方式无法实现的优势，具体表现如下：

1. 降低运输成本，提高产品竞争力

在多种可能的运输方案中，集装箱多式联运是运输成本最低的方案，由于运输成本的降低，全程运输中各种相关费用也相应降低，这有助于降低产品总物流成本，从而提高产品的市场竞争力。

2. 提高运输质量，缩短运输时间

集装箱多式联运是以集装箱为运输单元的直达运输，无须搬动箱中货物，货损货差事故大大减少，货运质量大大提高；同时在集装箱多式联运系统中，各个运输环节和运输工具之间配合密切，衔接紧凑，货物中转迅速及时，运输时间大大缩短。

3. 简化运输手续，方便货主

在传统分段运输中，货主需要与各种运输方式经营人进行联系，这不仅增加货物运输的难度，同时也相应增加了货主的运输成本。在集装箱多式联运中，货主只需办理一次委托，订立一份运输合同，支付一份运输费用，办理一次保险，取得一张联运提单，大大简化了运输手续。

4. 有利于货主提早收取货款，加速资金周转

在传统的运输中，货主需要在内地发货，货物到达港口装船之后才可以取得货款。而在集装箱多式联运中，货物在启程装上第一程运输工具后，货主即可取得集装箱多式联运单据，并可凭此向银行办理收汇手续，因此，集装箱多式联运有助于货主加速资金的周转。

5. 提高运输管理水平，实现合理运输

在集装箱多式联运中，由于各种运输方式之间的共同参与、密切配合，集装箱多式联运经营人可以选择最佳运输路线，综合组织运输，提高运输效率。

二、我国集装箱多式联运面临的问题

据统计，目前国内卡车车型有将近 2 万种，厢式化程度低，平板车、栏板车、仓栅式半挂车占比达 80%。此外，基础设施衔接不足，集疏运不畅；缺乏多式联运专用站场和载运机具，缺乏多式联运的规则和法律，多式联运信息平台建设严重滞后等都是我国发展多式联运发展面临的重大问题。

1. 多式联运基础设施仍然不足，港站集疏运能力薄弱

虽然我国交通基础设施已得到相当迅速的发展，然而从总体上来看，我国交通运输设施的技术装备水平仍然偏低，对国民经济的支撑度仍比较薄弱，特别是后备能力不足，不能适应运输需求的大幅度增长。例如，我国水运内河航道基本处于自然状态，高等级深水航道比重小，目前能通过 300 吨级以上船舶的航道里程仅为 12. 3%，港口除部分新建的专业化泊位外，大部分内河港口的装卸设备、工艺效率落后低下，还有一些海港通航航道水深不足，阻碍了码头泊位能力的发挥，不能适应集装箱船舶大型化发展的需要。目前，我国民航主要空港客货运输设施不足，空管通信导航技术设备落后。我国铁路网密度分别是美国的 1/3、日本的 1/5、俄罗斯的 1/3；而且我国铁路复线率和电气化程度仍然较低，列车运输速度慢，集装箱、冷藏箱等现代化运输手段落后，货运重载、客运高速、运营管理自动化等方面尚处于起步阶段。公路总体技术等级偏低，混合交通严重，通行能力较差，抗灾能力薄弱。我国大部分港口的集疏运能力薄弱。不少港口不同程度地只靠 1 种或 2 种集疏运方式，有的后方集疏运能力不配套，不能适应前方装卸能力的要求。据统计，目前全国铁路 400 多个区段中，约有 1/3 超负荷，主要干线只能满足需要的 50% ~ 70%，港口后方公路的运力也严重不足，因此压港、压货、压船常常发生，严重导致了货物运输的滞后性。

2. 信息系统的不完善

随着无纸化贸易形式的发展和创新科技化的信息时代的到来，电子数据交换（Electronic Date Interchange，EDI）系统的建立和完善将成为开展国际集装箱多式联运不可缺少的基础设施，它可以大量节省多式联运在单据制作过程中的人力、物力及时间上的耗费，并在有关作业上保证其准确性，具有快速、准确、安全、简便等特点。在20世纪90年代，我国就开始运用EDI系统进行航运操作，但只有上海、青岛、天津和广州等地使用EDI系统，并且发展比较缓慢。虽然从1993年起，交通部在上海、青岛、天津、宁波和中远集团（四线一点）之间开展了EDI系统的运作和示范工程，标志着我国集装箱运输信息将从纸面传递开始向电子数据传输转换，但是我国的EDI系统还处于发展的初级阶段，尚未形成多式联运各方（如海关、动植检）联网的统一信息网络，与发达国家相比，还有待于进一步开发利用。一个国家信息化的程度与它的发展有着至关重要的联系。

3. 铁路运输是我国集装箱多式联运的薄弱环节

铁路运输是我国集装箱多式联运的短板，其较低的市场化程度极大制约了多式联运发展，主要表现如下：

（1）运输服务质量不高。

（2）我国铁路运输实行内部封闭管理，政企不分，独家垄断经营，服务意识差，市场观念淡薄。

（3）铁路集装箱运输价格不合理。铁路运费结构复杂，难以计算，也难以公开。集装箱运输需缴纳“自备箱管理费”以及装卸费、堆场费、搬移费、装拆费等各种费用，总的运价水平高于件杂货运输。

（4）建设周期长。一条干线要建设5~10年，而且占地太多，随着人口的增长，将给社会增加更多的负担。

随着社会发展，公路、铁路、水运、民航、管道五种运输方式货运量占全社会总量的比重也发生变化，由以公路运输为主导转变为铁路运输为主导，随着产业结构的不断调整，铁路运输也在不断地改革。铁路要发展多式联运，应该优化联合运输组织，联手打造联运大通道；加强设施无缝衔接，共同打造联运大基地；加强技术装备协调，联合推进联运大融合；加强信息联通共享，协同运用联运大数据；推进运营体制改革，一起形成联运大思维。

通过对我国现状的分析，可以看出国际集装箱多式联运以其巨大的优越性在国际运输市场中扮演着重要的角色。随着全球经济的一体化，以及“一带一路”建设的大好时机，我国运输业要在国际运输市场中拥有一定比例的份额，非常重要的一步就是大力发展我国国际集装箱多式联运。集装箱多式联运的重点为运输组织与管理问题，随着我国交通基础设施的进一步完善，综合运输管理观念的逐步深入，大交通运输组织水平的不断提高，我国的国际集装箱多式联运将得到更加蓬勃的发展。

三、推动我国多式联运持续健康发展的举措

多式联运作为一种高效率、现代化的运输组织模式，可以充分发挥各种运输方式的组合优势，实现资源的高效整合和运输的无缝衔接，为货主提供门到门的运输服务，代表着综合运输的发展方向。发展多式联运，不仅是提高我国物流效率、降低物流成本的重要途径，更是深化交通运输改革、促进经济转型升级的根本要求。伴随着交通大部制改革的不断深入以及丝绸之路建设的稳步推进，我国的多式联运发展正处在腾飞的战略机遇期，但同时也面临着基础设施衔接不畅、运输组织优化不足和体制政策保障不利等诸多制约。

当前，我国多式联运尚处于发展初级阶段，发展形式单一、覆盖面小、运行不畅，运载单元、卡车车型标准化程度也较低，还面临许多设施装备技术和运输一体化组织“瓶颈”。造成多式联运发展滞后的主要原因是体制长期分割，铁路市场化不足，装备技术标准缺失以及基础研究不扎实。

目前，多式联运发展过程中急需破解的“瓶颈”涉及七大领域，主要包括基础设施的衔接、运输装备的标准化、市场主体多元化、运营组织一体化、信息资源交互共享、法规制度统筹、支持政策创新。

（1）强化顶层设计，加快明晰多式联运发展政策导向。在行业层面应明确将多式联运作为综合交通运输系统优化的主导战略，强化顶层设计。交通运输部组织编制的《综合运输服务“十三五”发展规划》中明确将多

式联运作为“十三五”期间综合运输服务体系建设的主导战略，着力构建设施高效衔接、枢纽快速转运、信息互联共享、装备标准专业、服务一体对接的多式联运组织体系。同时，交通运输部正在研究起草专项发展政策，明晰发展思路和目标任务，推动将多式联运上升为国家战略，构建我国的多式联运系统。

（2）加快法规标准体系建设。发展中国的多式联运，要强化环境营造，加快建立多式联运法规标准体系。目前，交通运输部已经启动了《综合运输促进法》和《多式联运法》的立法研究工作，将加快研究多式联运经营人服务规范，促进全程运输组织与业务操作流程优化。加快推进多式联运基本术语、运行规则、信息交换、装备技术、统计监测等方面的标准规范建设，加强不同运输方式的标准衔接，为多式联运经营人营造宽松公平的发展环境。

（3）调整运输结构。推进多式联运模式发展，意味着要调整交通运输结构。发展中国的多式联运，在国家层面应明确将多式联运作为现代物流发展的主攻方向，借鉴欧美经验，推动建立国家多式联运系统。作为提升物流效率、降低物流成本的有效途径，多式联运被提到物流业发展的战略高度。在国家加快推进综合交通运输体系建设，重视运输服务、运输枢纽、运输衔接等运输政策的环境下，如何提高运输效率已成为提升现代物流发展的重要问题。多式联运作为当前一种体现高效能的运输方式，符合绿色运输发展趋势。

《物流业发展中长期规划》中有 18 处提到大力发展多式联运，而且把多式联运列为 12 大重点工程之首，并鼓励发展海铁联运、铁水联运、公铁联运、陆空联运等多种运输形式，探索构建以半挂车为标准荷载单元的铁路驮背运输和水路滚装运输等。在多式联运模式下，公路运输要与其他运输方式衔接，由此对车辆的需求也将发生变化，对半挂车、公铁两用挂车、多挂汽车列车及其他多式联运专用载运设备需求会有所增加。

2015 年交通运输部与国家发改委联合下发的《关于开展多式联运示范工程的通知》指出，将来要发挥铁路经济高效的干线运输和公路机动灵活的支线运输优势，在政策引导和市场机制作用下，将推动公路长途货运转向铁路和水路运输。要正确认识道路货运业的行业特点。相对于其他运输方式，道路货运业具有机动灵活、通达度高，覆盖面广、运输组织多样的特点和优势，但同时，公路货运也有单位运输成本高、单次运量低、单位能耗高等劣势。立足于道路货运的比较优势，推进与其他运输方式的衔接和互动。交通运输部将推进多式联运发展，在全国范围内开展货物多式联运项目示范。同时，加快推广甩挂运输，由单一企业内甩挂向企业间甩挂发展，由单一线路上甩挂向跨区域网络甩挂发展，由单一方式甩挂向多式联运甩挂发展，由单挂运作向双挂汽车列车甩挂发展。

此外，还要注意做好两个方面的工作：一是强化科技创新，加快推广应用多式联运发展新技术。目前，交通运输部正在组织开展“多式联运发展技术政策”等项目研究，充分借鉴国际经验，提出符合我国发展实际并适度超前的多式联运技术政策体系。二是强化协同联动，加快形成多式联运发展的工作合力。各方协同合作，是加快多式联运发展的重要保障。交通运输部将不断健全工作协同机制，密切部际工作统筹，充分发挥各有关科研单位以及物流企业、生产制造企业和专家学者的力量，形成工作合力。

四、发挥多式联运示范工程的引领作用

为了加快推动我国多式联运，必须注意强化示范引领，加快培育多式联运龙头骨干企业。交通运输部会同国家发改委，启动了多式联运示范工程，探索和积累多式联运发展经验、创新发展思路。目前已经正式发布了第一批共 16 个示范工程项目。希望通过试点示范，主动提升一批、对标国际一批、复制推广一批基础条件好、辐射能力强、带动作用显著的多式联运经营人。多式联运示范工程建设，意在形成具有典型示范意义和带动作用的多式联运枢纽场站、组织模式、信息系统及多式联运承运人；完善多式联运设施、装备、信息化、运营组织等方面的技术标准和服务规范；逐步充实推进多式联运发展的政策与法规，推进多式联运发展。在此基础上，制定完善多式联运发展顶层设计，促进我国多式联运加快发展。

经过近几年的快速发展，我国公路、铁路、民航等多种运输方式都具

备了相当的规模。但各种运输方式分散发展，缺乏有机衔接，运输结构不够合理，综合运输多式联运系统发展缓慢，影响整体物流效率，增加成本。《关于开展多式联运示范工程的通知》中提出，在大物流的发展形势下，货物运输要求速度快、损失少、费用低。因此，要在一些关键运输节点引导产业结构调整，充分发挥公路、铁路、水路等多种运输方式及各自的优势，推动多式联运发展，构建综合运输网络，发挥交通运输综合网络的最大效率。有专家表示，依托国家物流大通道建设，以“一带一路”、长江经济带和京津冀等地区为重点，尤其是“一带一路”的西部、中部和东部的节点城市，长江经济带的水铁联运，如三峡地区的港口与铁路、港口与公路联运模式，依托物流园区能实现两种以上运输方式进行区域分拨配送的节点城市，也有望被纳入示范范围。

举例来说，面对我国快速增长的冷藏货物运输需求，大连港与铁路方面密切配合，依托冷链物流中心及海铁联运网络“双引擎驱动”优势，吸引铁路最新研发的冷藏集装箱车组在大连港上线。大连港创新应用的“海运+冷藏班列+公路短驳”联运新模式有效填补了中国铁路不带动力运输冷藏集装箱货物的空白。预计到 2020 年，大连港冷藏集装箱多式联运量可达到 5 万标箱。下一步，大连港还将积极与俄铁开展合作，开发具有大连口岸特色的冷藏集装箱过境班列。

大连港在国内率先实现了在海铁联运领域跨平台信息互动的实践与突破。为了推进多式联运信息服务体系建设，大连港围绕多式联运协同服务系统建设，以物流网数据采集为实现基础，通过标准化规范实现跨部门的信息交互与共享，实现了车、船、箱等信息的智能化采集与集成，以及港口与铁路信息系统的互联互通、信息共享。

依托完善的海铁联运服务网络，大连港与铁路部门紧密合作，创新开展客车化班列、循环班列、小运转班列等多种运营组织模式，现已开通主要班列线路 20 余条，每周到发 70 余班，服务网络覆盖我国东北区域及俄罗斯、欧盟、蒙古和中亚主要城市。“十三五”期间，大连港仍将积极拓展铁水联运业务，重点通过运营组织模式创新和新型装备研发应用等举措，破解多式联运发展瓶颈，建立具有大连港特色的多式联运线路。

再以成都国际陆港为例，成都国际陆港由成都市政府与成都铁路局共同出资成立，通过搭建统一的内陆港多式联运服务平台、场站服务平台、信息服务平台、金融服务平台，在此基础上形成统一的内陆港物流公共服务基础平台。成都国际陆港按照“企业联盟化、联盟企业化”的思路，以铁路为核心组建公铁联运、水铁联运、甩挂联盟等物流联盟。联盟各成员单位通过密切公路、水运与铁路运输衔接，联合构建起“经营网点—汽运班车—铁路分拨中心—货运班列和江海班轮”一体化的综合物流绿色通道。

为了精简办理流程，提高服务效率，成都国际陆港开设了集合一站式服务的五类窗口。多式联运综合服务大厅内集中铁路、船公司、港口、海关、检验检疫五类服务窗口，推行“单窗口一站式”服务，此外还提供含铁路运输、海运订舱、报关报检、签发提单、出口退税、外贸结汇等一体化服务。成都国际陆港还建设了多式联运监管中心，实现海关对各种运输方式的货物换装、仓储、中转、集拼、配送等作业的一体化监管，实现铁水联运、公铁联运等多式联运的一站式通关、本地退税、一体化服务，帮助企业整体提高通关效率 75%。

成都国际陆港突破产业边界打造五条联运线路。成都国际陆港突破产业边界，以集疏运体系创新驱动多式联运产业集群发展。成都国际陆港构建了“一港一平台，三网三通道五线路”多式联运布局。五条多式联运线路以成都为中心向外辐射，综合了厦—蓉—欧、甬—蓉—欧、深（广）—蓉—欧、长江中下游—蓉（泸）—欧、川内腹地—蓉—欧（或滇东黔北）等道路交通系统，并使蓉欧班列成为目前唯一有固定国内通道支持的中欧国际班列。

第八章

现代综合交通运输体系的建设与临空经济的发展

随着科学技术和经济的快速发展，飞机场已经从单一的客货运场所变成了全球商业活动的重要场所。在机场的辐射力下，很多与航空业相关的产业也逐渐发展起来，形成了影响力巨大的经济区，也就是“临空经济”。临空经济区是依托航空枢纽和现代综合交通运输体系，提供高时效、高质量、高附加值产品和服务，集聚发展航空运输业、高端制造业和现代服务业而形成的特殊经济区域，是民航业与区域经济相互融合、相互促进、相互提升的重要载体。

我国改革开放 30 多年来，民航年均增长 17.6%，远远高于其他交通运输方式。我国已成为仅次于美国的全球第二大航空运输系统，今后十几年，仍将是民航快速发展的历史黄金期。在“十二五”期间，我国计划新建机场 70 余座、改（扩）建机场 101 座，全行业投资将超过 1.5 万亿元。预计在 2020 年、2030 年我国旅客运输量将分别达到 7 亿人次、15 亿人次。航空运输货流量和客流量的增长使机场周边地区形成了新的经济模式，成为集聚和辐射人流、物流、信息流和资金流的航空口岸，成为连接市场和资源的重要纽带与促进区域经济增长的优势资源。机场被看作是区域经济发展的新的增长点，履行了历史上城市中心商业区的重要功能。

目前，基础设施资源缺乏是制约我国民航发展的首要问题。以机场为例：①总量不多，我国机场数量仅为城市总数的 1/5；②密度仍较低，相当于美国的1/4，特别是目前我国还有30%的县、24%的人口和9%的经济活动区不能得到航空运输服务；③布局仍不合理，机场“东密西疏”的格局，与带动中西部地区经济社会发展的矛盾比较突出；④容量和功能不足，许多大型机场现有设施容量已经饱和或趋于饱和，而中小型支线机场普遍存在设施设备不完善等问题。为了提高国家对于民航强国战略的支持，加强地方政府对于发展本地区民用航空业的重视，有必要组织专业力量开展航空业和机场业对于国民经济和区域经济的经济效应研究。

机场作为民航重要的基础设施之一，是区域经济社会发展的重要平台，其建设和运营不仅满足了当地客货运输的需求，同时对带动相关产业发展、增加地区就业、促进地区经济繁荣具有十分重要的作用。科学地分析和评价机场在经济社会发展中所起的作用，定量论述机场的经济社会价值，对社会各界加深对民航业发展的认识、明确机场的定位、制定机场的发展思路具有十分重要的意义，同时也为临空产业经济的发展提供重要参考数据。

选择若干条件成熟的临空经济区开展试点示范，有利于发挥比较优势、挖掘内需增长潜力、促进产业转型升级、增强辐射带动作用，对于促进民航业发展、优化我国经济发展格局、全方位深化对外开放、加快转变经济发展方式具有十分重要的意义。

近年来，有关地方积极推动临空经济区发展，取得了初步成效。当前，国内一二线城市的机场都相继推出了空港经济区的建设计划，北京、天津、上海、重庆等地的空港经济在迅速发展。中国空港经济还处于起步阶段，更多的城市仅仅是停留在规划阶段。

临空经济是近些年兴起的一种现代经济服务模式，已经并正在向城市经济的重点发展，为了将机场周边发展为区域经济的核心，必须针对当前的临空经济发展现状，提出有效的发展对策。

第一节
临空经济发展的理论基础

临空经济最早开始于 1959 年在爱尔兰香农国际航空港成立的自由贸易区。该贸易区利用外资发展出口加工工业。后来，随着经济全球化和产业结构的调整，大型机场周边的经济不断升温，对临空经济的研究逐渐成为热点，临空经济的理论及实践研究也引起越来越多的关注。许多相关领域的学者和专家都给出了临空经济的定义并分析其布局特点。

一、临空经济的定义及相关概念

1. 临空经济

临空经济一词，属创新型词汇。国际尚未有相应的词汇表述。该词语由中国民航大学曹允春教授在 2002～2004 年期间，根据北京市顺义区十余年发展“空港口岸经济”历程而归纳总结提出的新概念。

临空经济一词准确地表达了新的经济形态与机场的依托服务关系，也及时准确地表达了地方政府发展新经济形态的意愿和诉求。

经过十余年的发展，临空经济一词逐渐被省会一级城市所接受和使用，在一定程度上也得到了民航系统人士的认同。临空经济一词的直接解释是依托有一定规模的航空港，在其周边一定距离的范围内，分层级地发展与机场有关联的核心产业、关联产业和引致产业。航空经济中的航空运输业、服务保障业和研发制造、教育培训、展示维修等行业均应列入临空经济中的核心产业。

临空经济最本质的一个特征是突出了一个“临”字。它既体现着集聚发展起来的新经济形态与机场因区域位置贴近而形成的依托服务关系，也体现着比邻而居的不同产业之间的合作、协同发展关系。

2. 空港经济

空港经济也称临空经济，具有鲜明的区域经济属性。一般认为，空港经济是依托大型机场尤其是国际枢纽机场，利用航空港人流、物流、资金流和信息流等优势而发展起来的多功能的区域经济形态。随着我国民航业的加快发展，越来越多的城市把依托机场、服务机场，发展空港经济，作为提升综合竞争力的战略选择。随着新桥国际机场的快速建设与投入使用，合肥空港经济迎来了新的发展契机，需要在把握一般规律的基础上，紧密结合实际，超前谋划，努力走出一条顺应发展潮流、具有合肥特点的空港经济发展之路。

历史经验表明，交通运输方式的每一次变革，对经济发展、社会变迁和生产生活方式，都会产生深远的影响。如同18世纪的港口、19世纪的铁路和20世纪的高速公路一样，今天的机场已演进成为全球生产和商业活动的重要节点。正如荷兰史基浦机场不动产公司资深空间发展规划师沙福玛（Mauritis Schaafsma）所认为的："今天的机场，就像50年前的火车站，100年前的海港，成为全球化的新核心。"国际机场协会（Airports Council International，ACI）作为唯一代表世界机场业的组织，更是将空港经济喻为"国家和地区经济增长的发动机"。应该说，空港经济的影响和带动效应是多方面的。

依据我国临空经济发展的模式，基本可以理解为空港经济就是航空经济与临空经济的有机结合体，空港经济是临空经济的升级版。空港经济与临空经济相对比，有三个方面的不同：

（1）与机场的关系不同。临空经济与机场体现的是临近、走近、融入、互动的合作关系，就如蛋黄与蛋清的关系。而空港经济与机场体现的是一体化的关系，机场是核心，空港经济是整体，就如蛋黄与鸡蛋的关系。

（2）功能属性有差异。临空经济以强调经济产出、产业结构和服务功能等经济目标为主，而空港经济则体现的是集交通枢纽、经济产出、对外交往和城市建设等多项功能为一体的综合性、高端性城市服务功能。

(3) 发展目标不同。临空经济发展的终极目标是高端产业新区，空港经济发展的终极目标为高端产业新城。空港经济、空港经济区、空港城和空港都市等所表达的词语更直接、简明，且与国际上的惯用词语“机场城市、航空都市”等更为接近。随着航空港对现代化城市多方面带动功能的越发强劲，空港经济、空港经济区、空港城等词汇将越来越多地被经济界所使用。

3. 航空经济

航空经济一词起源于欧美几个航空业较为发达的国家和地区。其行业专属性较强，是“二战”后随着欧美民用航空快速发展而发展起来的一种国际影响力越发强劲的新兴产业形态。航空经济基本由航空研发制造，航空场站保障服务和航空公司营运管理三大体系构成。

我国航空业整体发展水平与发达国家差距较大，特别是在研发制造领域，差距就更为明显。航空业缺少像电子信息、汽车、高铁等行业对国民经济的影响力和带动力，故航空经济一词较少地被提及和使用。随着我国航空研发制造技术的不断突破和低空开放等系列政策的实施，航空业将获得飞跃性发展，航空经济将在国民经济发展中起到引领、带动作用，航空经济一词也将被系统内外人士广泛使用。

二、国外临空经济发展历程

以 1959 年爱尔兰成立香农国际航空港自由贸易区为标志，世界空港经济即已诞生。20 世纪 60 年代，美国著名航空专家 Mckinley Conway 就给出了航空综合体的概念：以机场为核心综合开发集航空运输、物流、购物、休闲及工业开发等多项功能为一体的大型机场综合体。1965 年 Mckinley Conway 发表了“The Fly-in Concept”一文，提出了临空经济的概念，并认为未来临空经济的发展将对产业区的设计以及城市和大都市区的规划方面产生深远影响。

进入 20 世纪 70 年代以后，随着新技术的兴起和交通工具的迅猛发展，突破了资源分布对生产力布局的限制，很多国家形成了临空经济发展模式。自 20 世纪 80 年代以来，临空经济有了较大发展，亚洲一些国家在建设机场的同时，同步建设临空园区。随着临空经济的深入发展，众多国家和地区从战略高度，将其作为区域经济发展的引擎加以推进。同时，大型现代化机场，纷纷进行多方面的战略性调整，其中重要的一项就是推出临空经济区建设规划。目前，国外临空产业链已基本成熟，并向多功能综合经济转变，许多临空经济区已逐渐向航空城转型。

1991 年美国航空商业研究专家约翰·卡萨达（John Kasarda）阐述交通运输对于工商业企业区位选择的重要影响，他认为，交通运输对于企业区位选择的影响可分为五次浪潮，第五次浪潮由航空运输驱动产业发展，在这个阶段是航空业、国际市场、基于时间的竞争起决定性作用，这个时代开始于大型、高速喷气式飞机，先进的通信技术和三种不可逆转的重要推力驱动第五次浪潮向前发展。基于时间的竞争的重要性将得到强化，越来越依赖于航空货运，从而改变企业区位选择偏好。临空经济发展导致空港大都市出现。John Kasarda 在 2001 年指出，与机场有关的产业走廊、产业集群、产业带导致新城市形成，即空港大都市。

随着航空运输业开始走向大众化和高新技术产业的迅速发展，临空经济作为一种独特的区域经济模式开始在我国出现，并引起广泛关注。我国学者也从不同角度对临空经济的概念进行阐述。国内较早开始综合研究临空经济的是中国民航大学的曹允春教授，他在 1999 年时指出临空经济区是指由于航空运输的巨大效益，促使在航空港周围生产、技术、资本、贸易、人口的集聚，形成了具备多功能的经济区域，这主要是从生产要素流动和聚集角度界定临空经济。另外，金忠民、李健等也从城市规划、区域、产业和经济视角对临空经济概念加以解释。

各位学者从各个角度给出了临空经济的定义，概念表述并不完全一致，Mckinley Conway、John Kasarda 等给出的航空城的定义更强调主动利用航空运输带来的客流、物流和信息流等综合开发机场周边地区。而国内的定义偏重于机场周边自发形成的区域经济模式。

综合国内外相关文献对临空经济概念的界定以及临空经济在发展实践

中的特点，临空经济的定义可以总结为：机场及其周边地区在一定的区域经济和航空业发展水平下，利用交通枢纽带来的要素大规模流动产生的规模效应，吸引航空运输指向型的产业集聚，形成有自我增强机制的集聚效应，并通过该集聚所产生的能量带动周边产业的调整，形成多种产业有机关联并向外围辐射的经济发展模式。

三、临空经济发展的理论及实践探索

临空经济在经济全球化、信息化背景下已成为一种新兴经济形态。从国际经验来看，爱尔兰香农机场、东京成田机场、英国曼彻斯特机场、德国法兰克福机场等许多国际现代化机场的周边区域，均依托当地航空枢纽区位优势，受多功能的临空经济效应带动成为全球产业链上的重要价值节点和世界核心区域。实践证明，临空经济符合经济学流量经济、增长极理论、输出基础理论等发展规律，并在一定程度上丰富了理论内涵。另外，临空经济与区域经济发展的相互作用机理可以分别从临空经济和区域经济发展阶段的关系、临空经济对区域经济发展的增长极作用以及临空经济对区域空间的再结构效应三方面来考量。

临空经济促进区域经济发展和国际竞争力提升。一个国家和地区的临空经济发展，受到两方面的相互影响，一方面，临空经济区的形成和发展以机场的规模和集成运输能力为前提；另一方面，临空经济的发展也需要所依托城市和区域的经济、社会等条件的支持。临空经济发展起步阶段，机场的功能与区域经济的结合相对较弱，临空产业主要为与机场服务有关的航空服务业和加工制造业，与航空运输相关的所谓航空枢纽指向的产业集群效应以及对区域经济的贡献相对较弱；步入临空经济快速发展阶段，随着航空网络覆盖面扩大，机场集成空运能力增强，临空经济区内的航空运输业“短、小、轻、薄”高附加值制造业、现代物流业、现代服务业以及高新技术产业等加速发展，相应产业的航空枢纽指向性明显增强；在临空经济发展的成熟阶段，随着人们收入水平提高，航空商务旅行和旅游需求迅速扩大，包括国际商务服务业、会展博览业、旅游休闲业在内的现代服务业以及高新文化产业等将共同成为临空经济区的主导产业，有力地促进区域经济发展和国际竞争力的提升。

临空经济对区域经济发展的增长极作用。临空经济带动区域发展的模式特征主要体现为“极点”的增长效应将逐步涉及整个极化区域，以临空产业为核心，带动临空经济的发展，最终成就临空经济区及周边区域的崛起。“增长极”理论在此用以分析临空经济区的发展，其作用机理主要体现在临空主导产业的支配效应、乘数效应、极化和扩散效应上。航空运输指向性产业作为临空经济区的基础和核心产业，具备作为推动型产业的基本特征，产品需求收入弹性系数高、产业带动性强、技术创新空间足，临空经济区在大都市形成增长极可以通过航空运输指向性产业强大的产业关联效应，吸纳腹地劳动、资本、技术等生产要素，并使周边地区成为极化区域，临空产业自我增强后进而通过极化作用将技术、知识、信息方面的溢出效应以乘数加速向外围扩散，进而带动周边区域经济持续增长。

临空经济对区域空间的再结构效应。临空经济是航空枢纽巨大影响力的产物，国际上临空经济区的实体空间，一般形成于远郊，平均距离城市一小时车程，根据航空枢纽区位在不同城市间的位置，临空经济区空间布局对应有圈层式、轴带式和卫星式等多种结构类型。从临空经济带动区域经济发展的空间扩展路径来看，一般而言，依据最短距离以及周边净空需要，临空经济区空间结构以圈层式为佳，大体依“机场区→航空城→临空经济经常影响区→临空经济偶发影响区”顺序形成四个同心圆状圈层结构。卫星式空间架构主要基于围绕机场距离不等的娱乐休闲区、出口加工区和高校园区等卫星功能区的发展而形成。而在轴带式空间结构下，临空活动的空间组织沿交通干线扩展，一方面，人口和产业向重要交通干线附近集聚，有利于生产、流通、贸易、休闲等活动降低交通运输成本，使轴线地区形成有利的区位条件和投资环境；另一方面，“点—轴”模式下的交通线带状产业布局，可使轴线地区保持与航空枢纽所在区域的密切联系。国外临空经济发展经验业已表明，现代大型机场的建设总是能够使相邻地区通过交通走廊迅速实现城市化，缩小与机场所在母城区域的发展差距。因而，相比临空经济区的圈层式和卫星式空间架构，临空经济区的轴带式空间扩展，对机场邻近区域的空间再结构效应最强，通过“点—轴”开发模式优化临空经济区空间结构，不仅可以拓展大型机场的航空运输服务半径和腹地范围，也有利于轴线经济带上的中小城市（或聚落）自发协整产业发展重点和空间扩展方向，成为临空经济极化区域的梯度节点，最终实现区域经济一体化发展。

综上所述，临空经济与区域经济发展的互动关系可进一步描述为，临空产业发展将为航空枢纽依托区域创造出更多产值和财富，增进机场周边区域的就业机会，并以增长极效应推动区域产业结构升级和区域临空产业链条的形成；临空经济区的便捷交通和有利区位以及强大的集成运输能力，能够加速极化区域的物流、信息流、资金流和商品流等的运转效率，优化空间资源配置和社会生态环境，从而拉动临空经济区及其周边区域的经济增长和区域可持续发展，增强城市和区域的整体竞争力；反过来，区域经济规模和相应空间规模的扩大也为临空经济发展提供更多总量支持与更大发展空间。

四、临空经济研究存在的问题

对国内外临空经济相关文献进行分析发现，目前临空经济的研究还存在以下问题：

第一，现有研究从各个层面给出了临空经济的定义及其特征，包括宏观层面、中观层面及微观层面等。但这些大多数停留在概念和特征等基本理论研究上，国外文献通过对部分机场临空经济的发展状况进行归纳，总结出临空经济的产业特点及空间布局结构，而国内则以对国外研究理论和实践经验的总结介绍为主，对临空经济的分析也主要是结合国外的理论进行定性的实证分析，定量研究缺乏。

第二，临空经济作为一种新的经济增长模式，推动其发展的内在因素及各种要素之间的相互作用关系构成其发展的动力机制。目前对于临空经济发展的内在机理的研究侧重于对临空经济的各利益主体行为的定性分析，缺少利用区域经济增长的相关理论对临空经济动力机制进行系统研究。

第三，已有文献中对我国临空经济的发展评估主要针对北京、上海等大型枢纽机场的定性分析，定性分析能够提供较为全面的评估，但不能给出具体的结果和通用性的评估方法。而且，偏重于少数大型机场临空经济的分析不能准确判定我国临空经济发展的整体水平。

第四，国内缺乏临空经济对区域经济影响的研究，以往的研究主要出现在机场项目建设后评价中的国民经济评价和机场本身盈利能力分析等，国务院发展研究中心的相关研究只是针对大通关基地建设的经济影响。国外的定量分析主要是针对航空运输业自身对区域经济影响的测算，而临空经济不仅包括航空运输业，还包括临空产业集群，只计算航空运输业的经济影响不能反映临空经济整体的影响。

第二节
临空经济区发展的阶段性特征

从经济发展的逻辑上来讲，临空经济的出现表明一个国家的经济达到了一定水平，是国家经济生活中的重要现象，是产业形态演变和运输方式变革的共同产物。在临空经济发展的初期起步阶段，航空港或者机场的功能与区域经济的结合比较弱，临空产业除为机场服务的航空服务业外，以传统的制造业为主，航空枢纽指向性弱；在临空经济发展的快速成长阶段，航空网络覆盖面扩大，机场综合性增强，临空经济区内的高新技术产业的比重迅速上升，产业的航空枢纽指向明显强化，机场功能与所在区域的融合性加强，临空经济的外向型产业逐步占据主导地位；在临空经济发展的成熟阶段，现代服务业和高新技术产业共同成为临空经济区的主要产业，航空制造业和航空服务业结合成为航空产业集群，复合型的航空枢纽功能与区域经济完全融合，成为区域经济的增长点。中国临空经济还处于起步阶段，更多的城市还仅仅停留在规划阶段。另外，临空经济尚未发挥出应有的潜力，应该更好地加强规划，使得临空经济在城市经济发展中发挥出更大的作用。

虽然一个地区经济的结构特点受到多种因素的影响，但在机场周边集聚的企业形态与特征，一定是直接或间接受到机场的作用，因此机场的影响是临空经济产生和发展的主导因素。临空经济区内各产业与航空运输业的联系以及各产业之间的相互联系使其形成一个有机的综合体。随着临空经济的发展，其辐射范围和深度不断加大，临空经济区内的产业结构也在不断变化，现根据临空经济区内临空产业集群的发展水平及临空经济对区域经济的影响方式将其分为三个阶段。

一、临空经济的运输经济阶段

临空经济的运输经济阶段是指由航空客货运输业本身而带来的上下游产业，包括航空运输企业、飞机设备制造和运输综合保障企业以及空中管制和海关等政府机构在内的航空客货运输。航空运输作为复杂的系统工程，需要多个部门为其配套服务。在机场周边，围绕航空运输业而集中的空中管制机构、航空公司、机场运营以及油料和航材设备制造企业等与航空运输直接相关的产业和其他驻机场机构（边防、海关、检验检疫等）及货代、仓储、配送和基本的生活服务业的集中，形成最初的临空经济的雏形。

这个阶段的临空经济完全依赖于航空运输，基于运输的实际需要而产生，其规模取决于机场的建设规模和客货吞吐量。相关产业一般位于空港区及紧邻空港区，以方便随时为航空运输和机场运营提供服务。在运输经济阶段，临空经济区主导产业的航空运输指向性特征不明显，传统产业占据优势地位。临空经济区对区域经济的影响主要表现为航空运输及相关产业带来的直接经济收入和就业等。航空吞吐量的增长和航线网络的建设是推动运输经济发展的主要动力，而吞吐量的增加也将带动机场周边地面交通网络的完善和临空经济区内服务业的发展，从而吸引临空产业的入驻，临空经济开始进入产业集聚经济阶段。

二、临空经济的城市机场阶段

由于航空货流量和客流量的不断增长，机场的集聚和扩散功能逐步增强，要素的快速流动带来了经济的外部性，包括规模经济、信息溢出等，从而吸引相关产业在临空经济区附近集中，由此进入城市机场发展阶段。表现在货流量的增加扩大了物流代理、快递、金融业以及加工园区等的集聚规模；而客流量带来了广告、商业会展和零售等产业的发展和集聚，从而使各种基础设施和服务业获得了规模效益，带动城市经济得到巨大发展。而物流、金融等生产性服务业的高度发展对高新技术产业是十分重要的，高新技术企业也倾向于在具备良好运输条件的区位设址。

随着地区经济的发展，机场规模逐步扩大，航线资源日益丰富和航班数量增加，机场与世界各地的连通性增强。临空经济区与世界其他地区之间的时间距离大幅缩短，从而吸引跨国公司总部、高科技产业及现代制造业等在机场附近集中，形成多样化的临空产业集群。临空产业大都具有高科技、高产品附加值等特点，而高新技术产业的知识外溢性更强，能够通过增强区域对高层次资金和人才的吸引力从而影响到区域经济的发展潜力。因而，这个阶段的临空经济对区域经济的影响不再局限于对产出和就业等的直接影响，而开始深入影响到区域产业结构和外部资金投入等。集聚经济的形成表明航空运输在为货物和旅客提供了快速通达的集散网络后，促进了资金、人才和技术在区域间的流动，提高了区域的开放性和对外部投资的吸引力。

三、临空经济的机场城市阶段

航空运输与区域经济和环境的进一步融合，使临空经济区内人文环境、生活环境、交通环境和生态环境得到改善和提高，吸引了房地产、生活休闲、旅游和文化事业的集中，形成新的都市区，从此进入机场城市发展阶段。良好的居住环境和自然环境对于高端科研人员具有强大的吸引力，也必然成为吸引高新技术企业的重要因素，因而，城市经济的形成是临空经济进入可持续发展阶段的表现。这一阶段的临空经济与区域经济协调发展，临空经济区成为城市新的增长极，从而降低了城区土地平均价格，对吸引外商投资、减少主城区的拥堵情况，进而改善城市二元空间结构起到重要作用。

临空经济发展的各个层次之间是相互促进的关系，其发展轨迹受到临空经济的外部环境和政府政策的深刻影响，具体处于哪个阶段要看对经济影响最显著的产业是受到何种因素的吸引而进驻的。随着临空经济从运输经济发展到环境经济，其要素结构不断优化，将为区域经济发展带来强大动力。

四、临空经济区的空间结构

临空经济区的空间结构通常是由空港运营区、紧邻空港区、空港相邻地区与空港交通走廊沿线地带以及外围辐射区四大功能区所组成。

1. 空港运营区

空港运营区通常在机场周边 1 公里范围内。空港运营区是机场所在地区，其基本功能是为机场的正常运营提供各类支持性服务，保证航班的良好运行。同时，随着地区经济的发展和机场服务水平的提高、规模的扩大，一些休闲、娱乐设施及货运物流也开始在机场周围汇集。

2. 紧邻空港区

紧邻空港区的范围通常在机场周边的 1~5 公里。紧邻空港区是空港商业的主要活动地区，包括空港工业园区、空港物流园区和出口加工区等。另外，一些高新技术产业为获得便利的航空运输服务及快速的公路交通运输亦分布于此。

3. 空港相邻地区与空港交通走廊沿线地带

这一地区的范围通常在机场周边的 5~10 公里，或在空港交通走廊沿线

15 分钟车程范围内，是离中心机场更远的都市边缘地带，但同机场之间有城市快速环路和高速公路相连，是具有高度可达性的区位。这一区域内的产业可能是紧邻空港区内产业在地理上的进一步延伸和扩展，也可能是因周边地区已有产业而产生的吸引产业和带动产业，主要为研发机构和高科技制造产业等。

4. 外围辐射区

这一地区的范围通常在机场周边的 10~15 公里。临空经济的影响在这一区间里逐步衰减收敛，形成了临空经济区的空间边界。该区域内既有市区内原有的产业，也有受机场吸引而从别处转移过来的经济活动，其与机场的经济活动没有直接联系，间接联系可能也很小。分布在该区域内的企业主要为高新技术制造业、休闲与现代服务业等。

五、临空产业发展的基本类型

基于产业经济视角分析，临空经济是指以机场为核心，依附航空运输产业的需求和发展，不断引致周围产业的调整、聚集与趋同，在机场周边形成产业园、功能区、保税区、临空型制造业及与航空运输相关的产业集群，实现以临空指向产业为主导、多种产业有机关联的产业体系。

国际上对于临空产业基本理论的研究源自于 20 世纪 90 年代末，航空商业研究专家约翰·卡萨达提出航空运输是继海运、运河、铁路和公路运输之后对区域经济发展的第五冲击波的“五波理论”观点，预测未来航空运输的“蝴蝶效应”会影响全球经济发展趋势。在我国，中国民航大学临空经济研究所所长曹允春教授最早开始进行符合中国国情的临空经济区规划的系统性研究。

临空产业是指以航空运输为指向的相关产业。依据国际惯例，可将临空产业细分为：航空运输业、物流产业、临空型高科技制造业、总部经济、航空制造业、科技研发、客服中心、会展业、现代服务业等。

经过十多年的实践发展，国际上逐步形成了如下几种临空产业发展的类型：

1. 临空关联型

临空关联型是指与机场功能直接有关的产业，如物流、配送及适宜于空运的高新技术产业，通常又细分为临空工业区和物流园区。

（1）临空工业区。临空配套工业区：主要发展航天科技、航空相关产业、制造加工业等。例如：法国的索菲亚·安蒂波利斯科技园区专门设立了宇航产业，引进了阿尔卡特航天企业等知名公司。高新技术产业区：主要发展以空运为依托的高新产业基地。例如：计算机及其附件、微电子、IT等产业制造及研发中心。又如：马来西亚多媒体超级走廊立足于软件开发、多媒体内容创造等领先技术。

（2）物流园区。主要发展仓储、运输、中转、配送、包装和流通加工等物流服务业务。德国法兰克福物流城在机场附近，有数百家物流运输公司进驻，这些公司将世界各地的产品运进德国，也将德国的产品送往世界各地。

2. 临空附属型

临空附属型是指因与机场相邻而得益的产业，主要有会展业、分销中心等。近年来，会展会议产业与临空经济关系日趋密切。例如：巴黎戴高乐机场附近的维勒班展览中心，有16.4万平方米的展览区，每年吸引1300万的参观者到访。伦敦希斯罗机场的展览和会议中心内，仅美国“孩儿宝”公司就雇用240人，在该机场附近成立了永久的展览和会议、营销中心。

3. 机场服务型

（1）临空服务区。包括宾馆、餐饮业、购物、商业中心、金融业、咨询业以及基本的服务设施。例如：戴高乐机场附近饭店的很大一部分客源来自维勒班展览中心的参观者和展商。法国索菲亚·安蒂波利斯科技园区积极开展咨询业，有近60家咨询公司提供管理咨询、战略组织服务、审计等，吸引了埃森哲、安永等世界著名公司在园内设立办事处。

（2）临空居住区。包括房地产业、教育、医疗等。临空经济区一般都会专门辟有住宅区，为机场工作人员及园区机构的工作人员提供生活方便。例如：北卡罗来纳州三角园区建立了大量学习和生活的配套设施，如体育馆、幼儿园、学校、医院等，曾被评为“全美最佳生活居住区”。

（3）观光旅游区。包括旅游、观光和休闲等。临空经济区还可以充分利用周边地区旅游资源，大力发展特色公园、主题乐园、文化娱乐设施等与旅游相关的其他服务设施，强化自身的旅游休闲功能。例如：台北桃园航空城就结合滨海资源特色，建有滨海游憩区、国际村等旅游休闲设施，提供游艇港、美术馆、音乐厅、科学馆、博物馆等文化娱乐活动场所。

第三节
临空经济发展的不同模式

国内外临空经济发展情况表明，由于空港所处的历史背景、交通区位条件、腹地经济基础和工业化发展阶段等不同，临空经济在发展上会表现出不同的模式。

第一，从产业发展角度分析。主要有多种产业并进，集群化发展模式，如首都机场、浦东机场等；以现代服务业为主导的发展模式，如美国孟菲斯机场、中国广州白云机场的物流型航空城，荷兰史基浦机场的交通枢纽型航空城，韩国首尔仁川机场的商务贸易型航空城，中国香港机场辅助社区的居住型航空城——中国香港东涌新市镇；以航空产业为主导的发展模式，如天津滨海机场、西安阎良机场等；以高轻产品制造业为主导的发展模式，如成都双流机场、重庆江北机场等。

第二，从空间布局角度分析。根据机场在城市中的位置不同，临空经济区的空间结构对应有圈层式、轴带式和卫星式等多种类型。一般而言，机场对周边地区的辐射能力会随着距离的增加而减弱，大多数机场往往呈现出圈层结构；现实中，不少空港的产业空间结构呈现“棒棒糖”状的布局，其“糖面”为机场辐射形成的圈层结构，“把柄”则是空港交通走廊沿线可达地区。也有特殊情况，如由于地理等因素的影响，浦东机场产业区“缺了一角”，形成了扇形结构。

第三，从扩展方式角度分析。临空经济发展具有渐进式、跳跃式、更新式三种发展模式。属于渐近式发展模式的空港很多；属于跳跃式发展模式的空港，是因为在周边地区进行成片开发，或对机场进行扩建；属于更新式发展模式的空港，是因为原机场与发展要求不相适应，对机场实行整体规划建设。如 2015 年，大连机场运送旅客 955 万人次，一跃成为准“千万级”机场，就是因为大连的城市化进程提速和机场本身的扩建。

第四，从主导形式角度分析。目前比较通行的发展模式是，政府主要为机场的运营和管理创造良好的外部环境和条件，推动企业化运作、产业化发展。除此之外，还有一种以机场（企业）为主导的模式，机场具有特许经营和专营权。在临空经济发展上，特别是在初期阶段，制度供给往往比要素供给更重要。如最近出台的《广州临空经济发展规划纲要》就提出了建设“国家空港体制创新试验区”的目标定位。

临空经济的发展路径受到所在区域经济发展水平、产业结构、地理区位、资源禀赋及政府政策等的影响和制约，各地区的临空经济发展模式是将本地的各种要素进行优化配置与临空经济发展层次结合的过程。根据临空经济区内的产业结构和主导产业类型以及各产业的发展水平的不同，可以将临空经济的发展模式总结为航空带动模式、物流带动模式、产业链推动模式、产业集群模式以及园区发展模式。

一、航空带动模式

航空产业包括航空运输服务业和航空工业，航空运输服务业主要是以航空公司为核心的航空运输服务产业链，航空工业主要指的是集研发、制造、销售及维修于一体的完整航空制造产业链。航空工业是一个投入产出比很高的行业，美国等航空工业发达国家投入产出比达到 1∶20。据日本通产省 2002 年的统计，按单位重量价值比计算，如轮船是 1，则小汽车是 9，电子计算机为300，喷汽客机是800，航空发动机是1400。先进航空产品附加值高，发达国家鼓励和促进航空业的发展，而通常的国际经验也说明，一个航空项目发展10年后会给当地带来的效益是：产出比为1∶80，技术转移比为1∶6，就业带动比为1∶12。航空运输服务业对临空经济区的经济发展业有着非常明显的作用。北京首都机场的扩建和运输枢纽地位的确立，吸引了大量的航空公司入驻，航空服务链条上的其他企业会随之发展，进而加大对航空运输的要求，激发航空工业的发展潜力，并带动临空经济区的整体发展。

二、物流带动模式

物流业作为临空经济发展的重要内容，对临空经济的发展意义重大。在这种模式中，临空经济区内以航空物流业为核心，将公路、铁路、海洋、集装箱运输等运输方式结合，形成集运输、仓储、包装、流通加工、航空货运大通关信息处理等于一体的现代化空港物流。

目前，空港物流业在临空经济区发展的模式就是利用机场口岸的功能和机场周边物流基地的保税功能，满足临空经济区内园区企业对物流的需求，实现港区联动推动临空经济的发展。例如，韩国仁川航空城优先发展物流产业，为了提高物流流量、增加仁川机场设施的使用率，仁川国际机场成立了“自由贸易区”，总占地面积约50万平方米，包括分拨和贸易、快递、仓储、出口、支持等几大中心。仁川机场的通关能力和货物处理能力很强，所使用的系统是全球第一家100%全网的报关系统。仁川机场自由贸易区分两块，一个是货运区，总面积为23万多平方米，年处理能力387万吨，还有一个是物流园区，提供货运处理系统和通关手续。通过物流带动使仁川机场的临空经济得到快速发展。

三、产业链推动模式

自20世纪70年代后期，新技术革命加速推进，市场竞争日益激烈，许多行业的产品生命周期不断缩短，消费需求日益多样化和复杂化。于是，在许多产业部门，尤其是高新技术产业，均不同程度地采用了以柔性技术和柔性组织为特点的生产方式，以提高对市场变化的反应能力。

在柔性生产方式下，每个企业专注于自己的核心业务，将非核心业务外包。因此，柔性生产方式的应用，必定要求企业间建立与发展一种新型的分工与合作，形成核心企业与相关配套企业的协调发展模式，因此，柔性生产方式的应用，要求临空经济在发展阶段必须围绕临空主导产业构筑完整的临空产业链条，并且通过临空产业链条的协调运作实现以临空主导产业带动其相关配套产业的发展模式。临空产业链作为全球产业链的重要组成部分，将必然推动临空经济的发展。

四、产业集群模式

随着机场规模的扩大和枢纽地位的加强，越来越多的航空公司在机场的空港区内以及空港区附近设立分公司等机构，不仅极大地增加了对飞机导航、客货运输、地面运输、客货代理、航材航油供应等航空运输服务的需求，而且加大了对飞机发动机及飞机零部件等的需求，以及对飞机发动机、飞机零部件维修的需求。国际大型飞机制造商和航材供应商纷纷在机场周围设立航空零部件支援中心、技术服务中心和各类航空培训中心，从而逐渐引发航空制造及维修业向机场聚集，并与航空运输业共同发展成为临空经济的航空产业集群。同时，随着临空经济的发展，原有的临空产业链得到进一步的延伸与拓展，企业间专业化分工与协作的增强促使网络型企业组织结构出现，这种基于产业链的临空产业集群是全球工业分工和区域协作的必然结果。

临空产业链作为全球的产业链中的重要组成部分，在全球经济中发挥着更加重要的作用。临空产业链在机场周围的聚集，通过交易成本的降低、外部经济利益的获得和创新能力的增强，实现发展中的边际效益递增，成为不断提升区域竞争力的主要途径。因此，基于产业链的集群式发展成为临空经济成熟阶段的主要发展模式。可以看出产业集群模式在不同阶段都将带动临空经济的发展。

五、园区发展模式

临空经济通过园区发展模式可以有效地促进区域内的产业、企业、人才、资金等集聚，促进区域内的资源综合利用和循环利用，提高市场竞争优势。

（1）临空经济区的园区通过加速产业集聚，促进“低、散、小”企业的集约化进程，形成专业信息、专业人才、资本等要素的聚集，实现临空经济区内重点产业集群的培育。当前，国际产业正向中国转移，扩大招商引资、提高开放合作水平是必要的前提。园区成了内引外联、对外开放和招商引资、产业集群发展的平台。在引进园区企业和对其进行管理的时候，实现临空经济区内产业的调整和布局的优化。

（2）临空经济的园区发展模式还可以产生市场竞争优势，大量企业在园区内的集聚，使得企业具有更强的新陈代谢能力，对外部的刺激反应更灵敏，迅速将市场需求信息或者新技术转化成产品或服务并推向市场，形成专精优势的国际竞争力。给临空经济区域带来品牌形象效应，让园区内企业共享无形的优势资源。

（3）园区发展模式可以培育企业集群，形成规模经济效益，推动经济增长方式转变；园区发展模式可以优化资源配置、共享基础设施、集中治理污染、集约利用土地，促进资源的综合利用和循环利用，降低单位产值的能耗量、物耗量，实现节能降耗减排，形成资源节约、环境友好的临空经济区建设。

北京临空经济区采取一区多园的发展格局，着力打造七大功能组团：综合保税园区、高技术产业园区、国际商务园区、现代制造业园区、现代物流园区、国际会展园区和文体休闲产业园区。临空经济区内部各园区间通过信息沟通机制，避免有限资源的浪费，并实现园区间的产业互动和产业聚集。临空经济区内建立由各园区高层管理人员共同参加的园区发展联络组，定期组织会晤，及时传达政府的政策信息。通报各园区运营状况，交流园区成功的招商、管理经验，并针对出现的矛盾或问题，及时进行协调和解决，使园区模式积极推动临空经济的增长。

虽然临空经济在发展模式上有所差异，但有着共性的方面。主要有：依托大中型机场或区域性转运中心，政府主导推进、公司化运作，开放引进实力强的公司，实施配套支持政策，划定区域设立自由贸易区，建设以高端产业和现代服务业有机融合的航空城，打造承接总部经济和产业转移的平台，构建以空港为核心的立体化交通运输网络，临空经济发展规划与当地经济社会发展规划相协调，等等。这些都是带有规律性的，对规划发展地方临空经济，有着重要的启示作用和借鉴意义。

第四节 我国临空经济发展的现状和特点

改革开放以来，我国经济持续快速发展，机场属地化改革和民航准入、开放、补贴等政策的出台，为临空经济发展注入了强大动力。“十一五”以来，1400 亿元机场建设投资，把航空航天产业列为八大高技术产业之一，又为临空经济发展提供了重大契机。目前，尽管我国临空经济发展总体上仍处于形成阶段，但在各级政府的高度重视和大力推进下，已经进入了一个快速发展期。2015 年国际航空城会议认为，临空经济将成为中国未来经济发展的重要模式。

作为高度垄断的行业，机场在利用“两种资源、两个市场”中具有得天独厚的优势。规划发展临空经济，着眼点就是依托机场吸引全球资源，在国际分工体系中占据有利地位，形成参与产业全球化垂直与水平分工的节点；临空经济发展到成熟阶段，现代服务业和高新技术产业共同成为主要产业，航空制造业和航空服务业结合成为航空产业集群，复合型的航空枢纽功能与区域经济完全融合。由此不难看出，临空经济既有着鲜明的临空指向性、技术先导性、产业聚集性，又有着独特的区域带动性、市场直接性、全球易达性，是一种具有现代服务性特征与新经济时代特征的新型经济形态。

中国临空经济正成为拉动区域经济的引擎。机场周边地区确实是投资的热点，也是整个经济空间当中优质经济要素愿意投资的重要区域。目前，许多城市的临空经济还处在起步阶段，中国机场城市很多并没有形成一个完整的体系。

一、临空产业经济的重要战略意义

临空经济区在带来产业聚集的同时，还会鼓励技术创新，加快科技进步，提升全要素生产率。临空经济区在吸引众多国际一流企业的同时，必会将国外先进管理经验和科学技术等一并拿来为我国所用，这将极大提升国内全要素生产率的增长率，促进区域经济的快速发展。

临空经济是加快经济结构调整，优化产业结构的有效途径。以机场为核心的临空经济区建设，带动了商务、金融、信息、物流、会议、旅游、餐饮、休闲、产业园、加工区等第三产业的繁荣发展，这不仅优化区域产业结构，提升第三产业经济比重，而且顺应了国家转变发展方式，调整经济结构的主题思路，为区域经济后续强劲发展打下了坚实基础。

临空经济的产业聚集效应，有利于吸引更多的资本和人才流向制造业等实体产业，实现二者的科学配置，避免实体产业“空心化”。相仿于货币带动资本积累，人力和技能推动劳动输出，创新提升效率会带来全要素生产率的进步。金融危机的爆发是长期奉行“轻制造、重金融”的必然结果。例如：重庆市位于内陆，自身地理区位并没有优势可言，但是其通过以机场为核心，大力发展临空产业，积极加入到全球高科技产品生产的产业链条中来，不仅成功吸引到苹果公司的众多代工巨头进驻为当地创造更多就业机会，而且还助其打造成西部规模最大、功能最全的物流园区，成为中国式的“孟非斯”航空大都市。

临空经济将成为城市竞争力的重要组成部分，具有机场的城市中国并不多，只有 120 多个，能够规划临空经济的就更少。

二、临空经济所产生的五大效应

临空经济在中国正产生五大效应：①空港枢纽功能的完善效应。机场与机场周边地区是互动的。航空运输产业链条将从机场内逐渐向机场外延伸，向临空经济区延伸，直接参与临空经济区的经济循环。②区域产业的高级化演进效应。③城市空间布局的优化效应。城市空间布局在之前更多的是“单中心”封闭式空间发展模式，世界的机场通常离市中心 20~30 公里，在这种范围内，设置临空经济区这样的功能区可以使城市空间布局向“多中心”均衡式方向发展，从而能够很好地进行城市空间布局的优化。④发展外向型经济的平台效应。⑤改善城乡二元结构的就业效应。临空经济区产业能够提供足够的劳动密集型就业岗位，所以可以很好地解决就业问题。[①]

三、临空经济所吸引的五大产业

临空经济区将成为全球产业链的主导环节。因为现在全球经济一体化，使得跨国企业更多向发展中国家布局，而机场能够直接跟国外这些大城市相连，这种发展趋势使得临空经济区将成为全球产业链一个主导环节。[②] 临空经济能够吸引五大产业：其一，航空产业。根据中国不同地区的发展，吸引的产业的特点不一样，航空产业主要分为航空制造业和航空运输服务业。其二，航空物流业。航空物流业在临空经济区发展的模式就是利用机场口岸的功能，同时利用机场周边物流基地的保税功能，实现港区联动。其三，高新产品制造业。可以依托航空运输的速度优势，有效减少高新产品供应链周转时间，提升产品市场竞争力。其四，国际商务会展业。国际商务会展业主要是总部经济和会展经济，现在顺义区正在规划的国门商务

---

① 曹允奋，谷芸芸．中国临空经济发展现状与趋势［J］．经济问题探索，2006（12）：28.

② 曹允春，席艳荣．新经济地理学角度下的临空经济形成分析［J］．经济问题探索，2009（2）：55.

区就是一个代表。其五，康体娱乐休闲业。康体娱乐休闲业无论是对于转机旅客还是机场周边的工作人员来说都是非常需要的。

因此，现在两种产业链的双轮驱动，就是临空制造业和特色现代服务业将成为固定的发展模式。

四、临空经济的五大发展趋势

1. 中国临空经济将进入一个快速发展的时期

临空经济的驱动力实际上来自两方面：一个是机场，另一个是区域经济。机场的发展尤其是航空运输业的发展速度很快，两种力量共同推动临空经济的发展。同时临空经济产业的特点符合我国现在所提出的新兴工业化的道路，同时也符合科学发展观。所以在机场和区域经济的双重驱动下，中国临空经济在未来几年必将进入快速发展的时期。

2. 中西部的临空经济将呈现出显著的拉动作用

中西部适时发展“空降产业”——临空经济是实现区域跨越式发展的重要契机。

3. 临空经济将成为城市竞争力的重要组成部分

因为在我国具有机场的城市并不多，大约 120 个，而能够规划临空经济的就更少。

4. 临空经济区将成为全球产业链的主导环节

全球性产业发展的战略，使独具区位优势的临空产业成为全球产业链的主导环节。

5. 临空产业走廊将连接机场与城市主城区

机场发展，城市也在发展。机场产业链和航空公司产业链造就了一个机场通向城市主城区的临空产业走廊，这将是未来发展的趋势。

第五节
临空经济发展存在的问题及其对策

现阶段，国内的很多大都市的临空经济发展已经初具规模，很多地方已经形成了相关的产业区，并且客货吞吐量日益提升，对区域经济发展的贡献越来越大，但是，就目前来看，国内临空经济在发展的过程中还存在以下五个问题：

第一，机场周边开发不足。虽说机场是临空经济的核心和动力源泉，机场的客货量和运营效率也代表了该区临空经济的发展水平，但是临空经济不只是指机场经济，而是概括了临空经济区在间接效应下所开发的高科技和高端现代产业。目前，我国机场的辐射功能比较匮乏，往往只注重发展机场经济，而忽视了发展与之相联系的产业。

第二，临空产业缺少必要的关联，企业创新能力不够。在临空经济内的企业相互协作是集聚效应的一种表现和前提。临空经济区内的企业普遍关联性不够，也没有较高的协作水平。现阶段国内临空经济区中的企业多经营组装加工，产品的关键零部件基本上都是进口的，产品附加值不高，新产品研发能力和创新能力不强，最终减弱了国内临空产业的竞争力。

第三，机场的基础服务设施配备不全。基础服务设施配备不全，是当前一大影响国内临空经济发展的原因。国内当前的临空经济区中交通网络还不够完善，交通类别单一，没有一套包括多种交通方式在内的综合交通网络。这就在很大程度上减弱了临空经济区的辐射能力，也影响了它的聚集吸引力。

第四，服务业发展后劲不足。临空经济区中的服务业发展水平不够，企业欠缺发展后劲，没有合适的商务环境，尤其是缺乏高附加值的知识密集型服务机构，无法满足当前企业发展的需求，最终制约了国内临空经济的发展。

第五，临空经济区中缺乏相应的科研机构。临空经济区因为是创新的高地，国外的相关区域都配备了一定数量的高新技术科研机构。而国内很多临空经济区都没有科研机构与研发中心，无法与制造业形成较好的互动。

国内的经济和人们的生活水平已经得到了很大的发展，航空业在区域中所发挥的辐射作用越来越明显，必须制定并实施相关的对策，才能更好地推动我国临空经济的发展。临空经济的发展不仅需要枢纽机场带来的区位优势，还与人才、资本、产业环境等配套因素密不可分。临空经济区的建设需要多方面的协调合作，政府的支持起到至关重要的作用，地方政府在临空产业规划、制度和政策制定以及区域经济与临空经济的配合方面都起到重要的引导和推动作用。基于我国临空经济区发展需求，可从如下几个方面进行优化。

一、做好临空经济区域的产业规划

国外临空经济的发展中，不仅注意招商引资的细节问题，更注重制定区域整体的开发规划。在临空经济区发展过程中，相关部门纷纷设立企业准入机制，以优化区域的产业结构，提升区域的国际竞争力。以香农自由区为例，为了保证区内企业产业结构的优良性，香农开发公司采用了十分严格的标准选择投资项目。因此，我国临空经济区应借鉴发达临空经济区的发展经验，立足自身发展阶段，设立企业遴选指标，科学选择产业，改善区内产业结构，推动临空经济的产业规划，实现临空经济区的可持续发展。

根据机场定位和腹地区域经济特点规划临空产业。随着临空经济在我国的兴起，很多地方政府都将临空经济区的建设作为带动区域经济增长的重要手段，纷纷进行园区规划、招商引资。而各地机场的定位和发展模式不同，区域的产业结构也不尽相同。在这种情况下，如果不能结合当地航空运输业发展水平和区域产业结构特点来建设园区，将导致各地的临空经济发展模式雷同，竞争加剧，从而带来土地等资源的严重浪费。而充分考虑到机场定位和区域经济发展水平，选择优先发展的产业，则不仅可以避开招商引资过程中的激烈竞争，也可以强化区域经济与临空产业间的联系。如定位于区域货运枢纽的机场，其临空经济区的规划就应优先满足物流等生产性服务业的发展，而定位于国际大型枢纽的机场，则应充分考虑餐饮、住宿、总部经济及临空工业发展的要求。

分阶段规划发展临空经济区。在临空经济发展的不同阶段中，不同的机场规模会产生不同的影响效应，临空经济的需求结构特点也会发生变化，因此，在规划临空经济区的范围、规模，尤其是直接服务于机场的第三产业时，需要详细研究机场的发展阶段及其发展特点，如果临空经济区建设规模太大，会造成投资超前，设施利用率太低，成本加大，收益率低；如果临空经济区的建设落后于航空业及相关产业的发展，则容易造成基础设施满足不了日益增长的需求，导致生产率下降。因此，政府在制订临空经济区规划方案时应使机场与临空经济协调发展，根据机场发展的水平分阶段进行规划。

临空经济区的空间结构要与机场的功能分区相适应。机场作为客货运输基地，它的功能主要是满足旅客、货物的顺畅流动，在规划临空经济区的空间结构时，与机场联系紧密的产业应与机场功能分区的位置接近，例如首都机场的未来货运中心在其北部，那么临空经济区的航空物流园区一定要与货运中心接近，这样能够减少无效运输距离，提高运输效率。此外，还要保证相关产业或产业链的上下游尽量集中，以发挥规模经济效应，共享专业化的基础设施，避免重复建设导致的浪费。

临空经济区的空间结构还要为机场的自身发展和扩张预留土地资源，我国区域经济正处于快速增长的时期，对航空运输业的需求旺盛，机场的改扩建工程逐年增加，在进行临空经济产业布局时要充分考虑到未来机场的发展规划，机场周边的交通布局等，尽量降低产业空间调整带来的成本。

临空经济的发展对于我国大多数地区来说还需要在摸索中前进。地方政府作为临空经济发展方向的引导者和政策的制定者，在临空经济的发展中起到至关重要的作用。在指引临空经济的发展方向时既要总结国内外的先进经验，又要充分结合区域自身的特点，坚持适当超前、循序渐进的发展方针，一方面大力发展临空经济，另一方面促进临空经济与区域经济的融合，带动区域经济快速发展。

临空经济与区域经济的发展有着密切的关系，二者互相依存，缺一不可。临空经济产业必须跟具体区域中的经济发展和相关产业相协调，反之则易形成孤岛型的产业区。

临空产业的每一个机场的定位与发展模式都存在差异，每一个地区具有独特的优点，应该结合具体情况来规划临空产业。例如，因为当前的一些北美机场停车收费太高，交通又紧张，有些公司就在靠近机场的地方修建停车场，旅行社将汽车停在这些停车场中，再借助摆渡车将这些车载入候机楼，如此一来既可降低费用，又可增加停车时间，也就在这一方面增加了收入。借助停车场增加收入，并可在结合机场实际情况的基础上，建立本临空区域的产业区。

二、重视交通网络体系的建设

一般而言，对于临空经济区中的交通运输要求比较高，临空经济区中要求较高的交通通达性。我国在发展临空经济时，应该遵循国家相关部门的政策规范，构建完善的交通体系，以此来连接临空经济区和城市交通体系。国内的临空经济区中的交通网应该以机场为中心，向四周呈环形或向外辐射的公路布局结构。一个机场要变成多功能的成熟临空经济区，一般需要经过三个阶段的发展，其地域呈圈层结构。

一个现代化的机场，应使用多模式的交换节点来连接机场内不同的交通运输，确保机场与周围高速路、铁路和公交线路的通达性，更好地跟周边商业区、居民区连接，强化人与货物的互动联运，提高运输系统的效率。

企业选址于临空经济也有两个方面的动机：①充分利用航空运输的快捷性和便利性，保证产品、原料、人员以及信息传送和运输的及时性，降低物流成本，减少商品流通费用，提高竞争力；②利用临空经济区产业和要素的聚集优势，节约交易费用。在其他因素不变的条件下，企业在空间上越分散，交易成本也就越高。聚集在临空经济区，距离机场、航空公司、物流园区等都比较近，且各类设施相对完善，人流、资金流、信息流等相对集中，具有明显的区位优势和资源优势。

临空经济区的根本基础在于机场及其核心的基础设施，只有不断改进以提高其运营能力和运营效率，临空经济区的发展基础才能不断强化。纵观世界临空经济区的发展，在不断优化其产业结构，加大招商引资力度的同时，也在关注、增强机场的基础设施投资和周边环境的改造。究其本质，临空经济的依托是机场，而机场这一功能性的要素带给区域直接的财富就是“交通便利性”。我国临空经济区的发展中，需要相关政府部门加大力度，重视交通体系的建设，衔接临空经济区与城市交通体系，更好地发挥临空经济区的集散性这一核心竞争优势。

三、发展配套的科研机构，注重专业人才引进

临空经济的发展，更需要知识密集型的高端产业的支撑，具体而言，就是需要一定数量的科研机构，提供相应的人力和物力支持。实际上，发展比较成功的临空经济区都十分重视教育与职业培训，意欲借此提高临空经济区产业的本地化水平。我国在发展临空经济区时，除了注意引进高端人才和技术，还应建立高端人才培养机制和适合高端人才发展的土壤。再者，探索在临空经济区中建立科技试验园，以便企业在与科研机构的合作中，能在短时间内创造科研成果，推动企业的可持续发展，更有效地促进临空经济产业升级和发展。

在对国外机场临空经济发展历程的总结、分析过程中发现，各个政府当局都在积极建立科技园区或试验中心，这些研发机构为临空经济的发展带来了极大的推动作用，且其对于那些技术含量高、极具创新意识的企业选址非常重要。企业通过与科研机构的合作，可以使科研成果及时、充分转换为生产力，进而带动企业的可持续发展，使其引领同领域的技术潮流。因此，设立科技园区，为研发生产性企业提供交流平台，使科技成果更快地转化为生产力，不失为促进我国临空经济产业高效化发展的一种途径。

国际上发展成熟的临空经济区，其发展过程中无一例外地重视专业人

才的引进、教育和职业培训，以提高临空经济区产业的本地化水平。路易斯维尔市在配合 UPS 的发展中，曾专门设立了“都市大学”，蒙特利尔作为世界著名的航空产业之都，区内的四所大学基本上都在培养航空产业专业人才。香农自由区不仅具有优质的本地教育资源，同时很注重高技术人才的引进，国家的移民政策为区域的发展做出了重大的贡献。我国临空经济区的发展中，不仅需要重视高端人才的引进，更应该重视培养高端人才引进机制的建立。

四、依靠市场化竞争，扩大临空经济区的辐射效应

临空经济区的辐射效应涉及对产业、生态环境和交通运输的辐射效应。①优化产业结构，提高临空经济区在城市第二产业、第三产业中的比例，提高该城市的就业率和经济增长率，切实增强临空经济区的集聚效应和辐射能力。②通过带动临空经济区产业集聚的渠道，大力推动该区生态环境的建设，吸引优秀企业的进驻，让临空经济区得到有效的发展。③通过建立畅通、便捷的交通运输体系，使得临空经济区与其他地区有更加密切的经济合作，促进区域经济吸引力的提升和发展。

随着临空经济区发展带动效应的日渐显现，更多的城市管理者认识到发展以机场为引擎、以临空经济区为车头的新型经济业态将是未来城市竞争力全面提升的高效模式，有利于城市实现跨越式发展。单纯以临空经济区为主导的离散式扩张模式，必然要向产城融合的方向转变。产城融合不仅可以实现临空经济区与城市综合服务区之间的联系便捷、功能互补，更可以全面大幅度提高区域主体功能和城市（区）综合服务职能，增强城市的竞争力。

因此，要以政府为主导，定位好符合区域持续发展的产业、城市规划及城市功能配套，鼓励发展新兴产业。积极引入优质的开发工业园（产业园）区企业，借助社会进行招商引资。由政府和相关的企业机构进行统一管理，加大产业结构转型力度，通过市场化提升港区产业融合力度与产业竞争力。另外，还应更加注重加强港区功能规划（住宅、商业、道路、市

政等城市规划）与产业发展定位的同步原则，以落实产城融合，推进产城一体化建设。

机场与区域经济相融合促进临空经济的发展主要表现在两个方面：

第一，通过促进临空经济发展，改善机场设施、服务环境，增强机场竞争力和吸引力。以前，在机场与航空公司的关系中，机场是一个被动的角色，等待航空公司上门，然后提供几乎是标准化的服务或者业务。然而，伴随着航空运输管制的放松，机场之间的竞争加剧，机场既要保住原来的客户，又要吸引新的航空公司进驻。在这种情况下，机场加大了促销力度，除了机场的技术特性和安全性外，改善周边环境、促进腹地发展也成为其吸引航空公司的重要内容。

第二，发展非航空业务，缓解经济周期、国际形势变化等对机场业务的负面影响。航空业务尤其是国际航空业务受经济周期、国际形势以及原油价格和汇率等因素影响较大，而这些因素机场根本无法控制。为了减缓这些因素对机场业务的负面影响，许多机场采取了大力促进非航空业务发展的策略。这些非航空业务主要包括商务服务（如广告和零售业务等）、旅游服务（机场作为一个旅游和休闲的场所）、会议服务、后勤及资产管理服务、顾问服务等。目前发展得比较好的机场一般都有比较大的非航空业务量。机场业务的发展趋势表明，机场越来越与所在区域的经济和社会状况产生紧密的联系，越来越强调业务的多样化尤其是非航空业务的发展，以及机场之间的合作。

五、明晰政府和机场权责分工，创造良好投融资环境

在国际上，航空产业园管理模式受到该国或地区机场定位的影响。公益性机场外延产业园的经营管理由政府主导，如美国半公益性半收益性机场周边的产业园由机场管理机构主导，政府负责投资、开发、监督等，机场负责经营管理；再如荷兰史基浦航空产业园。收益性机场周边产业园则由机场主导，如法国戴高乐航空产业园和英国希思罗机场区。我国已经明确机场属性为公共性，即需兼顾其公益性和收益性，此定位也就决定了我

国地方政府和机场在航空产业园的开发中应采取共同负责制，政府作为主要的投资者，而机场作为其运营主体。这样就要求二者在开发建设航空产业园时对职责的划分要清晰、合理。

我国发展临空经济时，地方政府应负责航空产业园的项目立项、征地，并单方成立管委会作为非商业机构，负责政策协调；同时，政府和机场共同出资成立专门的投资公司，以盈利为目的，负责产业园的建设、运作。航空产业园的运作主要有规划设计、拆迁安置、投资开发、招商引资、园区运营、服务监管六个环节。只有政府与机场在这六个环节的运作中能够保持目标一致、步调一致，并各自完成好所需履行的具体职责，才能创造良好的投融资环境吸引企业入驻，保证航空产业园高效、有序而持续地发展。

通过大力发展临空经济，培育新的经济增长点，带动区域经济增长，是政府发展地方经济的重要战略。因此，地方或者城市政府为避免机场地区无秩序、低水平发展，都在通过政策优惠措施，推出临空经济区的建设规划，使高度发达的航空运输机场与其腹地尤其是经济发达、现代化的大都市产生紧密的联系。事实上，对任何特定的产业园区，政府都会营造宽松的政策环境，例如提供税收优惠、土地优惠，创新海关监管制度等，以构造明显高于非园区的政策平台，形成园区的生长基础。政府的政策优惠机制是临空经济园区成长的重要机制，在一定条件下甚至起决定性作用。除了道路基础设施的欠缺之外，市政、文化和综合服务等基础设施欠缺也是当前影响临空经济发展的一大因素。增加道路交通设施是加强临空经济区发展的最基本要求，此外，在区域政务服务、文化休闲、会展商贸和生态宜居等方面，政府也应重点给予关注和支持。

参考文献

[1] 连义平．综合交通运输概论［M］．成都：西南交通大学出版社，2006.

[2] 罗仁坚．中国综合运输体系理论与实践［M］．北京：人民交通出版社，2009.

[3] 徐宪平．我国综合交通运输体系构建的理论与实践［M］．北京：人民出版社，2012.

[4] 余思勤．运输经济（水路）专业知识与实务（初级）［M］．北京：中国人事出版社，2008.

[5] 罗仁坚．综合运输体系的内涵和发展理念［J］．综合运输，2009（4）：22.

[6] 吴群琪，陈文强．交通运输系统演化机理与发展趋势［J］．长安大学学报，2009（6）：31.

[7] 崔柏，王乃超，陈祥森．推进资源优化配置　构建现代综合运输体系［J］．中国储运，2009（1）：13.

[8] 赵铁平．我国现代综合运输体系发展探索［J］．交通标准化，2007（10）：6.

[9] 殷小人，周高卫．我国运输体系现状与发展趋势分析［J］．综合报道，2009（7）：18.

[10] 陈帅，孙有望．资源紧缺型社会的综合交通运输体系结构优化［J］．交通科技与经济，2007（4）：43.

[11] 孙启鹏，吴群琪．我国综合运输布局规划的基本原则和思路［J］.

交通企业管理，2007（8）：25.

［12］鲍鑫荣．推进新时期综合运输体系建设的若干思考［J］．交通世界，2009（6）：45.

［13］傅少川，陈钟．我国综合运输体系存在问题及改革方向［J］．生产力研究，2008（2）：36.

［14］聂锟，唐锡晋．关于我国综合运输体系评价指标的探讨［J］．管理科学与系统科学新进展，2003（8）：41.

［15］荣朝和，谭克虎．综合交通：到了从制度层面根本解决的时刻［J］．综合运输，2008（1）：36.

［16］毛保华，彭宏勤，贾顺平．中国综合交通体系发展趋势研究［J］．交通运输系统工程与信息，2010（2）：10.

［17］欧国立．三维（FSO）综合交通运输理论阐释［J］．运输经济与物流评论，2010（7）：52.

［18］吴娇蓉．综合交通运输体系五年发展规划编制解析［J］．城市交通，2015（6）：12.

［19］曹允奋，谷芸芸．中国临空经济发展现状与趋势［J］．经济问题探索，2006（12）：28.

［20］曹允春，席艳荣．新经济地理学角度下的临空经济形成分析［J］．经济问题探索，2009（2）：55.

后记

交通运输行业是国民经济发展的先导性和服务性产业，其是否能够满足社会经济发展和广大人民群众的生产生活需求是衡量行业发展水平的最终依据。综合运输体系是现代交通运输业发展的重要标志，构建综合交通运输体系是经济社会发展到一定阶段的必然需求。从发展规律来看，综合交通运输是交通运输发展到高级阶段的表现形态。在发展初期，各种运输方式都有独立发展的巨大空间，随着充分竞相发展，必然从独立、竞争发展走向融合、协同发展。随着我国工业化、城市化水平不断提升，对交通运输的质量、效率、成本等方面要求越来越高，迫切需要发展综合交通运输来提升运输体系的整体效能。只有真正构建起高效便捷的综合运输体系，才能从根本上满足社会经济发展的现实需求。我国当前综合运输体系发展虽然初见成效，但距离广大人民群众的实际需求还有不小的差距，我们任重而道远。通过本书的撰写，笔者从自身的视角出发分析了我国综合运输体系的发展进程及现实情况，并提出了一些粗浅的优化建议，以期对相关领域的发展具有一定的借鉴意义和起到一定的促进作用。但是由于笔者水平有限，加之时间较为仓促，书中难免出现不足之处，敬请读者批评指正。

本书在写作过程中参考和引用了较多相关学术论文和著作，特此向有关作者表示深深的敬意和感谢；同时，也对经济管理出版社的相关工作人员的大力支持表示由衷的谢意。